旧町名さがしてみました in 東京

102 so

旧町名をさがす会

二見書房

大賀
自転車を除く

4 3 | 1
6 5 |
8 7 | 2

1. 荻窪駅東側は洋風モダン建築物群（杉並区東荻町、p161。） 2. 橋を渡ったら、洲崎パラダイス（江東区深川洲崎弁天町、p106。）※ 3. 花園神社は酉の市の特別仕様（新宿区三光町、p64。） 4. 令和2年ごろ。平成25年ごろの様子は本編へ（新宿区淀橋、p61。） 5.【問】窪みは何の名残りか答えよ（5点／新宿区十二社、p60。） 6. 著者旧宅、驚きの家賃支払い方法とは（新宿区柏木、p62。） 7. 平成21年、まだ我善坊町があったころ（麻布區我善坊町、p50。） 8. 平成30年、もう我善坊町ではないころ（麻布區我善坊町、p50。） ※現在は解体

7 | 2 1
4 3
8 | 6 5

1. おそらく東京でもっとも綺麗な町名（目黒区月光町、p118。） 2. 東京スカイツリーVS業平橋（墨田区業平橋、p94。） 3. 厩橋のステンドグラスは夜がおすすめ（墨田区厩橋、p100。） 4. 送水口VS同潤会アパート跡（文京区大塚窪町、p74。） 5. 旧四ツ木橋こと現木根川橋（葛飾区本田木根川町、p208。） 6.【問】モデルの人物を答えよ（5点／品川区大井伊藤町、p112。） 7. 練馬区VS板橋区（板橋區練馬南町、p194。） 8. 実は広告主の住所も旧町名な看板（渋谷区伊達町、p141。）

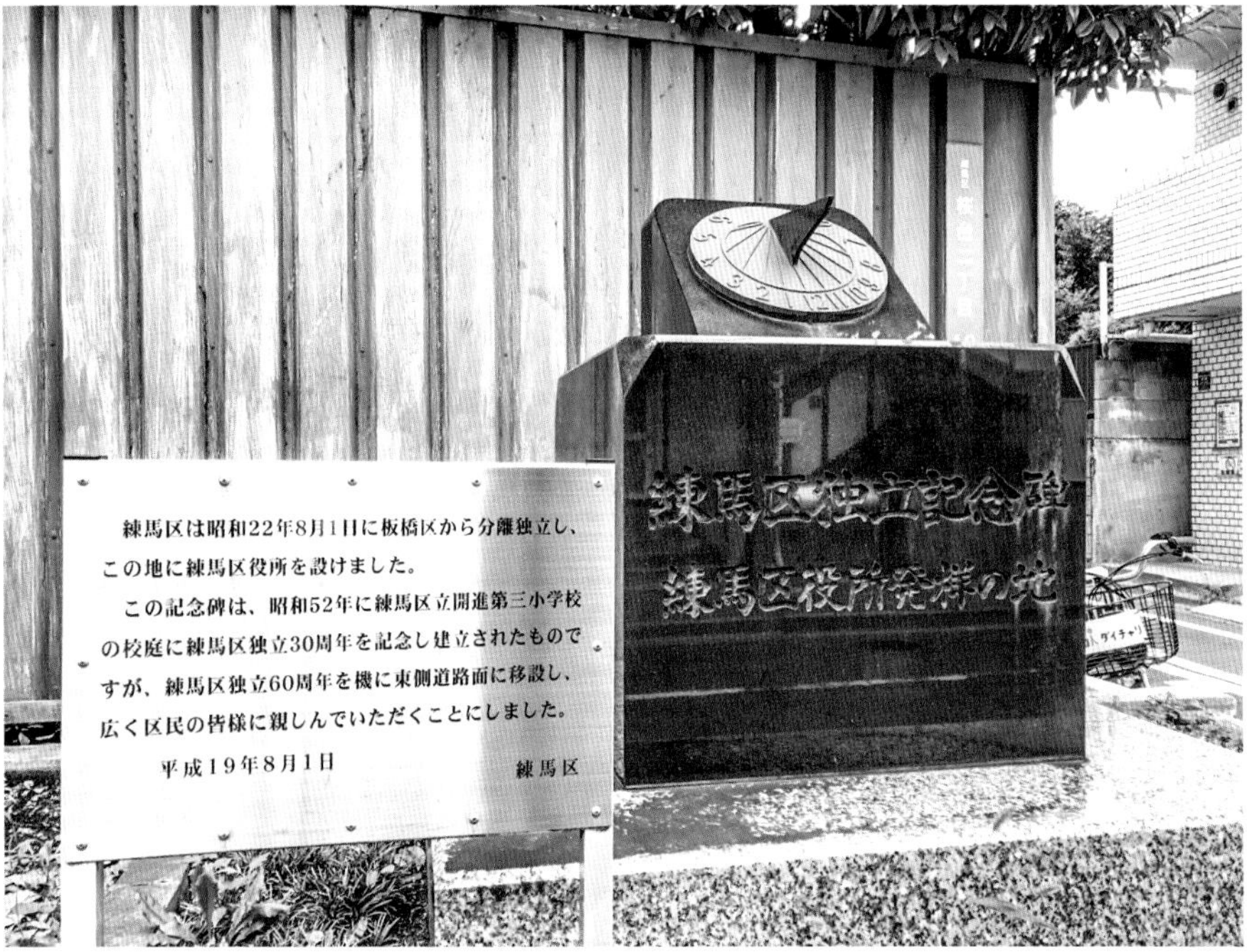
練馬区は昭和22年8月1日に板橋区から分離独立し、この地に練馬区役所を設けました。
この記念碑は、昭和52年に練馬区立開進第三小学校の校庭に練馬区独立30周年を記念し建立されたものですが、練馬区独立60周年を機に東側道路面に移設し、広く区民の皆様に親しんでいただくことにしました。
平成19年8月1日　練馬区
練馬区独立記念碑
練馬区役所発祥の地

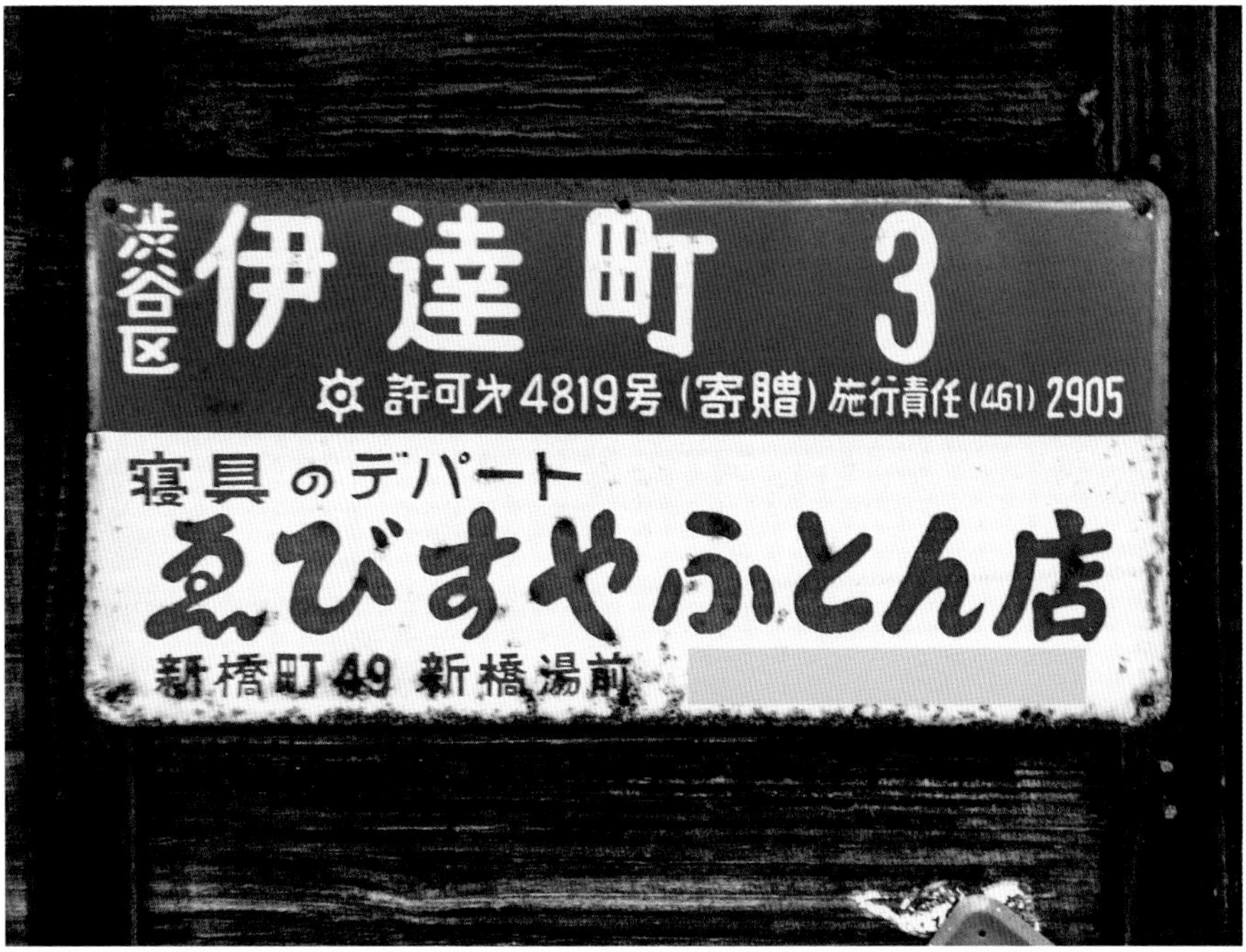
渋谷区
伊達町　3
許可オ4819号（寄贈）施行責任（461）2905
寝具のデパート
ゑびすやふとん店
新橋町49 新橋湯前

2 1
4 3
6 5

1. 生類憐れみの令でおなじみ（中野区囲町、p150。） 2. 完全再現！令和によみがえるトキワ荘（豊島区椎名町、p166）。 3. 浅草観音温泉。平成28年に閉館（台東区浅草公園六区、p85。） 4. 空襲罹災率96%の地で奇跡の現存（荏原區中延町、p114。） 5.【問】この橋の名前を答えよ（5点／板橋町下板橋、p189。） 6. 昭和8年築の高輪消防署。見学可能（港区芝二本榎西町、p55。）

8 7
10 9
12 11

7. 待乳山聖天はスロープカー完備（台東区浅草聖天横町、p86。） 8. 旧町名さがしてみましたなのに現町名？（中央区銀座西、p44。） 9. 総タイル文字がうれしい都営アパート（文京区真砂町、p74。） 10. 再開発迫る月島地区（京橋區月島通、p40。） 11. 江戸期に建立し戦後復元された三重塔（中野区塔ノ山町、p153。） 12. 再開発でまもなく消失する小山湯（港区芝三田小山町、p56。）

みかどパン店
ロッテアイスクリーム
ケアを
支える
政治に

台湾惣菜
宮崎商店

4	3	1
6	5	
8	7	2

1. みかどパンの最終営業日（台東区谷中上三崎南町、p88。） 2. 北なんだよ……（北区袋町、p174。） 3. 護国寺へ通じる旧将軍御成道の音羽通り（文京区音羽町、p72。） 4.【問】花園町に花園神社はあるか（5点／新宿区花園町、p65。） 5. なんて個性的な霊の書体（中央区霊岸島、p42。） 6. 高円寺の中の高円寺、その名も高円寺（杉並区高円寺、p158。） 7. 丸ビルまで水を引いた和田堀給水所（世田谷区大原町、p132。） 8. やたらと文字が控えめな牡丹園（江東区深川牡丹町、p105。）

はじめに

ヨドバシカメラをご存知ですか？　実はヨドバシカメラの「ヨドバシ」とは、新宿区の町名「淀橋」から来ています。ところが、新宿区の地図を見ても淀橋などという町名はどこにも見当たりません。残念ながら新宿区淀橋は昭和45年の町名変更によって、新宿区西新宿に変わってしまいました。つまり、淀橋はもうこの世に存在しない町名なのです。

このように、かつてはその地に存在し、現在は消滅した町名を「旧町名」と呼びます。そしてその旧町名がこの本のテーマです。

なお、この本は町名・地名を扱うものではあるものの、それらを研究したものではありません。正しい由来を解明したり主張したりもしていませんし、歴史も紐解きません。路上から何かを読み解くこともなく、ましてや新しい街歩きの提案もしていません。旧町名をただひたすらさがしている本なのです。

まず第1章では、これらに関する基礎知識を体系的に学んでいただきます。東京23区には、私の主観と目視によれば、淀橋を始めなんらかの事情で消滅した旧町名がおよそ１０６９あります。ビックカメラ店舗数の約23倍です。それら旧町名を現地でさがして、見つけて、喜ぶ。

ドラゴンボールの約150倍もの数の旧町名をさがすうえで必要な知識を習得しましょう。決して旧町名さがしの教科書を装ったエッセイではありません。

続いて第2章では、難しいことはさておき実際の旧町名をお楽しみいただきたいと思います。あなたが旧町名だった町を訪れたときのために、東京23区別に厳選して、町の見所や逸話と共にご紹介します。決して観光ガイドを装ったエッセイではありません。

さらに第3章では、我々の〝敵〟を知りましょう。それは「住居表示」です。多くの町名が彼によって消滅し、旧町名となり、私に発見され、いまではこうして本にまとめるまでになったありがたい、いや、由々しき敵について迫りました。決して実録ルポを装ったエッセイではありません。

最後の第4章は対談企画です。町名・地名の有識者である能町みね子さんをお招きして、互いの知識と知識がぶつかり合うことなどなく穏やかに対談が行われました。その模様をご覧いただきます。決して対談を装ったエッセイではありません。

以上が全体像です。つまりこの本は、多少エッセイじみた、若干町名に比重がありすぎるものの東京23区の新たな一面が覗ける、観光ガイド感覚でお気軽にお手軽にご覧いただけるものです。

それでは、最後までごゆっくりお楽しみください。

ブックデザイン
平塚兼右
(PiDEZA Inc.)

本文組版／図版
平塚恵美、矢口なな、新井良子
(PiDEZA Inc.)

撮影
川しまゆうこ
(p223、226、229、233)

構成協力
武松祐季

校正
玄冬書林

特別協力
青山壹番館

画像協力
一般財団法人日本地図センター
立教大学江戸川乱歩記念大衆文化研究センター
「昭和34最新東京全図」和楽路屋
足立区立郷土博物館収蔵資料データベース

JASRAC2301154-301

・本書に記載の情報は令和5年2月時点のものです。
各施設などの情報は、事前にご確認の上お出かけください。
・23区各区の地図は昭和30年代の地図をもとに作成したものです。
・スペースの都合上、一部の旧町名の記載を省略しています。

第1章

旧町名とはなにか、そしてさがすとは？

本格的に23区の旧町名を紹介する前に、あらかじめ知っておきたい旧町名にまつわる基礎的な知識を学びます。知られざる旧町名の生態について見ていきましょう。

① 旧町名とは

町名とは、ある特定の地域を示すために付けられた記号です。そして、町名はなんらかの事情で別の名前に変更されることがあります。このとき従来の町名は消えてしまいますが、この消滅する方の町名を「旧町名」と呼びます。旧町名は当然現住所として使用できず、もちろん地図上にも記載されていません。存在しないのです。

ところが現地では、時おりその存在しないはずの旧町名をいまでも現町名であるかのように表示する掲示物を見かけることがあります。中には旧町名が現町名だった当時に設置されたものも残され、いまだにその地域を示す記号で在りつづけています。この時代に取り残された遺物こそが旧町名であり、それらは町名表示板、家の表札、町内会名などにひっそりと残っています。

② 旧町名を「さがす」とはなにか

旧町名をさがすとは、旧町名が現役町名だった当時からそこにあり、かつその場所が当該町名であることを示すものを文字通り現地でさがして、見つけて、喜ぶ一連の作業を指します。著者はこの旧町名さがしに人生の16年を費やしてきました。

進め方は、まずさがすべき旧町名を昔の地図、各自治体が出している住居表示実施情報などから把握します。その上で現地に赴き、旧町名が表示されている掲示物をただひたすらさがします。旧町名であると疑わしい対象物を発見した場合には、対象物が旧町名か否かを一定の基準の下で判断します。旧町名として認定できた暁にはとても嬉しくなることでしょう。

そして、さがす上で重要なのが「どの時代のものをさがすか」「どうさがすか」「それは旧町名か」の3要素です。ここからは東京23区に絞って解説していきます。

③ どの時代のものをさがすか ～さがす対象の定義

東京23区ではさかのぼること明治の時代から、幾度も町名変更が行われました。これらすべての旧町名をさがすことは、震災や戦災で物理的に消失するなどの理由により不可能であるため、さがす対象となる旧町名を「住居表示の実施によっておおむね昭和40年前後に消滅した町名」と定義しています。私たちがさがすべき旧町名は、数が多く現存可能性の高い時代に消滅したものが中心と考えましょう。なお、この定義に基づく旧町名は1069個（目視による）です。

東京23区の町名変更の変遷

年	できごと	詳細
1878（明治11）	**東京15區成立**	神田區、麹町區、日本橋區、京橋區、芝區、麻布區、赤坂區、四谷區、牛込區、小石川區、本郷區、下谷區、浅草區、本所區、深川區が成立
1889（明治22）	**東京市誕生**	東京府が15區を市域とする東京市を設置
1932（昭和7）	**東京35區成立**	1878年成立の15區に周辺の**5郡82町村**※次ページ下段参照を吸収した20區（淀橋區、向島區、城東區、品川區、荏原區、目黒區、大森區、蒲田區、世田谷區、渋谷區、中野區、杉並區、豊島區、滝野川區、王子區、※次ページへ続く

年	できごと	詳細
		※前ページから続き 荒川區、板橋區、足立區、葛飾區、江戸川區）を新たに加え、35區が成立。
1936（昭和11）	**世田谷區へ2村編入**	北多摩郡の砧村、千歳村が世田谷區へ編入
1943（昭和18）	**東京都誕生**	東京府、東京市が廃止
1947.3（昭和22）	**東京22区成立**	**千代田区**、**中央区**、**港区**、**新宿区**、**文京区**、**台東区**、**墨田区**、**江東区**、**品川区**、目黒区、**大田区**、世田谷区、渋谷区、中野区、杉並区、豊島区、**北区**、荒川区、板橋区、足立区、葛飾区、江戸川区が成立
1947.8（昭和22）	**東京23区成立**	板橋区から練馬区が独立
1962.5～（昭和37）	**住居表示法施行～住居表示実施**	住居表示に関する法律が施行。以降、各区で順次住居表示を実施。多くの町名が消滅し旧町名が誕生

※5郡82町村

南足立郡	千住町、梅島町、西新井町、江北村、舎人村、伊興村、淵江村、東淵江村、花畑村、綾瀬村
南葛飾郡	本田町、奥戸町、南綾瀬町、亀青村、新宿町、金町、水元村、小松川町、松江村、瑞江村、葛西村、鹿本村、篠崎村、小岩町、寺島町、吾嬬町、隅田町、亀戸町、大島町、砂町
北豊島郡	巣鴨町、西巣鴨町、長崎町、高田町、滝野川町、王子町、岩淵町、南千住町、三河島町、日暮里町、尾久町、板橋町、上板橋村、志村、赤塚村、練馬町、上練馬村、中新井村、石神井村、大泉村
豊多摩郡	渋谷町、千駄ヶ谷町、代々幡町、中野町、野方町、杉並町、和田堀町、井荻町、高井戸町、淀橋町、大久保町、戸塚町、落合町
荏原郡	品川町、大井町、大崎町、荏原町、目黒町、碑衾町、大森町、入新井町、馬込町、池上町、東調布町、蒲田町、矢口町、六郷町、羽田町、世田ヶ谷町、駒沢町、松沢村、玉川村

※22区の成立

千代田区	神田區＋麹町區
中央区	日本橋區＋京橋區
港区	芝區＋麻布區＋赤坂區
新宿区	四谷區＋牛込區＋淀橋區
文京区	本郷區＋小石川區
台東区	下谷區＋浅草區
墨田区	本所區＋向島區
江東区	深川區＋城東區
品川区	品川區＋荏原區
目黒区	目黒區
大田区	大森區＋蒲田區
世田谷区	世田谷區
渋谷区	渋谷區
中野区	中野區
杉並区	杉並區
豊島区	豊島區
北区	滝野川區＋王子區
荒川区	荒川區
板橋区	板橋區
足立区	足立區
葛飾区	葛飾區
江戸川区	江戸川區

2001
（平成13）

東京23区から小字《こあざ》※が消滅

東京23区でゆいいつ小字が存在していた「足立区伊興町〇〇シリーズ」で、最後まで残っていた足立区伊興町白幡、伊興町狭間が住居表示の実施により消滅

※市町村の行政区画の一種で、大字（江戸時代からの村名を引き継いだもの）よりも小さい単位のもの

2015
（平成27）

旧町名復活

新宿区で四谷坂町が104年ぶりに復活。
旧町名「坂町」誕生

2017
（平成29）

旧町名誕生

新宿区本塩町が四谷本塩町に町名変更。
旧町名「本塩町」誕生

2018.1
（平成30）

旧町名復活

千代田区神田三崎町、神田猿楽町がそれぞれ51年ぶり・49年ぶりに復活。
旧町名「三崎町」「猿楽町」が誕生

2018.8
（平成30）

旧町名誕生

新宿区三栄町が四谷三栄町に町名変更。旧町名「三栄町」誕生。
東京23区でもっとも新しい旧町名（令和5年2月時点）

④どこにいるか ~旧町名の生息場所

私たちがこれからさがす対象である旧町名。この広い地球、そして日本で、彼らはいったいどこに生息しているのでしょうか。

まず、国内の旧町名シェアの実に90％を占めるのが表札です。彼らは旧町名認定の3要件すべてを満たす、走攻守を兼ね備えた旧町名そのものと言えるでしょう。ところが、建物がなくなるなどで旧町名の本丸である表札までも消失することがあります。その場合には、表札以外に生息する旧町名にも目を向けていただく必要があります。

以下の例のとおり旧町名はさまざまな場所に生息していますので、前例や定義などに固執せず柔軟な気持ちで旧町名さがしに臨んでください。

①町名表示板・街区表示板

行政が設置した町名や街区の案内板です。昭和40年前後や戦前のものは琺瑯製で、広告が入っている点が特徴です。また、平成に消滅した町名の場合は旧町名が街区表示板に刻まれています。

豊島区千川町の町名表示板

②ビル

表札の派生系ですが、高度成長期に建設されたビルの表札にビル名とともに旧町名が刻まれています。ビルの外観に相当程度の経年劣化が確認される場合や階層の低いビルは要注意です。なお、オフィス街ゆえ常に再開発に晒されているため、一刻も早く絶滅危惧種に指定すべきでしょう。

文京区春木町のビル表札

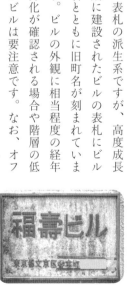

③タバコ

古いタバコ屋の入り口に掲げられている琺瑯製の赤いやつです。おそらく店の人が手書きで住所を記入するタイプなので、その文字面から各店の個性もお楽しみください。

墨田区厩橋のタバコ

④デンリヨク

不安定な書体のカタカナ部分が旧町名です。おそらく電力会社が各戸に設置したであろう、この謎のプレートをデンリヨクと呼びます。

デンリョクではなくデンリヨクです。なぜ本来小文字であるべき文字がこのサイズなのか、そしてそもそもこのどら焼き型の物体が何なのかは、後ほどコラムで特集を組んでいますのでぜひそちらをご覧ください。

千代田区神田多町のデンリヨク

なお、特に表札に残る旧町名に関しては個人情報保護の観点からその取り扱いには細心の注意が必要です。ちなみに個人情報保護法第2条1を要約すると、個人情報は「生存する個人に関する情報でありその情報単体で特定の個人を識別できるもの、もしくは他の情報と容易に照合することができ、それにより特定の個人を識別できる情報」と定義されています。

これを都合よく解釈すると、旧町名のみでは特定の個人は識別できないため個人情報ではありませんが、例えばその表札にある旧町名に併記されている地番や住居表示、またはその表札を掲げる住宅の外観などの情報と旧町名を容易に照合できる状態にしてしまうと個人特定の恐れがあるため、個人情報に該当しうると考えられます。旧町名さがしは、その地域のみなさまが旧町名を残してくださっていることで成り立つものですので、その地域に迷惑をかけないという大前提を念頭に置きましょう。

⑤どうさがすか〜結局運と勘

旧町名は消滅後すでに50年以上経過する遺物のため、基本的に現地には残っていません。残念ながら、見つけるのはほぼ運と勘と運の世界です。ないことを前提に、万にひとつに懸けて取り組む精神力が必要です。左記のさがすコツを参考に、日頃より運と勘と運と運を養っていきましょう。

ステップ別・旧町名さがしのコツ

ステップ❶ 知る

旧町名さがしのコツ
古い地図と現在の地図を照らし合わせて、どのエリアにどの程度の数の旧町名が存在するか確認します。なにはともあれ「東京時層地図」などのスマホ地図アプリを入手しましょう。

ステップ❷ 行く

旧町名さがしのコツ
旧町名はスマホの中にはありません。現地です。地勢や旧町名の密集度合いなども踏まえてさがすエリアを決め、現地に向かいます。

ステップ❸ さがす

旧町名さがしのコツ
我々は基本的に不審者です。地域の皆さまのおかげで旧町名をさがさせていただけています。不審者の自覚を持ち、くれぐれも地域に迷惑となる行為はやめましょう。

ステップ❹ 発見〜認定

旧町名さがしのコツ
旧町名かどうか。これを判断する全国統一基準が存在します。東京に至ってはさらに独自ルールが付加されます。いま見つけた旧町名は本当に旧町名ですか？ 旧町名だと思い込んでいませんか？ 旧町名だろう、見つかるだろう。その思いこみが命取りです。各基準に照らして厳格に判定しましょう。

ステップ❺ 喜ぶ

旧町名さがしのコツ
たとえそれが旧町名だとしても現地で喜びを表すなどもってのほか。地域の人に迷惑です。喜びは自宅で噛みしめましょう。家に着くまでが旧町名さがしです。不審者の自覚を持ちましょう。

⑥それは旧町名か ～旧町名を認定する

発見した旧町名が本当に旧町名なのか、もっとも重要な「認定」作業です。認定は全国統一の判断基準に基づき、おおむね三段階で進行します。①の原則を踏まえて②で旧町名か否かを判断し、旧町名の場合は③のランク付けをもって評価しましょう。

①旧町名認定の原則

まず対象物が旧町名であること。その上で「当時からそこにある」かつ「その場所を示す」の2点を満たして初めて正式な旧町名と言えます。なお、前者を対象物と旧町名の経年の同一性(=その旧町名と同じ期間存在していること)、後者を場所の同一性(=その旧町名と同じ場所にあること)と言います。

②旧町名認定の判断基準

旧町名であると思われる対象物について、左記に掲げる要件のうちひとつ以上該当する場合は、旧町名として認定するものとします。ただし、各要件のうちいずれも該当しない場合であっても、その地域における旧町名に対する姿勢や旧町名を地域資源として活用する事例など個別事情を総合的に勘案し、旧町名として認定することができます。

旧町名認定の判断基準

	要件
1	すでに使われなくなった町名(旧町名)が公衆の見やすい場所に掲げられている対象物に表示されていること
2	表示されている町名が現行町名だった当時など、古くからそこにあると推測することができる対象物であること(経年の同一性)
3	表示されているその町名と対象物の存在する場所が同一であること(場所の同一性)

③旧町名の評価基準

晴れて旧町名と認定された場合には、以下のランク付けをもってその旧町名を評価します。なお、旧町名は実質Sランクのみである点にご留意ください。

ここまで旧町名のさがし方や認定方法について学習しました。結局それが旧町名かどうかはあなたに委ねられています。あなたが旧町名だと思えばそれはもう旧町名です。結局、旧町名とは各々の心のもちよう、心の在り方なのです。

旧町名の評価基準

分類	ランク	概要
れっきとした旧町名	S^{+++}	東京 23 区成立以前の旧町名。「東京府」「東京市」「郡」や 15 區、35 區時代の市區町村名が付くもの
	S^{++}	「冠」を擁する旧町名。深川○○町、本田○○町、大井○○町、玉川○○町など
	S^{+}	その名が消滅した標準的な旧町名で、大部分の旧町名が該当
	S	現町名との違いが「町」の有無のみの旧町名。錦糸町（現：墨田区錦糸）、南千住町（現：荒川区南千住）など
概念としての旧町名	A	3 要件のうち 1 と 2 に該当するもの。旧町名の遺物が発見された場所と表示されている旧町名が同一ではない、惜しいやつ全般。豊島区内に「西青柳町」と旧町名が書かれた看板のあった文京区西青柳町など
思想としての旧町名	B	3 要件のうち 2 に該当するもの。本来旧町名ではないが、旧町名を思わせる相当程度の経年が伺える現行町名が表示された古い琺瑯看板など
潜在意識下の旧町名	C	旧町名でもなければ町名表示ですらない。近年設置された旧町名由来看板など

第2章

23区旧町名探訪

この章では、東京23区に残っている旧町名をただただお楽しみください。写真だけ眺めるのもよし、由来の粗を探すのもよし、冒頭の口絵ページにあった設問の回答をさがすのもよし。楽しみ方は十人十色です。

千代田区

神田區と麴町區が合併して昭和22年に誕生した日本の中枢。旧神田區の町名には何らかの形で神田が付くが、神田という町名はない。旧麴町區はそもそも町名の数自体が少ない。姉妹都市は秋田県五城目町。

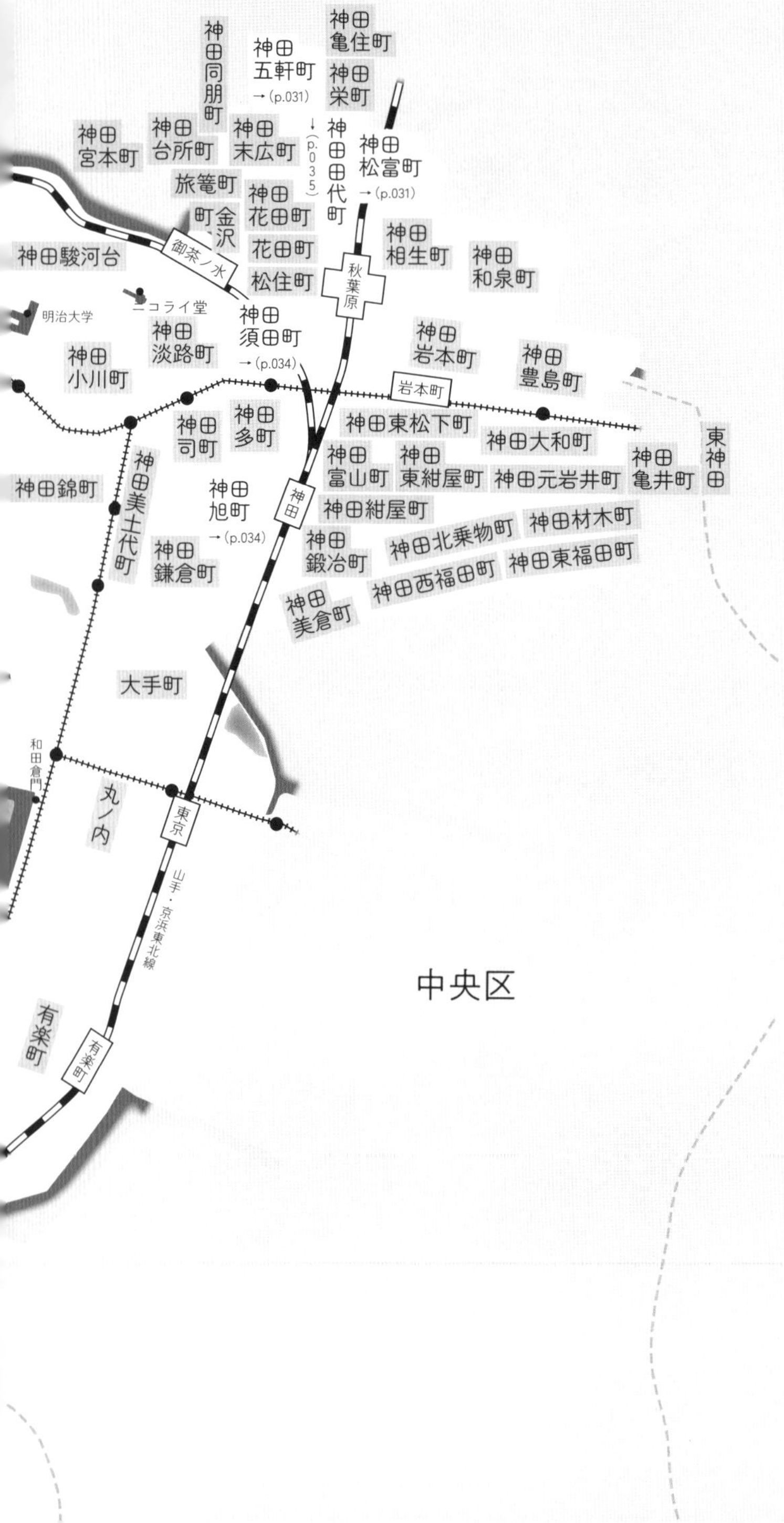

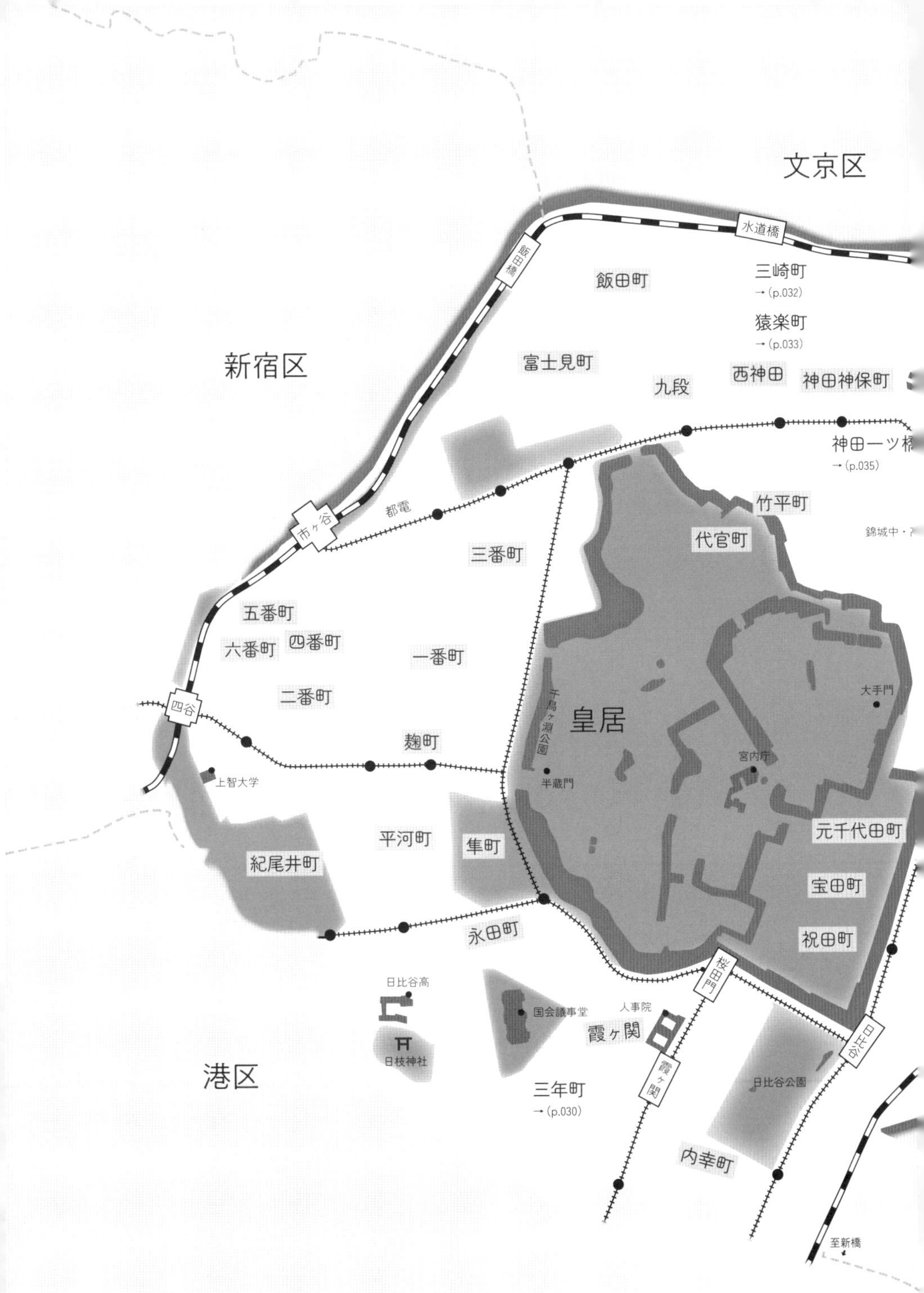

文京区
水道橋
飯田橋
三崎町
→（p.032）
飯田町
猿楽町
→（p.033）
新宿区
富士見町
九段
西神田
神田神保町
神田一ツ橋
→（p.035）
都電
市ヶ谷
竹平町
代官町
三番町
五番町
六番町
四番町
一番町
大手門
二番町
四谷
千鳥ヶ淵公園
皇居
麹町
宮内庁
上智大学
半蔵門
平河町
隼町
元千代田町
紀尾井町
宝田町
永田町
祝田町
桜田門
日比谷高
国会議事堂
人事院
霞ヶ関
日比谷
日枝神社
港区
霞ヶ関
日比谷公園
三年町
→（p.030）
内幸町
至新橋

三年町

日本の中枢、霞が関にひっそりと残る遺物

日本の中枢こと永田町・霞が関。実は彼らの名前は明治5年の誕生以来、町名変更する事なく存在しつづけています。一方で、彼らに隣接し同じ明治5年誕生でありながら消滅した町名もあります。それが三年町《さんねん》です。官僚の出世争いの如く同期に出し抜かれた悲しみの町名・三年町。そもそも三年とはいったい何の年数でしょうか。場所柄何らかの任期と思いきや衆議院は4年、参議院は6年。地方議会となるとページ数が足りないので割愛しますが、転んだら3年以内に死ぬという俗信を持つ三年坂にちなんで三年町なのです。出版前に死にたくない思いで現地に赴き坂を確認したところ、恐ろしいことに転んでも寿命を全うできそうな安心設計でした。

消滅から3年以内どころか50年以上経っても現地の古ビルに生きつづける三年町。おそらく三年坂の俗信が間違いであることを自らが証明しているのでしょう。令和5年現在では、もはや五十五年町です。

千代田区最後の大物。

淡路坂、陶山が関、栄螺尻、鷺谷という別名を有する三年坂。

三年坂。転ぶなよ！　絶対に、転ぶなよ！

旧町名 DATA

昭和42年

永田1丁目、霞が関３丁目

神田松富町

町内もリノベ町名もリノベ

東京メトロ末広町駅周辺がリノベーション街になりつつあります。築70年の蒲鉾店がジューススタンドに、同じく築70年以上の古民家がフレンチ店に。いずれもこの神田松富町《かんだまつとみ》での既存建築物の活用事例です。なお、町名由来も松下町＋永富町という既存を活かした合成。まさか町名までリノベとは。

旧町名DATA

消滅した年
昭和39年

現行住所
外神田4丁目

古い表札までリノベ。

ビルに挟まれた古民家。解体からの駐車場化を危惧していたが旧町名もそのまま。ありがたい。

神田五軒町

大名屋敷の町はアートの拠点

5つの大名屋敷があったから神田五軒町《かんだごけん》。末広町駅周辺リノベ街化の起点はこの旧町域内にあるアーツ千代田3331。この施設は平成17年に閉校の練成中学校をリノベし平成22年に誕生した文化芸術の発信拠点。体育館の垂直跳び台も廊下の手洗い場もそのままでした。

※アーツ千代田3331は令和5年3月31日閉館

旧町名DATA

消滅した年
昭和39年

現行住所
外神田6丁目

3331とは江戸一本締めの手拍子。神田五軒町3331番地ではない。

上総久留里藩、下野黒羽藩、安房勝山藩、播磨林田藩、信濃上田藩で五軒。

旧町名

三崎町

激しい存続運動の賜物、二見書房の所在地

「違法ならば私は辞める」昭和41年11月第14回住居表示審議会、遠山区長の答弁です。この日の審議会で、神田《かんだ》三崎《みさき》町を西神田に変更する第3回区議会の決議を覆し「三崎町」とする区長提案が出されたのです。当時、三崎町では何が起きていたのでしょうか。

昭和37年施行の住居表示法に基づく町名変更。千代田区でも各町会による新町名案策定が始まります。三崎町会では新町名案に対する住民アンケートを行います。候補は三崎町・水道橋・西神田。住民の意向は294票・49票・32票と、圧倒的に三崎町支持。ところが町会役員会の決定は西神田だったのです。よりによって最下位の西神田、しかもそれが住民の合意として審議会・区議会で満場一致決議。憤慨した三崎町青年団による三崎町存続運動が始まります。署名活動に区長宅への訪問陳情等、世論を巻き込んだクーデターの結果が冒頭の区長提案です。三崎町は住民の手で守られました。そして時は流れ平成16年、歴史はくり返す。

明治5年～昭和22年、昭和42年～平成30年の町名。

昭和22年～昭和42年、平成30年～の町名。

憤慨した三崎町青年団はこの三崎神社で決起集会を行ったのち、区長宅に殴り込んだのであった。

旧町名DATA

消滅した年
平成30年

現行住所
神田三崎町1～3丁目

旧町名

猿楽町

歴史はくり返す、激しい住民運動で旧町名のW復活

平成16年、区長へある要望書が提出されます。「三崎町並びに猿楽《さるがく》町の住居表示における神田の冠称復活に関する要望書」。そう、あの三崎町が隣の猿楽町と共に昭和42年に消滅した旧町名の復活を求めているのです。あれ？　三崎町は存続運動で守られたはずでは。実は三崎町民の本来の希望は「神田三崎町」存続だったのです。しかし、当時千代田区からは各町会に対し「新町名は神田◯◯にはするなよ！　絶対にするなよ！」的な前フリもとい方針が示されていたため、神田冠称を諦めた経緯がありました。今回の町名復活運動では、町内の事業者を中心とした反対派が署名や要望を行ったため長期化の様相を呈していましたが、平成26年区議会で決議され、平成30年1月1日に無事神田三崎町と神田猿楽町が復活を遂げました。念願成就の旧町名復活。前夜はカウントダウンイベントで大いに盛り上がるはずと期待して12月31日に現地へ赴きました。ただの静かな年末でした。現場からは以上です。

明治5年～昭和22年、昭和44年～平成30年の町名。

昭和22年～昭和44年、平成30年～の町名。

町名変更がここまで可視化されているのは他にない。

旧町名DATA

消滅した年
平成30年

現行住所
神田猿楽町1～2丁目

旧町名RANK S+++

旧町名

神田區須田町

老舗が軒を連ねる商売の町

交通博物館がなくなりました。神田駅地下街も万惣《まんそう》もなくなりました。任天堂も栄屋ミルクホールもなくなり、万世《まんせい》の6階以上も休業中となりました。ですが、柳森《やなぎもり》神社があります。海老原商店も山本歯科医院もあります。藪そばも例の自販機コーナーも、そして神田區須田《かんだくすだ》町があります。これだけで十分です。ミルクホールは神田多《かんだた》町でした。

旧町名DATA

消滅した年
昭和22年

現行住所
神田須田町1～2丁目

明治30年創業の山本歯科医院。平成17年に登録有形文化財指定の建物の入口に残る昭和22年以前の旧町名。

千代田区一の魔境・例の自販機コーナー。

旧町名RANK S++

旧町名

神田旭町

現秋田県の藩がいまは姉妹都市に

昭和36年、あるビルの建設工事中に瓦や盃などの遺物が出土しました。これらは江戸初期この地に屋敷を構えた秋田藩佐竹氏の品であることが、瓦に印された「扇に満月」の家紋によってわかったのです。家紋が満月なのに「朝日」町なのはさておき、町名の由来が佐竹氏家紋である点を踏まえ、この神田旭《かんだあさひ》町の旧町名も佐竹氏の遺物として扱おうではありませんか。

旧町名DATA

消滅した年
昭和41年

現行住所
内神田2～3丁目

家紋は月なのに旭。当時町名を決めた役人が家紋の丸を日輪と間違えたのだとか。

旧町名が現存する昭和31年築の重厚ビル。この地中にもまだ見ぬ佐竹氏の遺物が眠っているかも。

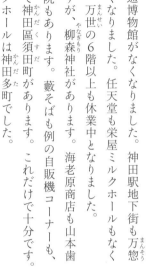

旧町名RANK

S++

旧町名

神田田代町

アキバの真っただ中に存在した青果市場の街

ＡＫＢ劇場向かいの雑居ビル群に２つの神田《かんだ》田代《たしろ》町の跡がありました。ＵＤＸと中央通り間の狭小町域を考えると奇跡的な現存であるため、ビルごと消えたいまとなっては夢か幻だったのでしょう。田代という文字、いずれまた夢でもし逢えたら素敵なことですね。まあ、しいて言えば文字だけなら「アキバ田代通り」で逢えますけどね。

この田代、平成19年ごろに発見したものだが、消滅したいまとなってはどこにあったのか覚えておらず。

外観にもうひとつの田代と青果卸売の文字を残すビル。神田青果市場の遺構と言える貴重な建物も平成28年ごろに消滅。

旧町名DATA

消滅した年
昭和39年

現行住所
外神田４丁目

旧町名RANK

S++

旧町名

神田一ツ橋

学問の地、江戸時代には松平伊豆守の屋敷も

一ツ橋の２つの丁目は、なんと郵便番号が異なります。１丁目は「１００―０００３」で、２丁目は「１０１―０００３」。同じ町名なのにどうしたの。人口50人なんだし仲良くしなよ。

実は、千代田区成立以前のそれぞれの旧々町名が原因でした。１丁目は「麹町《こうじまち》區《く》竹平《たけひら》町」で２丁目は「神田區一ツ橋通町」。別の自治体だったのです。

徳川氏入府当時は丸太１本架かるだけだった橋がこんなに立派に。家康に教えてあげたい。

旧教育会館の門柱に残る旧町名。風化が進み今後文字が判読できなくなるかも。見るならいまのうち。

旧町名DATA

消滅した年
昭和44年

現行住所
一ツ橋1～2丁目

中央区

※昭和26年に消滅

日本橋區と京橋區が合併して昭和22年に誕生した日本で最初の中央地名。江戸の基点であり商業の中心、現在も銀座、日本橋、築地ら東京の有力観光地を多数保有する名所銀座。姉妹都市は山形県東根市（道路方式）。

千代田区
港区
東京湾
東海道本線
東京
有楽町
新橋
浜松町
日比谷
築地
月島
都電
八重洲
日本橋通
日本橋
江戸橋
京橋
宝町
→（p.041）
泰明小学校
銀座西
→（p.044）
銀座
西八丁堀
八丁堀
木挽町（※）
→（p.043）
東銀座
新富町
入船町
築地
湊町
明石町
浜離宮園庭
小田原町
→（p.043）
勝鬨橋
月島西河岸通
新佃島西町
→（p.039）
月島西仲通
月島通
→（p.040）
新佃島東町
月島東仲通
月島東河岸通
晴海町

旧町名RANK

S+++

旧町名

京橋區、日本橋區

家康の入府により早くから埋め立てと町割がすすめられた日本の中心地

地図で中央区をご覧ください。日本橋の付くものとそうでないもの、町名が2種類に分かれているのがわかります。これは中央区が元々2つの区が合併して誕生した表れです。日本橋が付く方が「日本橋區」、そうでない方が「京橋《きょうばし》區」。江戸・東京の中心だった両区が世界の中心を目指すため、中央区は誕生しました。

旧町名DATA

消滅した年
昭和22年

現行住所
中央区

築地や月島には京橋區時代の旧町名が健在。

日本橋區も本町～蛎殻町一帯は空襲被害を免れるが、都市開発の影響で戦前の旧町名は絶滅危惧種。

旧町名RANK

S+++

旧町名

日本橋區本町

製薬企業の本社が立ち並ぶ江戸以来の「くすりの町」

1590年8月1日に江戸入りした家康が最初に行ったのが架橋工事。8月26日に常盤橋が竣工すると、9月1日からは町割に着手します。その第1号がここ、本町《ほんちょう》なのです。日本橋本町は江戸時代の始まりであり、令和のいまこの本を書いている私にも、この本を読んでいるあなたにも繋がる道の入口なのでしょう。

旧町名DATA

消滅した年
昭和22年

現行住所
日本橋本町1～4丁目

空襲被害を免れた本町には、かつてはこのような戦前の貴重な琺瑯看板が残されていた。

江戸幕府が薬種業者集団の地に指定したことから現・日本橋本町3丁目は薬種問屋の街として発展。

旧町名RANK S+++

旧町名

京橋區新佃島西町

佃島の隣に「新」埋め立ててできた町

旧町名DATA

消滅した年
昭和42年

現行住所
佃2丁目の一部

空襲被害をほぼ免れた月島・佃島エリアには戦前からの建築物が多々残っていますし、中央区以前の京橋區時代の旧町名も少々現存しています。

こちらは駄菓子などを扱う旧タバコ屋さん。大正生まれのご主人が切り盛りするお店兼住居のこの建物は中央区指定文化財です。

お話を伺うと、店内がドラマロケに使われたりプロの写真家が建物を撮らせてくれと訪ねてきたり等々、文化財ゆえのエピソードがたくさん。写真家が撮ったこの建物が載っている本も見せていただきました。

一方で、固定資産税が高く維持が大変ともおっしゃっていました。区が文化財指定で建物保存を推進するのはとても素晴らしいことなんだけど、とも。我々部外者にはいい部分しか見えませんが、当事者にとってはありがた迷惑な側面もあるんですね。貴重なお話を聞かせていただきありがとうございました。今度また駄菓子買いに行きますね。

……これが平成21年のお話。令和4年現在、もう駄菓子を買いに行くことはできません。

古いタバコ屋の店頭にある赤い琺瑯看板に旧町名残りがちという旧町名あるある早く言いたい。

平成21年5月の現地。背景のタワマンが、迫り来る開発の波のように思えて不気味。未来を暗示していたのだろうか。

あれから13年後の令和4年、見事になくなっていた。長年この地でお疲れ様でした。

旧町名RANK S++

旧町名

日本橋兜町

リノベ街へ絶賛再開発中　明治以来の金融の町

銀行発祥の地・兜町《かぶとちょう》に鎮座する兜神社には、平将門を供養するために埋められた伝説の兜があるとか。同じく町内にある東京証券取引所横の鎧橋には、源義家が投げ入れて暴風雨を治めた伝説の鎧が眠るとか。ドラクエか何かでしょうか。渋沢栄一が金融恐慌を収めるために研いだ伝説の剣もあるかもしれません。

旧町名DATA

消滅した年
昭和57年

現行住所
日本橋兜町

昭和57年の住居表示実施で丁目が消え単独町名となったため、丁目付き兜町は旧町名扱い。

かつての金融街も、近年は古ビルの重厚さを活かしたカフェやホテルが集まるリノベ街に。

旧町名RANK S+++

旧町名

京橋區月島通

丁数の限界に挑んだのかもしれない　埋め立て人工島

えっ？　数がそんなにあっていいの？　2桁丁数に驚愕です。丁目は概ね4・5丁目までが適当であると、幼少期より叩きこまれてきた我々住居表示世代にとって11丁目は完全に未知の領域。しかも月島通は12丁目まであったようです。なお、京都に22丁目、北海道には42丁目があるそうですが、それはまた別のお話。

旧町名DATA

消滅した年
昭和40年

現行住所
月島1～4丁目
勝どき1～6丁目

月島通を中心に、西側に西仲通・西河岸通、東側に東仲通・東河岸通。旧町名にはすべて「通」が付く。

この月島の町並みはいつまで残るか。

旧町名RANK C

旧町名

宝町

めでたい名として付けられたがもはや宝さがしもままならない

街は生き物であり、姿形は時代とともに日々確実に変化しつづける。旧町名をさがしていると常にその現実を突きつけられます。写真に写る宝町《たからちょう》は平成19年のものですが、開発の波とコンクリートの海に飲み込まれ、いまはその姿も面影も見る事ができません。

左写真の宝町は現町名に併記する形で残されていました。この行為にどのような意図があったのか、いまでは知る由もありませんが、消滅した旧町名に対する所有者の哀悼を感じずにはいられません。

現町名の中央区京橋に併記される旧町名の宝町。消滅は意外と遅めの昭和53年。

発見した平成19年当時の様子は宝町が残っていた建物ふくめ数軒のみの開発待ちだった。

現在の様子。当時の面影は皆無なので場所の特定に苦慮したが、後方のビルの壁を手がかりにたどり着けた。

この本で紹介する旧町名たちは、既に消滅したもの、所有者や地域が大切に残しているもの、忘れられ放置されているものなど、その境遇はさまざまです。ただし共通するのは、彼らが示す旧町名が現役の町名であった当時からそこに存在しつづけていること。いわば歴史の遺構、町の生き証人なのです。

古いものが淘汰されることは受け入れるべき現実ですし、彼らもいずれこの宝町と同じ結末を迎えます。

だからこそ私は彼らを見つけ出し、その街で生きた証を記録しつづけているのです。哀悼を込めて。

旧町名DATA

消滅した年
昭和53年

現行住所
京橋1～3丁目

旧町名RANK S+

旧町名

霊岸島

字面にぎょっとするが由来は江戸期の高僧にちなむ

旧町名DATA

消滅した年
昭和46年

現行住所
新川1〜2丁目

目を引く「霊」。文字大丈夫？ そう思いますよね。明治末までこの地の町名には霊岸島の冠が付きました。後に冠は外れるも、震災後の町名整理で冠どころか町名自体が霊岸島《れいがんじま》となります。ここで住民から挙がったのが「縁起が悪い」。今も昔も思うことは同じでした。元々霊岸島付いてただろ的な説得で収まったそうです。

霊巌が寺を創建した島なので霊岸島。霊巌寺は大火によりわずか31年でこの地を去ります。いまはいずこへ。

住民のエピソードはこの碑の建立と共に昭和52年に発刊された記念誌に記されている。

旧町名RANK S+

旧町名

越前堀

堀につかわれた石垣が出土する川とビルと川の共存するエリア

旧町名DATA

消滅した年
昭和46年

現行住所
新川1〜2丁目

震災で閉校した霊岸島尋常小と越前堀《えちぜんぼり》尋常小の合併で誕生したのが明正《めいせい》小学校。校名は「公明正大」と、明治に発展した霊岸島小と大正に発展した越前堀小の元号の合成です。霊岸島と越前堀、2つの地域に育まれた明正小は、空襲被害で一度廃校になるも、住民の願いで復活。消滅した2つの町名の分まで健在です。

越前福井藩主松平越前守の屋敷を囲む・巨大な堀が由来。堀の幅はなんと20メートル。

2人のニコイチ感、まさに霊岸島と越前堀を表しているかのよう。それで、どっちが霊岸島でどっちが越前堀かな。

旧町名RANK S+++

旧町名

京橋區木挽町

江戸城修築の木挽職人が住んでいた町

旧町名DATA

消滅した年
昭和26年

現行住所
銀座1～8丁目

なぎら健壱さんの写真集で見た木挽《こびき》町。昭和26年消滅のレアさ。見つけたら何か起きそうな気がすると思ったら、発見後本当に何か起きました。なぎら健壱さんを見かけたのです。それも2度。手に缶チューハイというレアさ。これは何か起きそうな気がすると思ったら、本当に何か起きました。木挽町2つありました。

木挽とは造材のこと。昭和24年に三十間堀が埋め立てられ銀座と地続きになったことが町名消滅の原因。

もうひとつの木挽町は老舗中華料理店・萬福《まんぷく》の店内に。確かな美味しさ。

旧町名RANK S+++

旧町名

京橋區小田原町

石切にちなんで付けられた、江戸にある小田原

旧町名DATA

消滅した年
昭和41年

現行住所
築地6～7丁目

戦前の東京に出会える大変貴重なエリアです。空襲被害を逃れたお陰で当時からの木造建築や銅板建築が点在して存在しつづけているため、結果的に戦前の京橋區時代の旧町名も残されている傾向にあります。それでも10年ほど前はそれらの建物がもっと群として残っていた気がします。この街はいつまで残るか。

令和2年11月ごろ解体の建物に発見。京橋區時代なのに文字の向きが區橋京でないのは珍しい。

解体された建物の解体直前。元海鮮問屋で昭和10年ごろ建築らしい。長年この地でお疲れ様でした。

旧町名RANK S

旧町名

銀座西

住所不定の世にも不思議な空間

これは、私が実際に体験した話です。

その日私は、銀座で友人らと食事をする予定がありました。普段銀座へは銀座駅を使っていましたが、その日は何故か有楽町駅で下車したのです。

この駅は住所こそ千代田区ですが、中央区銀座の西側に接するため銀座の少し離れた最寄駅でもあります。ただ、普段使わない駅で土地勘がないため、住所を手がかりに銀座へ向かいました。

銀座インズという施設の入口で「中央区銀座西」の住所を見つけ銀座に着いたことがわかり、その後無事友人らと合流できました。食事の席では馬鹿話で盛り上がりましたが、私が銀座に着くまでの苦労を話した瞬間、友人らが怪訝な顔をしたのです。

「え？　銀座西なんて住所ないよ」

どうやら銀座西という住所は昭和43年に消滅したようなのです。でもあの施設のネパール料理店のポスターにはたしかに銀座西という文字がありました。

あの時見たあれは一体なんだったのでしょうか。

そして、そもそも私に友人はいません。彼らは一体誰だったのでしょうか。

「中央区銀座西2－2先」は正式な住所ではない。正しい住所は「無」。存在しないのである。

高速道路の高架下にある銀座インズ。かつては千代田区と中央区の区境を流れる川だったため住所がない。

こちらは正式な旧町名としての銀座西。銀座東と共に現町名は「銀座」。

旧町名DATA

消滅した年
昭和43年

現行住所
銀座1～8丁目

コラム1

旧町名と職業と古町名と

現町名と料金体系はわかりやすい方がいい。わかりやすければわかりやすいほど大正義。足立区の真ん中にあるから中央本町、いいね！ 渋谷駅の東にあるから東、最高！ 目黒区の南にあるから南、大岡山の方が南だぞ！

一方、旧町名といえばわかりにくければわかりにくいほど大正義のような雰囲気があります。特に江戸時代由来の町名ともなればその傾向は顕著です。幕府の要職や、商人・職人の職業名がそのまま町名として採用されているため、当時の人々にとっては簡潔明瞭な町名だったのでしょう。その代表として挙げられるのが六本木地区の旧町名・材木町。文字通り材木商が住む町で、六本木のほか神田、浅草、深川にも存在しました。同様に、畳町・瀬戸物町・鍋町・竪大工《たてだいく》町・蝋燭町・塗師《ぬし》町などの戦前に存在した旧町名たちも文字面の通りそれぞれの職人が住んでいた町です。非常にわかりやすい。

ところが、中には現代の感覚からするといったいなんの仕事なのか意味不明な名称も見受けられます。例えば「箪笥《たんす》町」。キャビネットやクローゼットの類ではありません。箪笥とは武器や具足の総称を指し、それらを司る幕府の役職者の屋敷が置かれた町なんですって。

例えば「納戸《なんど》町」。2SLDKのS部分でもありませんし、建築基準法上居室と認められないスペースでもありません。納戸とは将軍家の衣服や調度などの出納《すいとう》を担う部署を指し、その役職者の屋敷が置かれた町らし

北乗物町。昭和7年までは近くに南乗物町もあったとか。

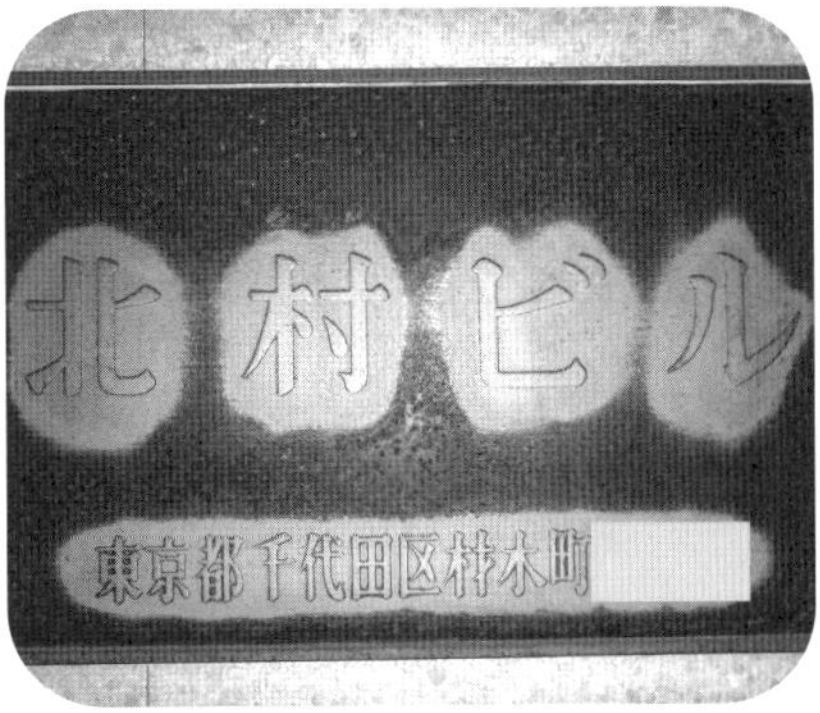

神田材木町。ビルのリノベで旧町名のみ消滅。

いですよ。

他にも、建物を直したいのか壊したいのか不明な「破損町」や、駕籠職人なのか神輿職人なのか馬具職人なのか複数解釈のできる「北乗物《きたのりもの》町」など、同じ文字でも当時と現代とでは解釈や受け止め方が異なるため、結果として旧町名はわかりにくい、古臭いなどの評価に繋がっているのではないでしょうか。

そんな旧町名のわかりにくさ・古臭さを語る上で避けて通れない地域が東京に2箇所存在します。1箇所は神田駅の東側。北乗物町のほか、鍛冶町や紺屋町などの細かい町名が数点集まる地域です。もう1箇所は神楽坂や市ヶ谷を擁する旧牛込區。先ほどの箪笥町や破損町のほか、二《に》十騎《じゅっき》町、払方《はらいかた》町などの個性豊かな町名たちが点ではなく面でごっそり存在している地域です。

そして大切なお知らせですが、これらの町名、実は破損町を除き旧町名ではありません。江戸期もしくは明治に誕生して、今日に至るまで現行町名として存在しつづけています。彼らは時として旧町名というカテゴリーで語られがちですが、消滅していないのです。旧町名ではありません。本書のテーマは一貫して「旧町名」。現町名が入り込む余地はありません。ただ、彼らは江戸から脈々と受け継がれている歴史と伝統があるわけですし、一目を置いているのは事実です。消滅していない以上旧町名扱いはできませんが、なんらかの位置付けをもって彼らを特別視できないものかと日々悩みに悩み、毎晩7〜8時間しか眠れない日々を過ごしていました。そしてついにひとつの答えを導き出したのです。現でも旧でもなく、彼らは「古町名」です。そのように定義し、意味付けすることで長年の懸案事項がようやく解決しました。今日から彼らは古町名です。大切にね。

納戸町。26S（サービスルーム）という歪な間取りではない。

箪笥町。なんでも収納・クローゼット町ではない。

古町名一覧

神田駅東側	紺屋町、富山町、須田町、西福田町、北乗物町、美倉町、東紺屋町、東松下町、岩本町
旧牛込區（古町名）	市谷田町、市谷本村町、市谷船河原町、市谷砂土原町、市谷鷹匠町、市谷八幡町、市谷加賀町、市谷甲良町、市谷山伏町、市谷柳町、市谷仲之町、下宮比町、揚場町、筑土八幡町、赤城元町、赤城下町、白銀町、築地町、天神町、中里町、榎町、東榎町、南榎町、早稲田町、早稲田南町、馬場下町、細工町、納戸町、二十騎町、南山伏町、北山伏町、袋町、払方町、南町、中町、北町、原町、若松町、喜久井町、矢来町、弁天町、若宮町、岩戸町、箪笥町、横寺町、新小川町、東五軒町、西五軒町、改代町、水道町、山吹町、早稲田鶴巻町、余丁町
旧牛込區（旧町名）	市谷佐内坂町、市谷長延寺谷町、市谷薬王寺前町、市谷谷町、市谷富久町、市谷河田町、神楽町、上宮比町、肴町、通寺町、下戸塚町、破損町、高田町、新小川町n丁目

二十騎町。1組10人の先手与力が2セット居住の町。もちろん町内に馬1頭見当たらず。

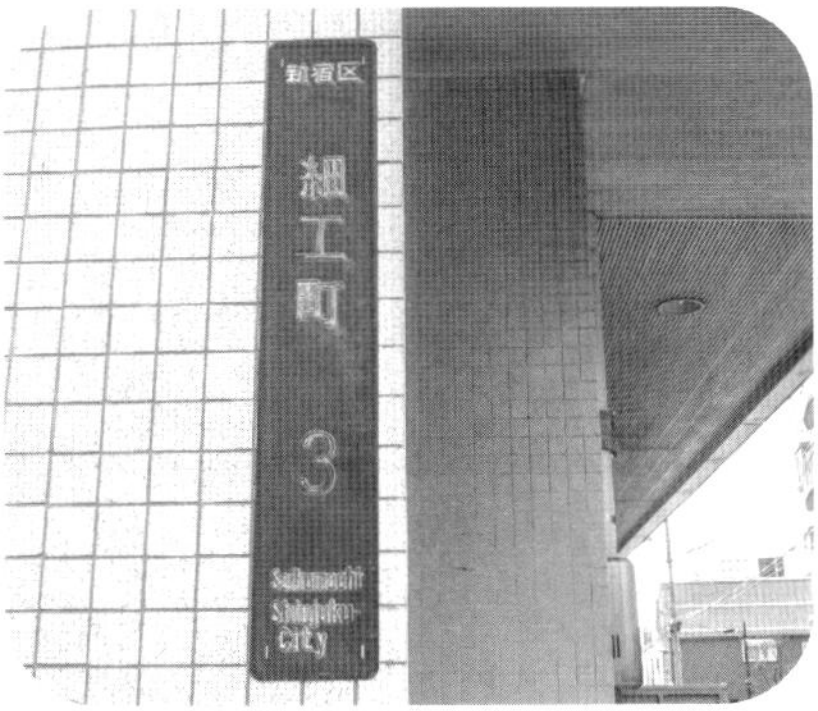

細工町。江戸城内建物・道具の修理・製作を行う「細工職人」の町。

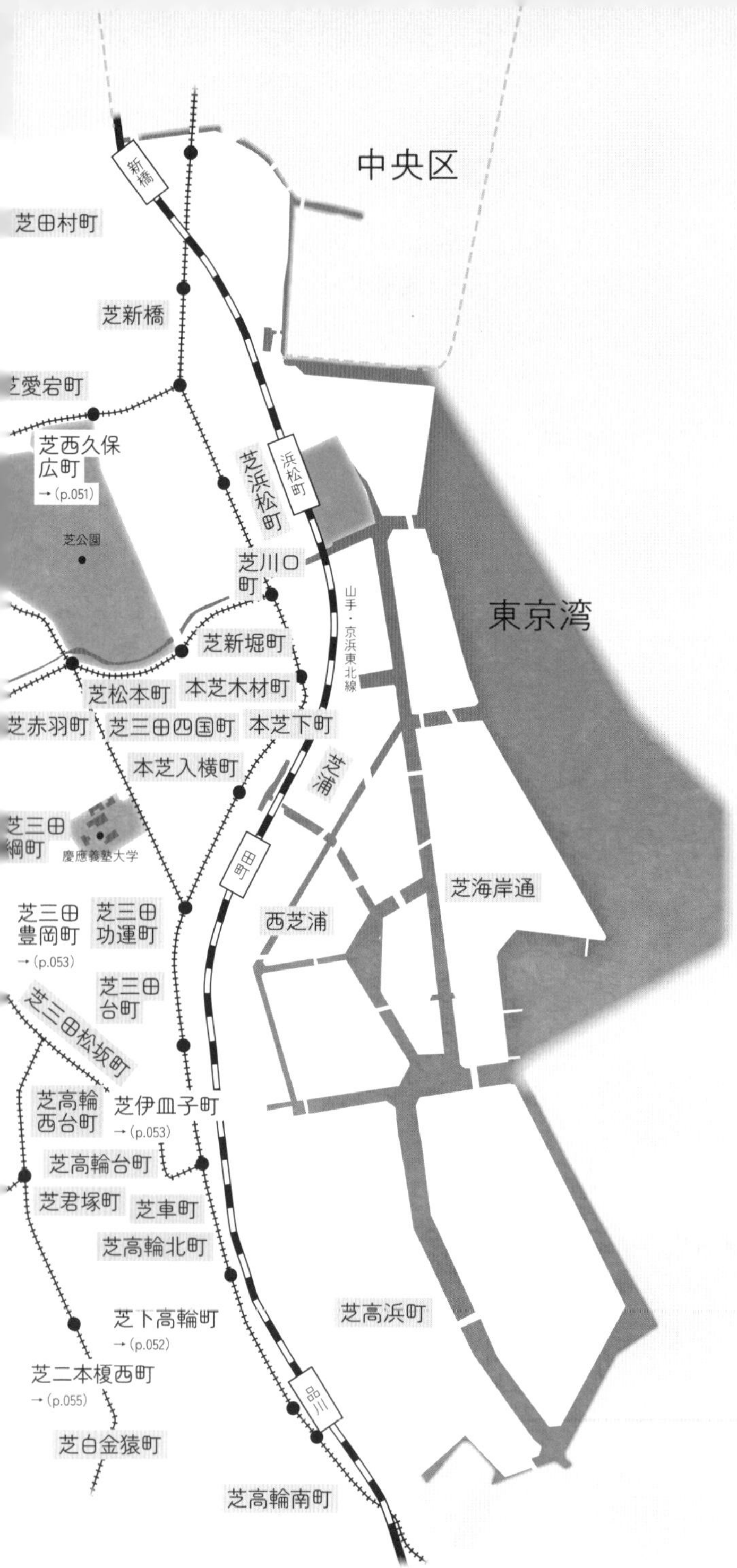

港区

赤坂區、麻布區、芝區の三區合併で昭和22年に誕生した大使館天国。23区最大級の町名数を誇るも住居表示で引くほど町名が減るが、麻布狸穴町と麻布永坂町のみ住居表示も町名変更もせず未だ抵抗中。区の花はバラ。

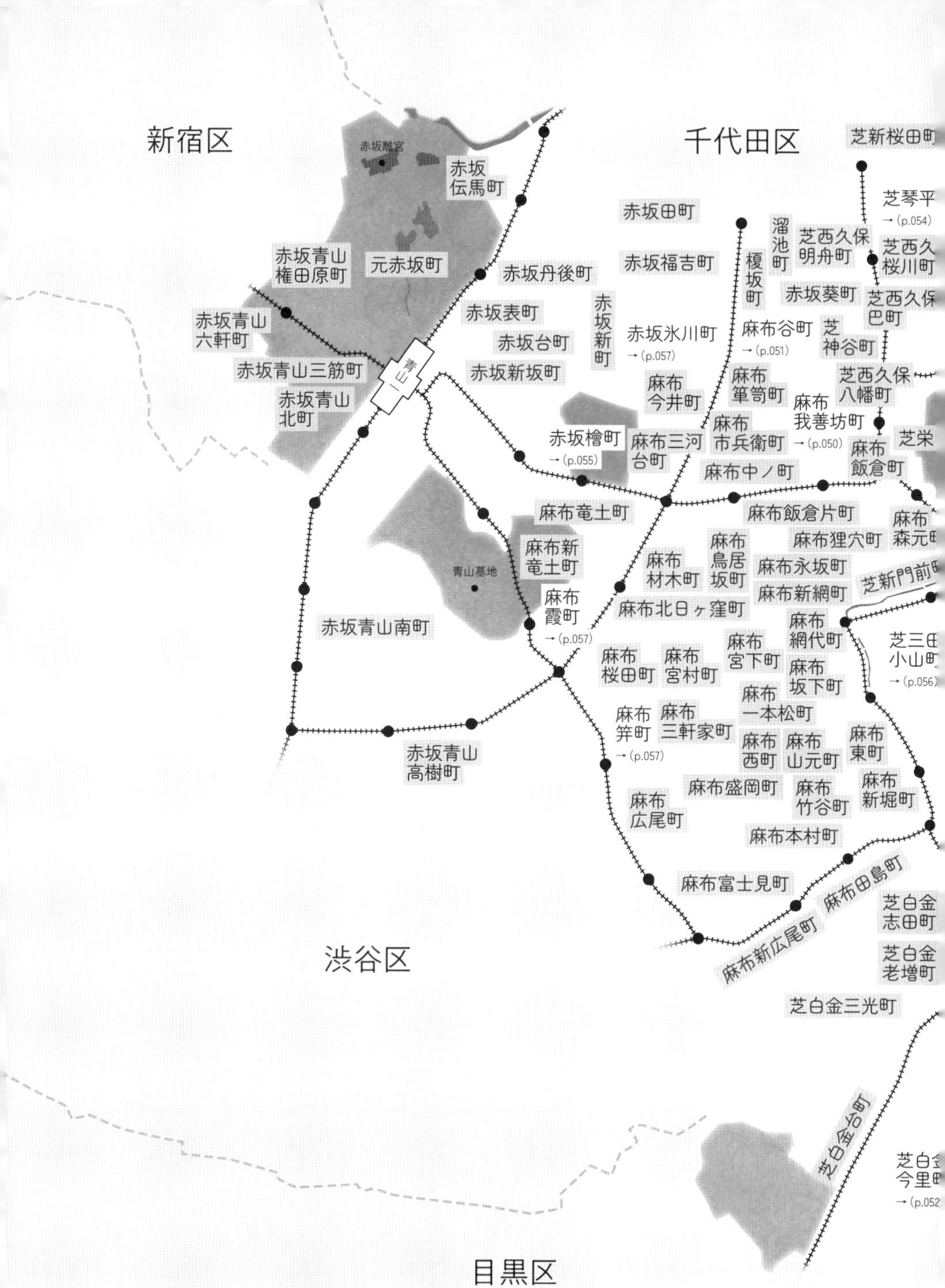

新宿区
千代田区
渋谷区
目黒区
赤坂離宮
赤坂伝馬町
元赤坂町
赤坂青山権田原町
赤坂青山六軒町
赤坂青山三筋町
赤坂青山北町
青山一
赤坂丹後町
赤坂表町
赤坂台町
赤坂新坂町
赤坂田町
赤坂福吉町
赤坂新町
赤坂氷川町
→(p.057)
赤坂檜町
→(p.055)
溜池町
榎坂町
芝西久保明舟町
赤坂葵町
麻布谷町
→(p.051)
芝神谷町
芝新桜田
芝琴平
→(p.054)
芝西久
桜川町
芝西久保
巴町
芝西久保八幡町
麻布今井町
麻布箪笥町
麻布我善坊町
→(p.050)
麻布三河台町
麻布市兵衛町
麻布飯倉町
芝栄
麻布中ノ町
麻布飯倉片町
麻布森元
麻布竜土町
麻布新竜土町
青山墓地
麻布材木町
麻布鳥居坂町
麻布狸穴町
麻布永坂町
芝新門前
麻布新網町
麻布霞町
→(p.057)
麻布北日ヶ窪町
赤坂青山南町
麻布網代町
芝三
小山町
→(p.056)
麻布桜田町
麻布宮村町
麻布宮下町
麻布坂下町
麻布一本松町
麻布笄町
→(p.057)
麻布三軒家町
麻布西町
麻布山元町
麻布東町
赤坂青山高樹町
麻布盛岡町
麻布竹谷町
麻布新堀町
麻布広尾町
麻布本村町
麻布富士見町
麻布田島町
芝白金志田町
麻布新広尾町
芝白金老増町
芝白金三光町
芝白金台町
→(p.052

旧町名RANK
S+++

旧町名
麻布區我善坊町

ついに、ついに再開発は行われた

このエリアを一言で表すと「再開発やらんのかい」。密集する木造家屋の入り口を塞ぐベニヤ板、森ビルによる立入厳禁・巡回警備実施中プレート。これだけお膳立てされた状況ゆえ、明日にでも再開発が始まりそう。なのに始まらない。少なくとも初めてこの地を訪れた平成21年時点で、すでにこのありさま（左写真）。当時発見したこの旧町名は書道家の吉田苞竹《ほうちく》の旧宅門柱に掲げられていました。麻布區時代の貴重な痕跡ですが、いまは残っていません。令和元年、ついに再開発工事が着工されたのです。いや再開発やるんかい。すでに苞竹旧家の西側一帯は土地ごと抉り取られた状態で、旧町名も消えていました。

そして令和3年、人間は地形というものをこれほどまで変えられるのか。そんな感想しか浮かばないほど、もはや我善坊《がぜんぼう》「谷」も我善坊谷「坂」も消え去っていました。

とはいえ、なくなったものは仕方がない。悔しいので、竣工後は早速現地に行って我善坊町時代の痕跡を探し出してやりましょう。

風化して判読しづらい戦前の「麻布區」。もしかしたら苞竹が生前に自ら掲げたものかも。

再開発やらんのかいと言いつつ、始まらないよねという甘えを受け止めてくれた平成21年の我善坊。

平成元年協議会設立で令和元年着工。地権者300人の説得に平成のすべてを費やした。

旧町名DATA

消滅した年
昭和49年

現行住所
麻布台1丁目

旧町名RANK
S+++

旧町名
芝區西久保広町

広くはないしむしろ狭い部類の町

花を買いたい衝動に駆られて入った花屋さんに芝區時代の旧町名がありました。花を見繕ってもらいつつお店の方に話を伺うと、創業は港区誕生と同じ昭和22年。東京タワーができる前は2km先の芝公園から梟の鳴き声が聞こえるほどのどかだったらしいこの場所はいまはタワマン建設中。花屋さんもありません。

旧町名DATA

消滅した年
昭和52年

現行住所
虎ノ門3丁目ほか

広町なのに町域が狭めなのは、広町の広が広さではなく広小路の広だから。

店内の花置台はドイツ製で、磨くとめっちゃピカピカに。実演していただきありがとうございました。

旧町名RANK
A

旧町名
麻布區谷町

首都高にその名が残るも再開発でかつての街並みは一掃

誰もが一度は耳にする首都高・谷町《たにまち》ジャンクションの谷町です。『超芸術トマソン』の表紙を飾る銭湯の煙突とそこから見下ろした街並みの舞台でもあります。あの銭湯もあの街並みも開発の波に飲まれ町名も消滅しましたが、その貴重な旧町名がなんと居酒屋「丸重」内で保存中。この感動はぜひお店で体感してほしい。

旧町名DATA

消滅した年
昭和42年

現行住所
赤坂2丁目、六本木1～2丁目

なぜか旧赤坂區福吉町に現存する麻布區谷町。お店の人の話では丸重の創業地が谷町であった。

居酒屋丸重。実は店内には「港区麻布谷町」時代の旧町名がある。

旧町名RANK

S++

旧町名

芝白金今里町

高級住宅街のつづく町は
すき焼き今半の名の由来にも

旧町名DATA

消滅した年
昭和44年

現行住所
白金台1～5丁目ほか

白金（シロカネ）の明治学院（ヘボン塾）のお膝元の旧町名。島崎藤村（本名春樹）が作詞した校歌は生命（いのち）や青年（わかもの）など溌剌とした詩が特徴です。さらに応援歌には大合唱（大コーラス）や聖峰（ホーリーピーク）など想像を超える解釈が踊っています。高見沢俊彦（アルフィー）編曲版の校歌も存在します。

すき焼きの今半の「今」は今里の今。牛肉を求めて業者がこの町に殺到した時代の名残。

現地では新旧住民間の温かな交流（ふんそう）がみられる。

旧町名RANK

S++

旧町名

芝下高輪町

高輪の名は戦国時代から
江戸時代には寺院の門前地

旧町名DATA

消滅した年
昭和42年

現行住所
高輪3丁目

高輪北町と高輪南町の間に旧町名が挟まれていたらそれは下高輪町。高輪町や高輪中町でもなく、ましてや上高輪町もないのに下なのです。町域は初代英国公使館の東禅寺を中心に坂坂坂。かつらを被った坊主が急死した桂坂、ほら貝が出た洞《ほら》坂、そして東禅寺左横の名称不明な謎坂。いずれもK点越え確実な斜度です。

謎坂の麓にあったNEC広告付きのこの琺瑯看板はいつの間にかなくなっていた。

洞坂　#いい斜度

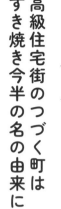

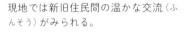

旧町名RANK S+++

旧町名

芝區伊皿子町

いさらご？ いんべす？ 由来も不明で摩訶不思議

旧町名DATA

消滅した年
昭和42年

現行住所
三田4丁目、高輪1～2丁目

伊皿子、なんでしょうこの謎の文字列は。伊藤の伊に皿うどんの皿そして子。明らかに意味不明です。ですが意味不明で終わらせてはページが埋まりません。その意味を求めて現地に行ったら、ありました。港区が伊皿子の由来を3つ示していました。人名、訛りそして意味不明。まさかの公式意味不明いただきました。

芝區伊皿子町のはずがもはや子町。平成22年ではかろうじて皿子町だったがますます風化中。

伊皿子坂は元潮見坂で江戸期はここから芝浦の干満がよく見えたとか。

旧町名RANK S+++

旧町名

芝區豊岡町

絶対に保存すべき琺瑯看板も健在！ 昔は三田村の野原だったが武家屋敷に

旧町名DATA

消滅した年
昭和42年

現行住所
三田4～5丁目

能町みね子さんの著書で紹介されたこちらの琺瑯看板。その後の令和5年現在も無事に生存していることを伝えたい一心で取り上げています。残りの町名表示板2枚も無事ですし、建物側面のトタンに刻まれた「ココニゴミステナイコト」の、ひしひしと伝わってくるゴミを捨てて欲しくない思いもそのままでした。

戦前のものと思われる琺瑯看板の広告欄は味の素かトウランプの2種類しか見たことがない。

琺瑯看板もこの文字も、隣の建物があった当時はどれだけの人が気づいていたのだろうか。

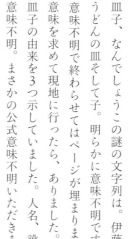

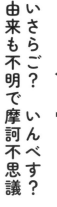

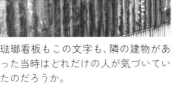

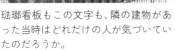

旧町名

芝琴平町

金刀比羅宮の街 参道は高層ビルの真下

旧町名旧町名言ってても、われわれがこの目で見られるのはせいぜい80年以内のものでしかないわけです。震災や戦災で物理的に焼失したのはもちろんですが、関東大震災後の帝都復興計画によって100年前どころか江戸時代からつづいた多くの町名が消滅してしまいました。例えば港区新橋。旧町名は芝新橋ですが、その前の旧々町名は源助《げんすけ》町や露月《ろうげつ》町に烏森《からすもり》町など、より細分化されより個性を光らせていたのです。表札などの本来期待する形ではないにせよ、それらの旧々町名に触れることはできないだろうか。そう考えて東京をさまよいたどり着いたのが虎ノ門の金刀比羅宮《ことひらぐう》でした。境内には大変珍しい銅製の鳥居が建立されていますので、左右の柱の下部にご注目ください。そこにはいくつもの旧々町名が刻まれています。奉納が1821年のため、これらは江戸時代のリアル旧々町名に間違いありません。この感動を伝えるためには残りの文字数を使って刻まれた旧々町名を紹介したいけど、ああもうスペースが

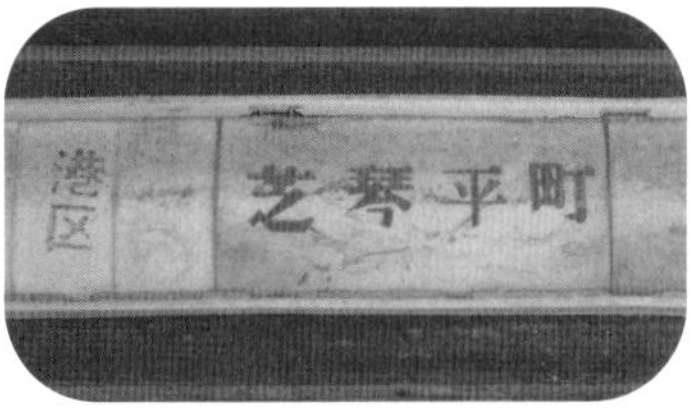

この地に屋敷を構えた讃岐丸亀藩主が勧進した金刀比羅宮の本宮所在地が由来。

金刀比羅宮の鳥居柱。あの源助町が！　あの露月町が！　いま蘇る。

鳥居をおおう高層ビルという実に都会的な光景。参道とビルが一体化した国内初の事例。

旧町名DATA

消滅した年
昭和52年

現行住所
虎ノ門1丁目

旧町名RANK
S++

旧町名
赤坂檜町

高さ東京1位の超高層ビル 東京ミッドタウンのお膝元

乃木坂という坂があります。あのグループ名が一人歩きした結果「乃木坂　坂」と検索しないと情報に辿りつかないこの坂がある場所の旧町名は檜町《ひのきちょう》です。檜の語源は最高の木を意味する「日の木」で、語源通り耐久性・品質共に最高の建築木材です。そういえば旧町域内の超高層ビルも高さ東京1位。檜町は最高の町。

旧町名DATA
消滅した年
昭和41年
現行住所
赤坂8～9丁目、南青山1丁目

長州藩毛利家屋敷の周りに檜の木が多かったことが由来。陸軍・米軍・防衛庁を経て現東京ミッドタウン。

平成19年ごろに旧町名を発見した場所の現在がこちら。たしか階段の踊り場あたりだった。

旧町名RANK
S++

旧町名
芝二本榎西町

江戸期には大名屋敷 明治以降には田畑、藤村、白金

住居表示前は複数家屋が同じ地番はざらでした。その最たる例がこの二本榎西町《にほんえのきにし》。なんと地番が1～4番地のわずか4つしか存在しない町でした。これは明治期に土地が大きく区画された結果なのだとか。ちなみに島崎藤村が一瞬住んだ次兄宅は二本榎西町3番地。あれ、写真は2番地だ。まさか藤村のお隣さん？

旧町名DATA
消滅した年
昭和43年
現行住所
高輪3丁目ほか

一里塚だった二本の榎が町名由来の二本榎の西。建物ごと消滅。

隣町だが旧二本榎1丁目にある高輪消防署は昭和8年築。内部見学可能。

芝三田小山町

小山湯と再開発迫る！古き家々の最期を見届けよ

絶滅危惧種という言葉が街並みにも指定できるならぜひこの町に。芝《しば》三《み》田《た》小山《こやま》町を初めて訪れたのが平成21年。町のランドマークである小山湯はその2年前に営業を終え、町内の一部にはすでにタワマンがそびえ建つなど、人の往来はあるものの再開発感がひしひしと伝わってきました。なぜか「芝」の冠が抜けた旧町名を発見したこともあり、それ以後も何度かこの町を訪れていました。平成28年に再開発の都市計画決定後も町の様子に変化は見られませんでした。

そして令和2年。讃岐会館が4月末に閉館する報を聞き嫌な予感がしましたが、現地の掲示板に貼られた公告を見てその予感は現実となります。「三田小山町西地区市街地再開発組合の設立認可公告」。ついに三田小山町の再開発が始まります。公告によると事業施行期間は令和2年9月10日から令和10年9月30日まで。

小山橋を渡ると広がる建物群、小山湯、小山湯横階段から見下ろす街並み。長年この地でお疲れさまでした。

旧芝區にもかかわらず「芝」のない旧町名。

平成19年に閉店した小山湯。さわやかに....今日の疲れを....流したかった......

令和4年度に工事着工予定。この街並みが見られるのも残りわずか。

旧町名DATA
消滅した年
昭和42年
現行住所
三田1丁目

S++

旧町名

赤坂氷川町

「東京十社」の一社、赤坂氷川神社は当然名の由来に

氷川神社由来の氷川町は港区の他に中野区と渋谷区。氷川を名乗った彼らとは違い、氷川未遂の旧町名も存在したのです。隣にあるのが読み方は同じで簸川神社な文京区氷川下町、町内にあるのに氷川じゃない中野区宮里町。そしてそんな彼らを横目にしれっと現町名に氷川町を採用したのが練馬区と覚えましょう。

旧町名DATA

消滅した年
昭和41年

現行住所
赤坂6丁目

根津神社や富岡八幡宮などと並ぶ、東京十社のひとつ、赤坂氷川神社が由来。

神々しいまでの氷川感。それもそのはず、赤坂氷川神社は江戸七氷川の筆頭。氷川の中の氷川。

S++

旧町名

麻布霞町・麻布笄町

六本木・西麻布エリアを彩る美しい2つの坂の名

六本木通りと外苑西通りが交わる西麻布交差点は、2つの坂の合流地点でもあります。六本木に伸びるのが霞坂、渋谷に伸びるのが笄坂《こうがい》。いずれの坂名も西麻布にあった旧町名です。坂と同様町域も近接し、麻布を除くと共に漢字1文字のニコイチ感。どちらも欠けて欲しくない思いであえてセットでの紹介でした。

旧町名DATA

消滅した年
昭和42年（麻布霞町）
昭和42年（麻布笄町）

現行住所
西麻布1～3丁目ほか（麻布霞町）
南青山6～7丁目ほか（麻布笄町）

麻布霞町。圧倒的に美しい字面が好き。霞山稲荷神社が由来。

麻布笄町。絶対的に読めない字面が好き。笄川が由来。

新宿区

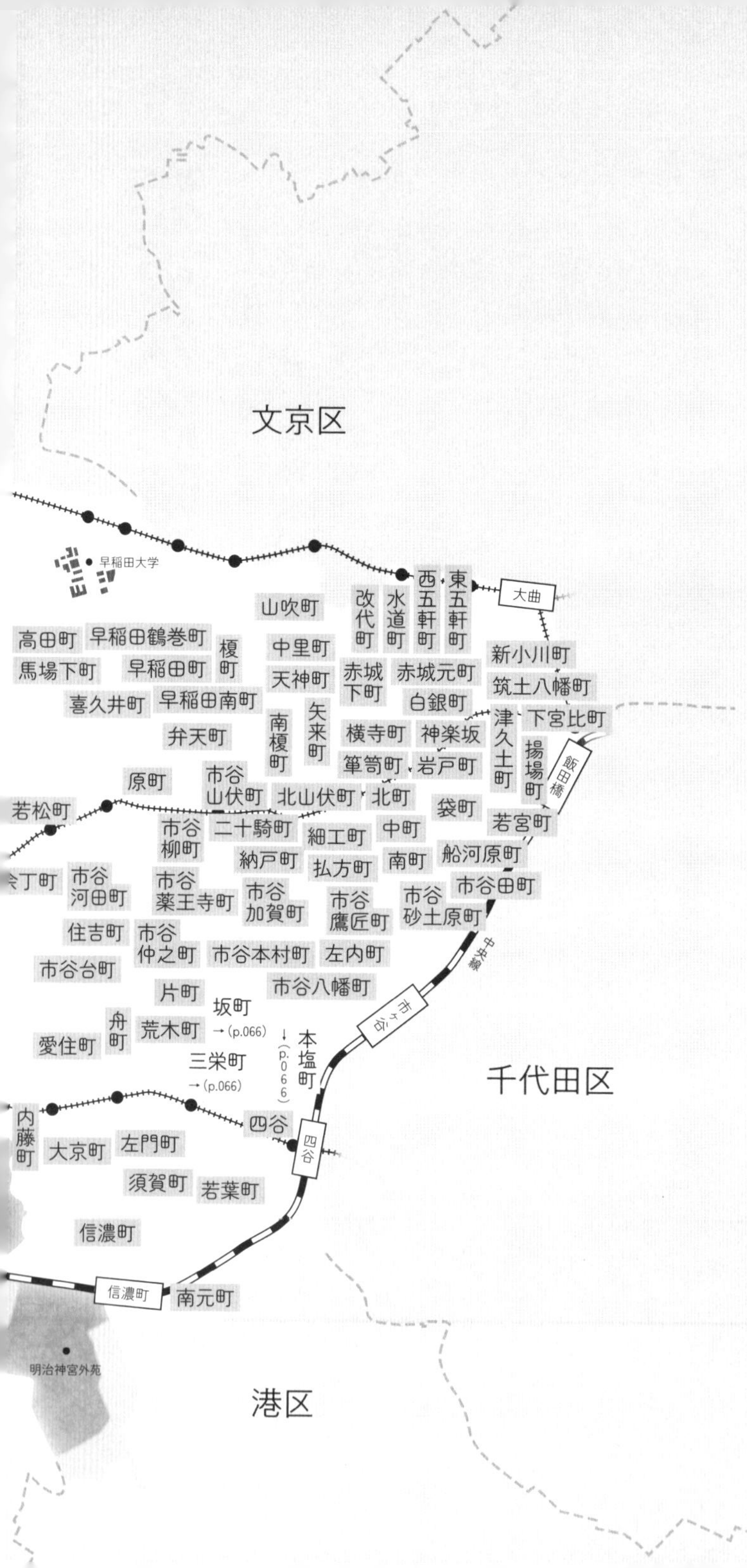

牛込區、四谷區、淀橋區の三區が合併し昭和22年に誕生した東京の中枢。旧牛込區は江戸からつづく町名が残り、旧四谷區の三栄町は23区の最新旧町名。旧淀橋區の十二社・角筈・柏木・淀橋は旧町名四天王と呼ぼう。

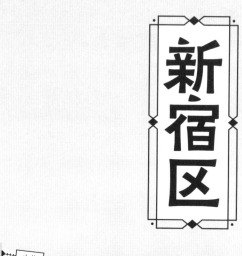

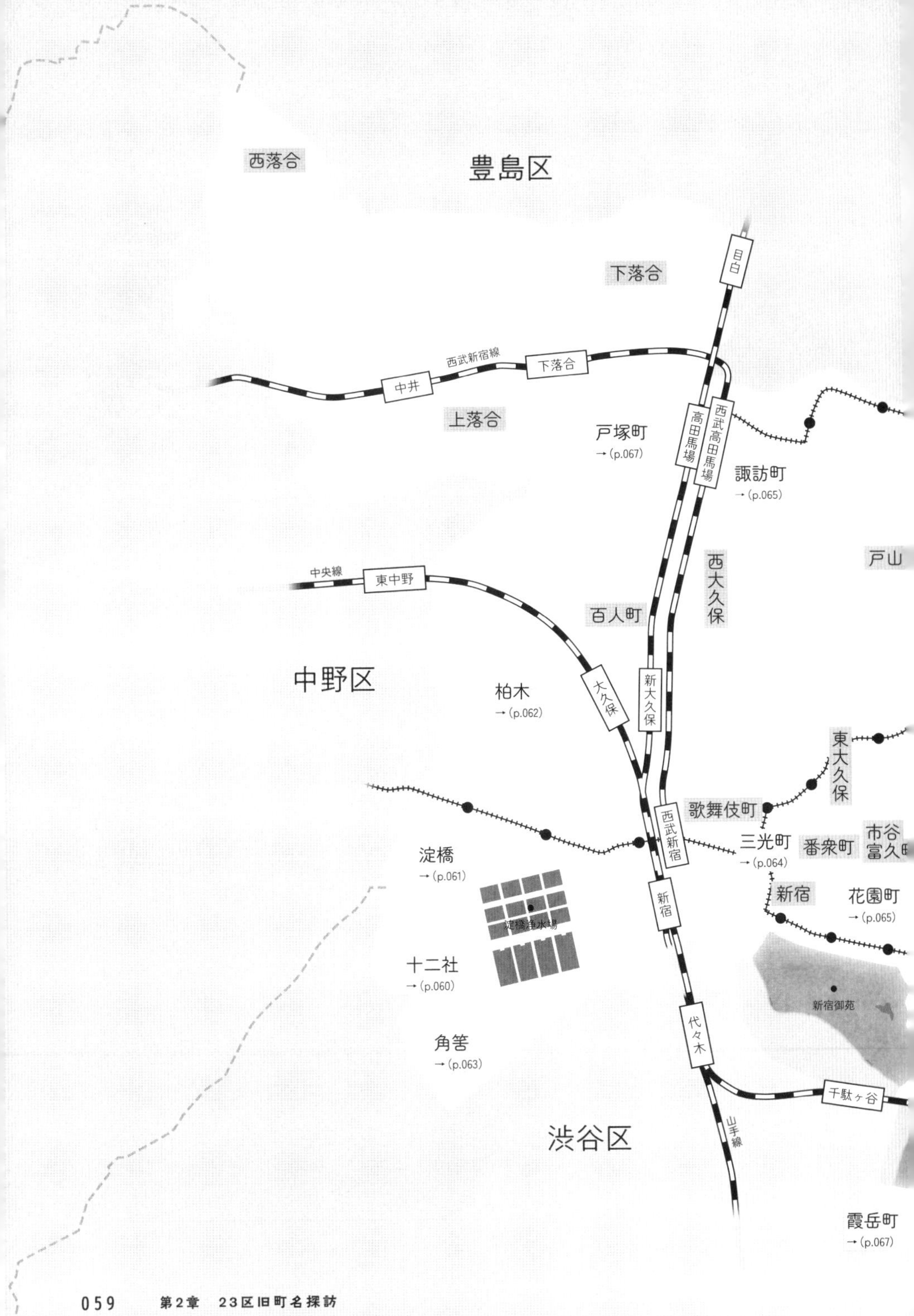
西落合
豊島区
目白
下落合
西武新宿線
下落合
中井
上落合
戸塚町
→(p.067)
高田馬場
西武高田馬場
諏訪町
→(p.065)
戸山
中央線
東中野
西大久保
百人町
中野区
柏木
→(p.062)
大久保
新大久保
東大久保
歌舞伎町
西武新宿
三光町
→(p.064)
番衆町
市谷富久町
淀橋
→(p.061)
新宿
新宿
花園町
→(p.065)
淀橋浄水場
十二社
→(p.060)
新宿御苑
角筈
→(p.063)
代々木
千駄ヶ谷
山手線
渋谷区
霞岳町
→(p.067)

十二社

著者名を口に出すと…… 平成21年までは温泉もありました

こんにちは。西新宿4丁目から来た十《じゅう》二《に》社《そう》です。読みにくい町名として昭和39年8月3日発行の新宿区広報で槍玉に挙げられた者です。確かに「社」を「そう」って読めませんよね。町名をわかりやすくという住居表示実施の目的どおり、昭和45年に私は消滅しましたが、割と遅めの消滅だったおかげでいまも古い建物に名前が残っていたりします。ただ、隣の淀橋さんがエグい再開発中なのでいつまであるかわかりません。

由来は熊野十二所権現。熊野神社のHPアドレスは「12so」。著者は数字が分かれた「102so」。

熊野神社境内にある1/144スケールの十二社滝＆池。2つに分かれた池が特にそれっぽい。

私の生涯を振り返ると、熊野神社の庭みたいな奴だったなぁと思います。江戸中期の景勝地から始まり明治期の行楽地に大正期の花柳界と、時代と共に役割を変えつづけました。昭和10年代の最盛期には料亭と待合が100軒に芸者300人の規模だったんですよ。これもすべて滝と池のおかげです。特に池は道路開通や宅地化等の時代の変化と共に徐々に埋め立てられて完全に私の生涯そのものですね。ありがとう滝と池。そして、いま境内で彼らを再現している熊野神社に感謝です。

この土地の窪みこそ十二社池の名残。池のほとりにあった大銀杏と共に、池を労うように残りつづける。

旧町名DATA

消滅した年
昭和45年

現行住所
西新宿2・4丁目

旧町名RANK S+

旧町名

淀橋

3番の歌詞にワープロも残る みんな大好きヨドバシカメラ

淀橋《よどばし》區、淀橋浄水場、そしてヨドバシカメラ。そのすべての元ネタがこの淀橋です。由来は中野区との間を流れる神田川に架かる淀橋という橋名です。橋としての淀橋は、明治3年に発生した小金井方面からの一揆では農民を止めた防衛線だったほど重要な役割を果たしましたが、地名としての淀橋は柏木《かしわぎ》村と角筈《つのはず》村の一小字に過ぎません。その淀橋がなぜか淀橋町という自治体名に採用され、その勢いのまま大東京市35區のひとつ、淀橋區まで上り詰めたのです。

我々は淀橋の更なる成り上がり伝説を期待しましたが、戦後昭和22年に新宿区の誕生で淀橋區が消滅したことを皮切りに、昭和40年に淀橋浄水場が移転、そして昭和45年には新宿区淀橋までも消滅してしまいます。

一方で町名消滅直前の昭和42年に淀橋写真商会という会社が設立されます。のちのヨドバシカメラです。町名としての淀橋は死にましたがその名前はいまでも生きつづけています。本店がある場所の旧町名は角筈ですが。

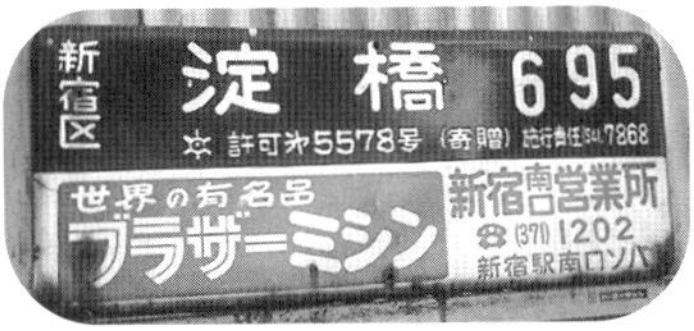

バブルの地上げ攻勢とその後の崩壊で再開発が止まり10数年放置。それゆえ残っていた貴重な琺瑯看板。

平成25年の様子。平成22年ごろ再開発が動き出し空地と空家のカオス街も高層ビルへ。

令和2年。全方向が高層ビルに。どこだここ。

旧町名DATA

消滅した年
昭和45年

現行住所
西新宿2・4～6丁目

旧町名RANK S+

旧町名

柏木

高層ビル群と新宿区柏木の今昔物語 そのギャップが著者の旧町名さがしの原点

東京の観光スポットといえば、もちろん西新宿8丁目。それ以外思い浮かびません。オススメルートを紹介しますので、是非訪れてみてください。

西新宿駅下車後、まず向かうのはホテルローズガーデン新宿。立派な門柱に残る旧町名「淀橋區柏木」がみなさんをお待ちしています。ここはパワースポットですので、旅の安全を祈願するといいでしょう。

パワーを授かり歩みを進める途中でお酢の匂いを感じたら、そこは東京すしアカデミーというパワースポットです。旅の安全を祈願するといいでしょう。

その後は右折と左折を重ねた先に同じような形状のアパート3棟が平行に並んでいる光景が見られますが、その全ての門柱にも旧町名「柏木」が残っています。すべてパワースポットです。ここで旅の安全を祈願するといいでしょう。

そして最後の見所、アパート群の向かい側に蔦だらけの荒廃した空き家が見えてきました。私が昔住んでいたパワースポットです。ここで旅の安全と旧宅の無事を祈願してください。

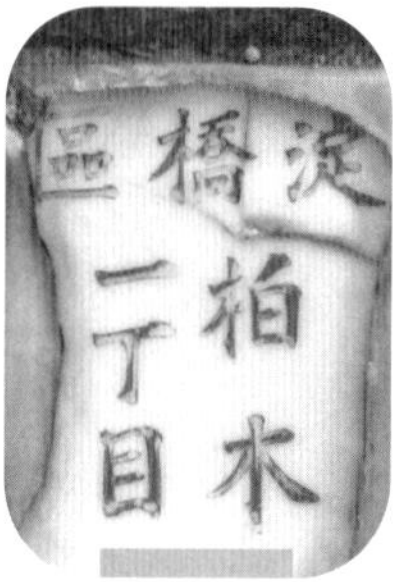

6代目三遊亭圓生《えんしょう》の代名詞。居住期間は意外と短い14年。なお、柏木の真のパワースポットは成子天神社。

三栄荘・雅山荘・瑞雲荘・青雲荘・紫雲荘・白雲荘。このアパート群は、私が旧町名という概念を認識した原点。

住んでいたアパート。1階の大家へ家賃手渡しだったり台風で扉が飛んだりした旧宅。窓開けて目前の高層ビル群が大好きでした。

旧町名DATA

消滅した年
昭和46年

現行住所
西新宿6～8丁目、北新宿1～4丁目

旧町名RANK S+

旧町名

角筈

由来は髪型など諸説ある、はず
浅田次郎の短編小説にも登場した、はず

どうも、西新宿と新宿と歌舞伎町を少々から来ました角筈です。読みにくい町名として昭和39年8月3日発行の新宿区広報で槍玉に挙げら、えっ？　このくだり被ってる？　十二社が……？　こんな筈じゃなかったんだけどなぁ……そう、私の生涯「こんな筈じゃなかった」の連続でした。

新宿駅って知ってます？　住所的にあそこの旧町名は私なんですよ。そもそも新宿って内藤新宿だし四谷區だし、本来なら角筈駅だった筈。

ヨドバシカメラって知ってます？　創業地は淀橋だけど、いまの本店って住所的に私なんですよ。本来ならツノハズカメラだった筈。

淀橋浄水場って知ってます？　あそこの敷地の2／3は私ですし、残りの部分も柏木ですよ。淀橋なんて面積的に端数レベルですから。本来なら角筈浄水場だった筈。

角筈の由来の1つが、この地の開拓者である渡辺氏の髪が角や矢筈っぽい束ね方だったから。

新宿駅東口側の角筈1丁目と西口側の角筈2丁目に比べて忘れられた角筈3丁目。一応元「角筈新町」。

角筈図書館のある建物。めっちゃハズってる。

このように筈筈筈言っていたおかげか、いまでも公共施設名やバス停名に角筈を残していただいています。角筈図書館のある建物なんてめっちゃハズってるもの。新宿区に感謝です。

旧町名DATA

消滅した年
昭和53年

現行住所
新宿3丁目、
西新宿1～4、6～7丁目

旧町名RANK S+

旧町名

三光町

歌舞伎町ゴールデン街ただなか町名は三光院稲荷（花園神社）から

思い込みとは恐ろしいものです。人の成長を阻害する要因は先入観であることを思い知りました。突然何の話だと思ったあなたに、ひとつ質問です。

新宿に花園《はなぞの》神社という街の総鎮守がありますが、その鎮座する地の旧町名は何でしょうか。神社名は「花園」神社でゴールデン街内の通名はあかるい「花園」n番街です。わかりました？　それでもわからない場合は、いますぐ現地へ直行し、靖国通り側の鳥居をくぐり、すぐ側の石碑に刻まれている町名をお読みください。「四谷區花園町」と書かれていますね。

しかし正解は「三光《さんこう》町」でした。そう、これが先入観です。古地図を見れば花園町ではないことは容易に判断できるはずですが、私も鳥居裏の「花園町」文字に完全にだまされました。

そして突如現れた謎の概念「三光」。彼は江戸期の神仏習合時代に花園神社と合祀されていた三光院の三光です。明治の神仏分離令で本寺へ納め廃絶したものの、花園神社は地域の方から「サンコイさん」と親しまれていたとか。つまり、三光町の方が花園町よりも花園町なのです。

三光院の三光は、日・月・星の3つの光源から成る三光石から。

花園神社は昭和42年8月5日に唐十郎が演劇史上初のテント公演を行った場所。酉の市仕様。

鳥居裏の四谷區花園町。いくら古地図を見ていても入ってすぐこれだから絶対に花園町だと思ってしまう。

旧町名DATA

消滅した年
昭和53年

現行住所
歌舞伎町1丁目、新宿5丁目

旧町名RANK

S+

旧町名

花園町

花園神社説と旗本屋敷内の庭園に花園があったから説

なぜ花園神社から離れた新宿1丁目の旧町名が花園町なのか。実は花園神社のある三光町も花園町も元々は同じ内藤新宿町・内藤新宿北裏町で、四谷區への編入時に町名が分かれたのです。つまり、場所はともかく花園町が花園を使ってもOKでした。三光町が花園町を選択していたら花園町はどうしていたのでしょう。

もし三光町が花園町を選択していたら。新花園町や花園本町……花園神社由来の町名だったのかな。

花園神社境内に残る内藤新宿町。大正9年の四谷區編入で、歴史ある内藤新宿の名は消滅。

旧町名DATA

消滅した年
昭和47年

現行住所
新宿1丁目

旧町名RANK

S+

旧町名

諏訪町

高田でも馬場でもない高田馬場1丁目全域の旧町名

高田馬場駅周辺の町名は、高田馬場です。この当たり前の事が当たり前の事になったのは昭和50年からで、高田馬場以前は駅の西側が戸塚町、東側が諏訪町という町名でした。そもそも駅名自体も地元では「上戸塚駅」か「諏訪之森駅」を希望していたほどですので、町名の消滅が比較的遅めなのもうなずけます。

新宿区「高田馬場」にある「戸塚」第二小学校の門柱に掲げられている「諏訪町」。

町名の由来である諏訪神社。武事の守護神のとおり、絵馬には「勝」の文字がデフォルト表示。

旧町名DATA

消滅した年
昭和50年

現行住所
高田馬場、西早稲田、戸山

旧町名RANK

S

旧町名

坂町、本塩町、三栄町

できたてほやほや！

平成25年4月1日、新宿区である画期的な出来事が起こります。なんと、町域を変更せずに住居表示の実施が可能となったのです。

街区方式による住居表示の場合、道路を境界として町域を形成する事になります。そのため小さく細かい町は従来の町域を崩すまたは町が消滅してしまいます。千代田区の神田地区や新宿区の牛込《うしごめ》地区で住居表示が進まない要因はこの点であるとされていました。そこで新宿区では住居表示の実施基準を改正し、町の沿革やコミュニティを重視しつつ住居表示を進められるよう、町域や町名もそのままでの住居表示を可能としたのです。

その結果、平成27年7月21日に坂町《さかまち》、平成29年9月19日に本塩町《ほんしおちょう》、平成30年8月13日に三栄町《さんえいちょう》と、四谷地区で相次いで住居表示が実施されました。しかも注目すべき点は、従来の町名そのままでいいにもかかわらずこれら3町名すべてが「四谷」の冠称が付く形に町名変更を行ったことです。

以上をまとめると、旧町名を3つも輩出いただきありがとうございます。

1911（明治44）年以来104年ぶりに四谷坂町が復活したことで坂町は旧町名に。

市谷本村町＋四谷塩町＝本塩町。町名候補は本塩町、四谷本塩町、四谷塩町、四谷東。票数は本塩町が最多。

箪笥町＋北伊賀町＋新堀江町＋３町が栄えるように＝三栄町。誕生は昭和18年という珍しいタイミング。

旧町名 DATA

消滅した年

平成27年（坂町）
平成29年（本塩町）
平成30年（三栄町）

現行住所

四谷坂町（坂町）
四谷本塩町（本塩町）
四谷三栄町（三栄町）

旧町名RANK
B
旧町名
戸塚町
ホテルと大隈庭園があるヨットスクールはない

西はトルコから東は朝鮮半島まで、最盛期は地球上の陸地の約17%を統治したモンゴル帝国ですが、新宿区にも似た現象がありました。それが戸塚帝国です。西は東京富士大学から東は早稲田大学まで、最盛期は新宿区上の陸地の約８％を統治したとされていますが、いまや都の西北の東北に１丁目が残るのみ。

全盛期は4丁目まで存在していたものの、現在は極一部に残る1丁目のみ。というか旧町名じゃないよね。

都の西北早稲田の町名は西早稲田。大隈重信先生が見つめる先だけが戸塚町のまま。

旧町名DATA
消滅した年
—
現行住所
戸塚町1丁目

旧町名RANK
S
旧町名
霞岳町
東京五輪による退去・解体された都営アパートは映画に

新型コロナによって東京２０２０やそのあらゆる関連特需が失われたように、東京２０２０によって失われたものもあります。その代表が旧国立競技場の目の前に存在していた都営霞《かすみ》ヶ《が》丘《おか》アパートでしょう。１９６４年の東京五輪前に建てられ、２０２０年の東京五輪前に解体という完全に五輪に翻弄された団地。

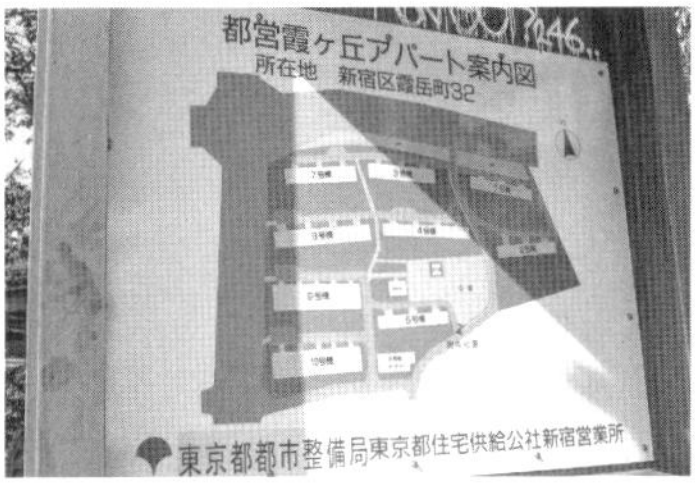

住居表示は平成15年。旧町名が霞岳町で現町名が霞ヶ丘町。「ヶ」の有無の違いは大きい。

いつから外苑マーケソだったんだろう。

旧町名DATA
消滅した年
平成15年
現行住所
霞ヶ丘町

コラム❷

駅名を旧町名準拠にしてみた

日ごろは意識しませんが、
鉄道の駅にももちろん住所は存在します。
駅に住所がある＝町名があるということ。
そして、旧町名もあるということ。
旧町名もあるということは、もうわかりますよね。
各駅名の現町名準拠と旧町名準拠への変換です。
旧町名を見つけては現町名とのギャップを嗜好する、
旧町名に取り憑かれし者特有の常軌を逸した遊びが
ついに鉄道駅にまで及びました。
現駅名とのギャップをお楽しみください。

JR東日本 山手線

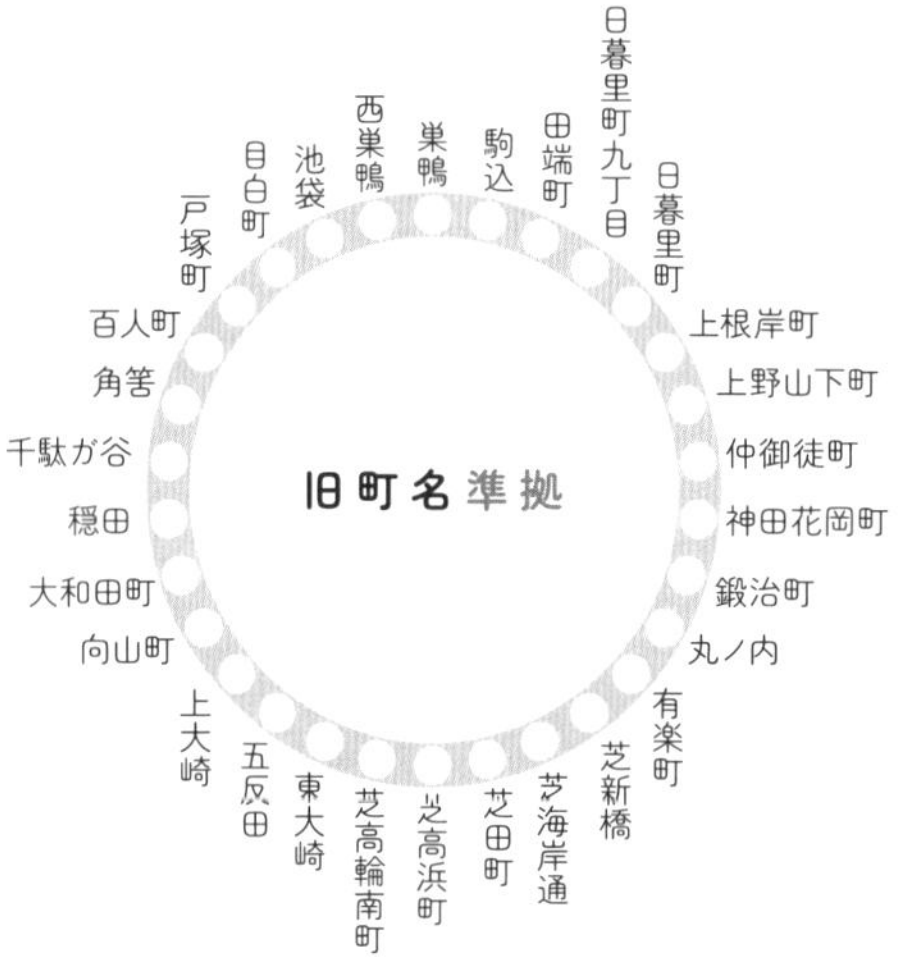

原宿が原宿駅の旧町名ではなく、実際は隠田だった。原宿って旧町名なんですと吹聴していた自分を殴りたい。

現町名準拠にしたら19も駅名が変わってしまった。しかも現駅名に方角が付くマイナーチェンジ感が割とキモい。西日暮里２つあるし。

東京メトロ 銀座線

末広町も駅の旧町名ではなかった。稲荷町も田原町も現町名準拠じゃなくてよかったし、表参道と外苑前は旧町名準拠だとただの都電停留所。

現駅名	現町名準拠	旧町名準拠
渋谷	道玄坂	大和田町
表参道	北青山三丁目	赤坂青山北町六丁目
外苑前	北青山二丁目	赤坂青山北町三丁目
青山一丁目	南青山一丁目	赤坂青山南町
赤坂見附	赤坂	赤坂田町
溜池山王	永田町	赤坂溜池町
虎ノ門	虎ノ門	芝虎ノ門
新橋	新橋	芝新橋
銀座	銀座	銀座西
京橋	京橋	京橋
日本橋	日本橋	日本橋通
三越前	日本橋室町	日本橋室町
神田	神田須田町	神田須田町
末広町	外神田	神田松富町
上野広小路	上野三丁目	上野町
上野	上野	上野山下町
稲荷町	東上野	南稲荷町
田原町	西浅草	浅草松清町
浅草	浅草	浅草雷門

東京メトロ 千代田線

旧町名準拠でまさかの谷中駅誕生。谷根千の「谷」だけ駅名にないという長年の課題がついに解決しました。

現駅名	現町名準拠	旧町名準拠
代々木上原	西原	代々木上原町
代々木公園	富ヶ谷	代々木富ヶ谷町
明治神宮前	神宮前	穏田
表参道	北青山	赤坂青山北町
乃木坂	南青山	麻布新龍土町
赤坂	赤坂	赤坂新町
国会議事堂前	永田町	永田町
霞ヶ関	霞ケ関	霞ヶ関
日比谷	有楽町	有楽町
二重橋前	丸の内	丸ノ内
大手町	大手町	大手町
新御茶ノ水	神田駿河台	神田駿河台
湯島	湯島	湯島天神町
根津	根津	根津八重垣町
千駄木	千駄木	駒込坂下町
西日暮里	西日暮里	日暮里町
町屋	町屋	町屋
北千住	千住	千住
綾瀬	綾瀬	上千葉町
北綾瀬	谷中	上谷中町

都営交通 三田線

現町名準拠で三田駅が消えてしまった。三田線なのに。都営何線だよ。

現駅名	現町名準拠	旧町名準拠
目黒	上大崎	上大崎
白金台	白金台	芝白金台町
白金高輪	白金	芝白金志田町
三田	芝	芝三田四国町
芝公園	芝公園	芝公園
御成門	西新橋	芝田村町
内幸町	内幸町	内幸町
日比谷	有楽町	有楽町
大手町	丸の内	丸ノ内
神保町	神田神保町	神田神保町
水道橋	後楽	春日町
春日	本郷	真砂町
白山	白山	白山前町
千石	千石	原町
巣鴨	巣鴨	巣鴨
西巣鴨	西巣鴨	西巣鴨
新板橋	板橋一丁目	板橋町一丁目
板橋区役所前	板橋二丁目	板橋町五丁目
板橋本町	大和町	大和町
本蓮沼	蓮沼町	志村清水町
志村坂上	志村一丁目	志村町一丁目
志村三丁目	志村三丁目	志村町四丁目
蓮根	蓮根	蓮根
西台	高島平九丁目	志村西台町
高島平	高島平	徳丸本町
新高島平	高島平七丁目	下赤塚町
西高島平	高島平六丁目	成増町

文京区

本郷區と小石川區が合併して昭和22年に誕生した、電動自転車必須の起伏地獄。日本の最高学府・東京大学やインド哲学界の最高学府・東洋大学が集結するまさに文「教」区。区歌2番の歌詞「新時代の朝未明」は超難読。

豊島区
大義園
駒込
上富士前町
駕籠町
宮下町
駒込
富士前町
西丸町
西原町
駒込
曙町
丸山町
大原町
大塚
辻町
林町
大塚坂下町
大塚
上町
大塚仲町
原町
豊島岡
皇族墓地
護国寺
氷川下町
氷川神社
東大理学部
附属植物園
大塚窪町
→(p.074)
西青柳町
→(p.072)
東青柳町
→(p.072)
白山御殿町
雑司ヶ谷町
お茶の水女子大学
三軒町
大塚女子
アパート
大塚町
久堅町
→(p.073)
高田老松町
音羽町
→(p.072)
清水谷町
戸崎町
高田豊川町
竹早町
→(p.078)
関口町
小日向
台町
茗荷谷町
関口台町
文京区役所
小日向
水道町
表町
同心町
第六天町
→(p.075)
江戸川橋
桜木町
目白不動
関口
駒井町
金富町
大門町
水道端
武島町
富坂
関口
水道町
松枝町
西古川町
東古川町
西江戸川町
凸版印刷
水道町
仲町
小日向町
江戸川町
大和町
小石川町
諏訪町
小石川
後楽園
新宿区
新諏訪町
飯田橋

旧町名RANK S

旧町名

音羽町

二見書房もあった地は音羽グループの総本山

旧町名DATA

消滅した年
昭和41年

現行住所
音羽1～2丁目、小日向3丁目ほか

平成15年まで二見書房があったことでお馴染みの音羽ですが、平成14年に私が新聞配達していたことでもお馴染みの音羽《おとわ》です。旧町名は音羽町で、護国寺を起点に9丁目まで存在していたなど、朝2時起きでカブに跨る当時の私には知る由もありませんでした。20年後そこの出版社から本出すよ、と当時の私に伝えたい。

将軍綱吉の母で護国寺創建を発願した桂昌院の大奥女中「音羽」がこの地を拝領したことに由来。

護国寺から江戸川橋を繋ぐド直線の音羽通りは旧御成道。護国寺を背に、左が東青柳町で右が西青柳町。

旧町名RANK S+ 旧町名　旧町名RANK A 旧町名

東青柳町、西青柳町

音羽町とともに護国寺領3ヶ町青柳という奥女中に由来

旧町名DATA

消滅した年
昭和41年
（両方）

現行住所
音羽2丁目・
大塚2丁目（東青柳町）、
音羽2丁目・
目白台2丁目（西青柳町）

音羽町1丁目の西側が青柳連邦共和国、通称「西青柳」。資本主義市場経済はともかく講談社が設置した公園があります。一方、東側は青柳民主共和国、通称「東青柳」。秘密警察や西青柳への亡命が相次ぐこともなく閑静な街並みが残ります。音羽通りの直線さが東西青柳を分断する壁に見えただけのフィクションです。

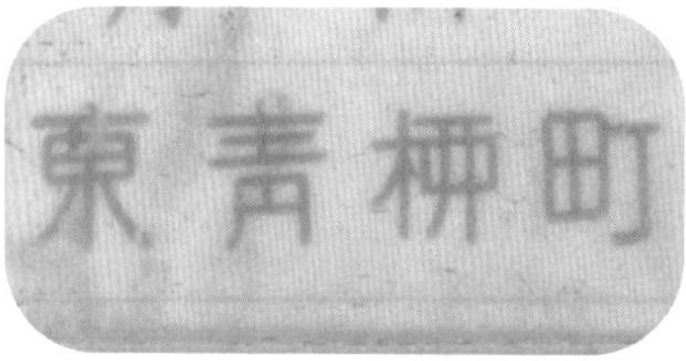

東青柳町。青柳も音羽と同様に桂昌院の大奥女中の名だが、配置的に音羽の方が位が高かったのか？

西青柳町。ほぼ講談社公園と首都高なので現地に旧町名はなし。なぜか遠く離れた豊島区で看板の文字に発見。

旧町名RANK S+

旧町名

久堅町

石川啄木の最期の地は閑静な住宅街 跡地はちょっとした記念館

久堅《ひさかた》町は、はたらけどはたらけど生活(くらし)が楽にならないことでお馴染みの石川啄木の終焉の地です。いまはマンションがあるこの場所で、亡くなるまでの8ヶ月間暮らしていました。

そもそも石川啄木はぢつと手を見る人程度の認識でしたので今回その生涯を調べたら、偉大なるクズ野郎でした(個人の感想です)。妻を顧みず友人に金をたかり借金も払わずのよく言えば破天荒。もちろん、才能や作品に罪はありません。

ただ、最初の上京を4ヶ月で挫折し父に迎えられ故郷に帰った境遇は共感できます。特に父に迎えられた点が。私も大学進学時に利用した新聞奨学生という現代の蟹工船を1ヶ月で辞めた際に田舎から父が迎えに来ました。文京区の販売所に来た父は所長に詫びた様ですがどのようなやりとりがあったか、朝2時起きで6時半まで朝刊配達し集金と拡張後昼2時から夕刊配達の日々に「いや大学いつ行くねん!」と突っ込むので精一杯な当時の私には知る由もありませんが、とにかく親は偉大です。

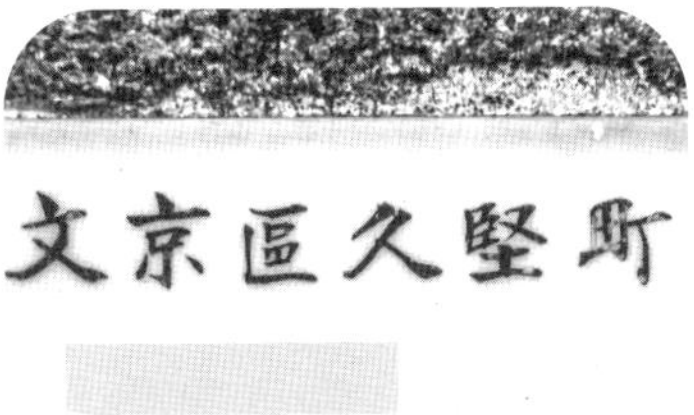

永久の町の発展を願って久堅町。町内の播磨坂は桜の名所。

町域近くの元牛丼太郎茗荷谷店の現丼太郎。当時の200円牛丼は新聞奨学生時代のライフライン。

啄木終焉の地。左が歌碑で右が居宅跡。3畳+8畳+6畳の3間に庭付きの日当たりがよい平屋。家賃は9円。

旧町名DATA

消滅した年
昭和41年

現行住所
小石川3～5丁目

旧町名RANK S+

旧町名

真砂町

真砂の数と対比して天皇の世の安寧をうたう古歌が由来

旧町名DATA

消滅した年
昭和40年

現行住所
本郷1～2・4丁目

文京シビックセンター横の春日町交差点。東京ドームや講道館に行く人なら上空に浮かぶ「真砂アパート」の素敵なタイル文字を目にした経験があるはず。昭和40年に消滅した旧町名の真砂《まさご》町を用いるこの都営住宅、外観的にも建設年は町名消滅前の相当古いに違いない。と思いきや昭和42年でした。何と微妙に消滅後。

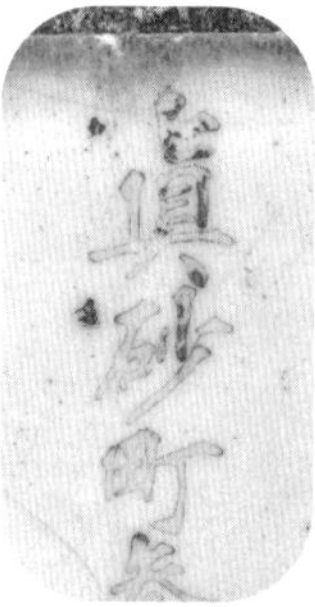

浜の真砂のように尽きることのない町の繁栄を願って付けられた真砂町。

昭和42年当時、この12階建の真砂アパートからはどのような景色が眺められたのか。

旧町名RANK S++

旧町名

大塚窪町

東京教育大学も同潤会アパートもあった

旧町名DATA

消滅した年
昭和41年

現行住所
大塚3丁目、小石川5丁目

平成14年3月夜ふと入った古ビル1階のパン屋。なぜかお店のおばあさんにパン数点を無償でいただく。これが東京での最初の心温まる思い出です。しかしその古ビルがまさか同潤会大塚女子アパートだったとは。そして、そのパン屋が実は三角サンドイッチ発祥の地だったとは。いただいたパンはもちろんバターロール。

文京区内に存在した他の大塚シリーズは大塚仲町・大塚辻町・大塚上町・大塚坂下町そして大塚町。

同潤会大塚女子アパート跡地。案内碑がなければここに同潤会があったなんて誰も気がつかないと思う。

旧町名RANK S+

旧町名

第六天町

徳川最後の将軍、慶喜終焉の地でもある

おはようございます。今日の建もの探訪は、268年そして15代つづいた「家」。ご家族は元征夷大将軍のご主人、奥さん、奥さん、奥さんそして21人の子供たち。さて、どんな空間が待っているんでしょうか。

まずは住まいのある町から拝見します。小日向《こひなた》台地と小石川台地に跨るこの町は第六天町《だいろくてん》、現在の文京区春日そして小日向です。何と言っても神田上水との高低差、いいですねぇ。

さっそく住まいへ。失礼します。新坂に接した3000坪に建つ1000坪の日本家屋の面影など感じさせない国際仏教学大学院大学。文字通りありがたい。そして何と言っても敷地横を通る丸ノ内線。地上の地下鉄、これがまた素敵なんですけど、敷地横の鉄道開通を嫌ってこのお宅に転居した経緯とのコントラスト、味わいがありますね。わかりました。

徳川さんのお宅跡いかがでしたか。ご主人が生きた激動の時代に思いを馳せる、そんな空間でした。

次回は徳川家から100m先の松平。かつての家臣・容保《かたもり》が暮らした家です。

第六天神社が由来。第一天町からのシリーズ物にあらず。

徳川慶喜終焉の地看板。大正2年まで生きた慶喜は、年代的に近所の石川啄木や永井荷風とすれ違っていた可能性があるはず。

左側一帯が松平容保邸跡。慶喜が転居する8年前まで暮らしていたそう。ここでも別の意味ですれ違い。

旧町名DATA

消滅した年
昭和41年

現行住所
小日向1・4丁目、春日2丁目

旧町名RANK
S++

旧町名
駒込追分町

旧街道、そしてさまざまな人々の人生の分岐点、追分

追分《おいわけ》とは道が2つに分かれる場所。そして私が初めて見た旧町名も「追分」、文京区駒込追分町です。

時は平成14年春。新聞奨学生を1ヶ月で辞めた私は、父に連れられ帰郷の啄木ルートを回避し文京区内で「○○様方」なる住所を得ます。所謂間借りです。狭い肩身に荒む心。上京即挫折で当てにした新聞奨学金も失い仕送りもない。安価な夜学とはいえ目下の学費と生活費に困り、選択肢は労働or餓死の2択。社会経験が新聞配達のみの不安とちらつく餓死を飲み込み、配達物を新聞から郵便に変えることで無事生きることに成功しました。そればかりか配達先の表札に「駒込追分町」という現町名とは異なる何かに遭遇します。これが私と旧町名との最初の出会いです。もし選択を誤っていたら、旧町名も知らずいまも餓死しつづけていたでしょう。

追分とは分岐点。江戸町人にとって中山道と岩槻《いわつき》街道に分かれる旅の分岐点だったように、駒込追分町は私にとっても分岐点、まさに人生の「追分」です。

お寺に残る旧町名。この木製テイストは京都の仁丹看板を彷彿とさせるが、まさか東京にはないよね。

後方はかつて東大追分学寮という名の異空間だったような気がする。

1751年、江戸時代創業の酒店、高崎屋。中山道最初の一里塚があった旅人の休息の場として栄えた追分中の追分。

旧町名DATA

消滅した年
昭和40年

現行住所
向丘1〜2丁目

RANK

S +++

旧町名

本郷區根津須賀町

幻の仁丹看板ついに見つかる

京都市内でひんぱんに見かける仁丹《じんたん》広告付きの町名看板。京都の街並みに融合した経年劣化具合と京都特有の町名バリエーションも相まって、この「仁丹看板」は京都の隠れた名物です。

仁丹看板誕生の背景には明治末期の野外広告への法規制があります。森下仁丹創業者は、広告規制の例外規定「公益ノ為メニスルモノ」に着目し、町名を付すことで位置情報を示す「公益性」を担保した屋外広告を生み出します。大正元年ごろから木製の広告付き町名看板が京都市内に設置され、これが仁丹看板の始まりです。なお、近畿大学井出文紀准教授の論文によると、戦前は東京に9万枚もの木製仁丹看板が設置されていたそうです。残念ながら、震災と戦災で現存は1枚もないとされています。そして、なぜ根津須賀《ねづすが》町の貴重な紙面を割いて京都の話を繰り広げているのか。そう、根津須賀町で木製の仁丹看板が発見されたのです。ただし真偽は不明。正式な仁丹看板か否か、森下仁丹の判断を待ちたいと思います（その後、正式に仁丹看板認定されたようです。よかったね！）。

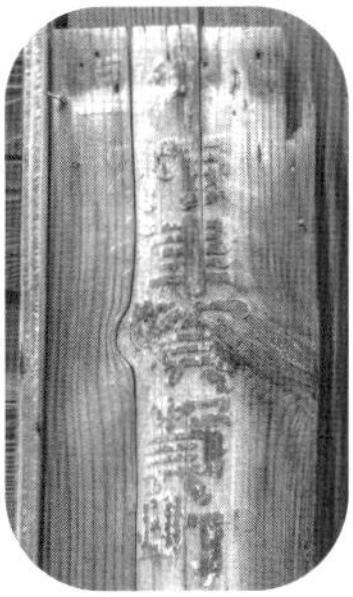

根津神社のお膝元の旧町名。そしてこの堂々たる墨字。肝心の仁丹は看板下部に。

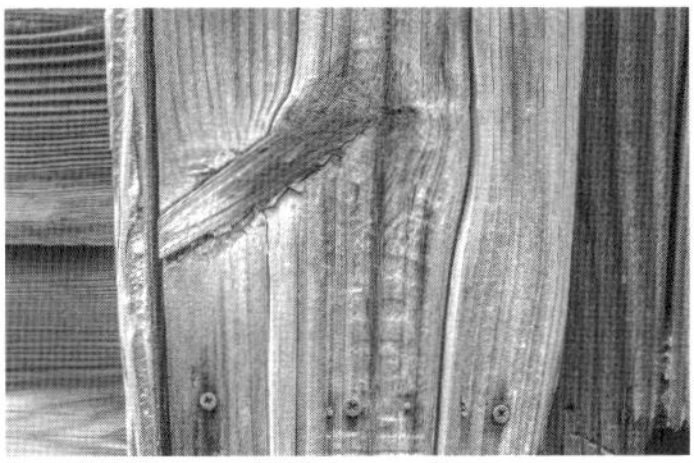

本当にうっすらと見える、髭面の彼と仁丹の二文字、完全に仁丹看板。これを発見した人マジですごい。

本家の京都仁丹看板。旧町名も仁丹看板のように地域資源としての活動や保存が広がればいいのに。

旧町名DATA

消滅した年
昭和40年

現行住所
根津1丁目

旧町名

竹早町

元御箪笥町の「箪」の字を竹と早に分解した結果

竹早町の由来に、前身の町名・御箪笥町の「箪」の文字を上下に分離した結果の「竹」「早」説があります。幕藩憎しの明治政府が御の文字を排除するばかりか、箪笥という幕藩の職すらも許さない執念が垣間見えますね。

竹早町で「分離」といえば竹早高校と東京学芸大付属竹早中の校舎問題があります。両校はもとは同じ府立で校長も校舎も共用していたものの、都制により都立と国立に分かれ校長も違うまったく別の学校に。その際に敷地も校舎も国有化されたことで以後20年間都立が国立に校舎を間借りする歪な関係となります。部活や行事に制約が掛かる屈辱の学校生活。「独立した校舎を！」昭和40年に生徒会長が校舎問題解決を公約に掲げ、都への請願やマスコミへの提起がやがて世論を動かします。昭和42年に両校間の校舎分離独立協定の締結、そして昭和45年遂に竹早高校は校舎独立を果たしました。校舎も校門も分離した両校は現在、校門が隣り合う不思議な光景を残しています。

旧町名が公園の門という大変レアなケース。旧町名さがし初心者が現場勘を養うのに大変おすすめ。

隣り合う校門。左が学芸大付属中、右が竹早高校。図書館がないとか体育館の使用が月水金のみとか、相当屈辱だったろう。

旧町名のある竹早公園は、戦前は竹早小学校。空襲でわずか18年間で廃校に。

旧町名DATA

消滅した年

昭和41年

現行住所

小石川4〜5丁目、小日向4丁目

コラム3

文豪と引っ越しと旧町名と

江戸川乱歩が生涯で46回引っ越したことはあまりに有名ですが、他の文豪に目をやると、彼らも一様にして相当数の引っ越しを行っています。そもそも、彼らはなぜ引っ越しをくり返すのでしょうか。その答えを追い求めて数分後、ある結論にたどり着きました。文豪とはなにか、それは強さであると。強さとはなにか、それは引っ越しの回数であると。起床して洗顔するかのごとく引っ越しをくり返す文豪たち。引っ越しのハードルが恐ろしく低い彼らにとって、引っ越しとは己の文豪力の証明です。引けば引くほど、越せば越すほど強くなる。それが文豪の豪であり業なのです。引っ越し回数が文豪力の証明であるならば、そろそろ文豪最強の引越王を決めようではありませんか。

そこで今回、全国約500万人の引っ越しファンのために、文豪最強引越王決定戦を開催いたします。ルールはシンプル。生誕から逝去までの期間中に「現東京23区内」で行なった引っ越しの回数を旧町名ベースで集計し、その数がもっとも多い文豪を引越王と認定します。なお、集計対象エリア外への引っ越しはカウントされません。また、同一旧町名への複数回の引っ越しは別地番の場合のみ認められます。

東京23区縛りの引っ越しバトル。はたして、乱歩を超える文豪は現れるのでしょうか。それでは、選手入場です！

たけをくらべる時代は終わった
一括見積もり比較の鬼

樋口一葉

（出生）内幸町⇒❶下谷練塀町⇒❷麻布三河台町⇒❸本郷⇒❹下谷區御徒町⇒❺下谷區御徒町⇒❻下谷區上野西黒門町⇒❼芝區高輪北町⇒❽神田區表神保町⇒❾神田區淡路町⇒❿芝區西応寺町⇒⓫小石川區小石川水道町⇒⓬本郷區本郷菊坂町⇒⓭本郷區本郷菊坂町⇒⓮下谷區下谷竜泉町⇒⓯本郷區丸山福山町

一葉が通っていた質屋と実際に利用していたとされる井戸が残る菊坂町。

ENTRY NO.2

島崎藤村

この男にタブーはないのか？
引っ越しは海を超えた。
破戒王

（エリア外）⇓①京橋區鎗町⇓②京橋區銀座⇓③神田區仲猿楽町⇓④本郷區湯島新花町⇓⑤本郷區森川町⇓（エリア外）⇓⑥本郷區湯島新花町⇓⑦本郷區湯島新花町⇓（エリア外）⇓⑧南豊島郡西大久保⇓⑨浅草區新片町⇓⑩京橋區佃島⇓（海外）⇓⑪芝區二本榎西町⇓⑫芝區西久保桜川町⇓⑬麻布區飯倉片町⇓⑭日本橋區江戸橋⇓（海外）⇓⑮麹町區下六番町⇓（エリア外）

海外から帰ってきたあと、兄宅を挟んで住んだのが風柳館という名の西久保桜川町の高級借家。

ENTRY NO.3

中原中也

汚れっちまった
悲しみさえも原状回復。
詩人界からの刺客。

（エリア外）⇓①市外戸塚町源兵衛町⇓②市外中野町打越⇓③市外杉並町高円寺⇓④市外中野町桃園⇓⑤市外中野町上町⇓⑥市外中野町西町⇓⑦市外高井戸町下高井戸⇓⑧市外渋谷町神山⇓⑨市外長崎町⇓⑩市外高井戸町中高井戸⇓⑪市外代々幡町代々木山谷⇓⑫市外千駄ヶ谷町千駄ヶ谷⇓⑬市外馬込町北千束⇓⑭四谷區花園町⇓⑮牛込區市谷谷町

特に現中野区界隈をひんぱんに引っ越した中也が最初に住んだ場所が打越。中野駅北口側のブロードウェイなどがある方。

ENTRY NO.4

トンネルを抜けると
新居だった！
これがノーベル賞だ。

川端康成

(エリア外)⇒①浅草區浅草森田町⇒②本郷區向ヶ岡彌生町⇒③市外大久保町東大久保⇒④浅草區浅草小島町⇒⑤浅草區浅草小島町⇒⑥本郷區根津須賀町⇒⑦本郷區駒込林町⇒⑧本郷區駒込林町⇒⑨本郷區駒込千駄木町⇒⑩本郷區駒込林町⇒⑪麻布區宮村町⇒⑫牛込區市ヶ谷左内町⇒⑬市外杉並町馬橋⇒(エリア外)⇒⑭市外入新井町⇒⑮市外馬込町⇒⑯下谷區上野桜木町⇒⑰下谷區上野桜木町⇒⑱下谷區上野桜木町⇒⑲下谷區谷中坂町⇒(エリア外)

怒涛の3連越を決めた上野桜木町のデンリヨク。現町名はなぜか町だけなしの上野桜木。

ENTRY NO.5

文学界が生んだ
引っ越しモンスター
引っ越し回数46面相

江戸川乱歩

(エリア外)⇒①麻布區一ノ橋付近⇒②本郷區湯島天神町⇒③小石川區春日町⇒④牛込區喜久井町⇒⑤牛込區西江戸川町⇒⑥市外戸塚町⇒⑦牛込區喜久井町⇒⑧牛込區赤城下町⇒⑨京橋區三菱ビル地下⇒⑩牛込區新小川町⇒⑪牛込區新小川町⇒(エリア外)⇒⑫本所區中之郷竹町⇒(エリア外)⇒⑬下谷區坂町⇒⑭本郷區駒込林町⇒⑮本郷區駒込林町⇒(エリア外)⇒⑯市外滝野川町中里⇒⑰牛込區早稲田鶴巻町⇒⑱市外西巣鴨町池袋⇒⑲神田區錦町⇒⑳神田區錦町⇒(エリア外)⇒㉑牛込區筑土八幡町⇒㉒市外戸塚町下戸塚⇒㉓戸塚町下諏訪⇒㉔戸塚町源兵衛⇒㉕芝區車町⇒㉖豊島區池袋

46回も引っ越しを重ねた結果、安住の地となったのが池袋の立教大学隣。旧邸宅は月、金に見学可能。

文豪の最強引っ越し王決定戦は下馬評通り江戸川乱歩が優勝しました。樋口一葉、島崎藤村、中原中也いずれも15回の名勝負を繰り広げている中で、川端康成がまさかの上野桜木町3連続引っ越しで怒涛の追い上げを見せましたが、東京23区縛りでもやっぱり乱歩は強かった。次回は出場資格を画家まで広げますので、レジェンド・葛飾北斎選手の参戦にご期待ください。

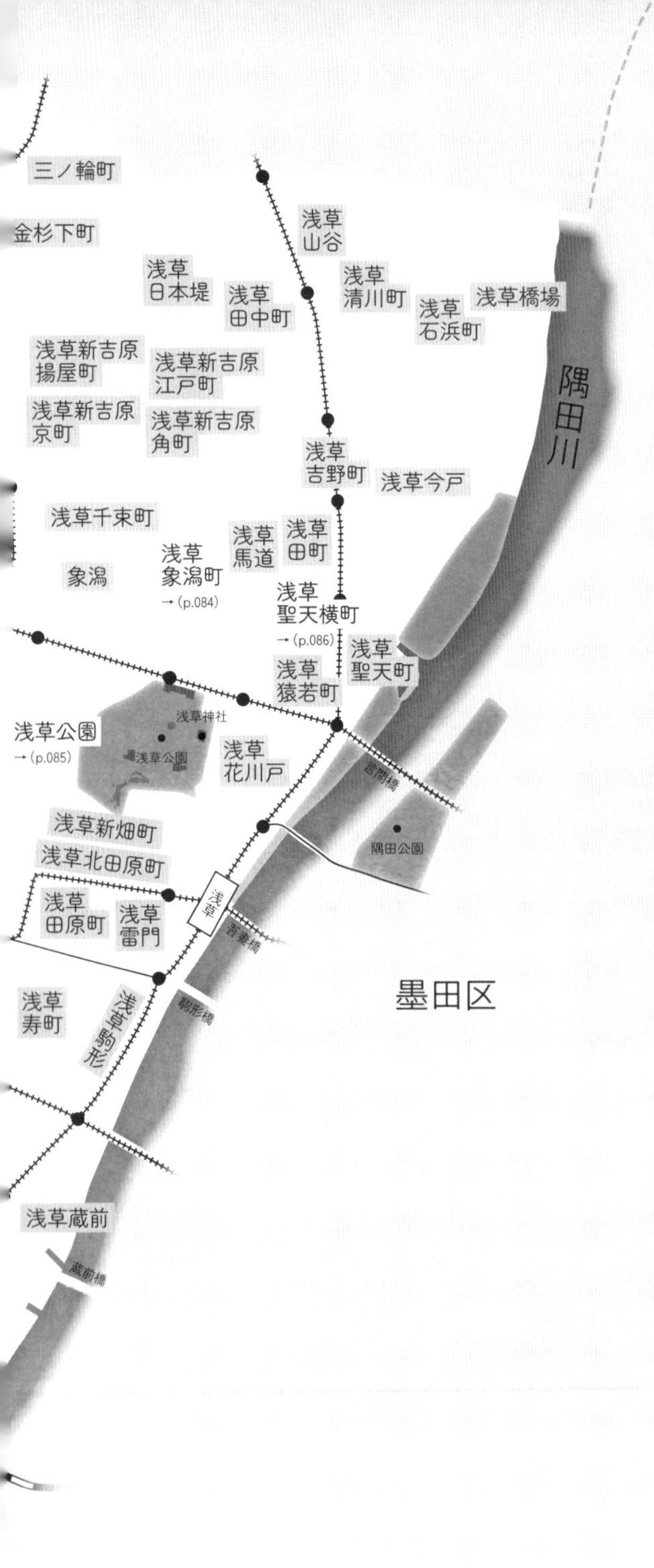

台東区

浅草區と下谷區が合併して昭和22年に誕生した寺社仏閣大国。寺の多さゆえ、その表札に旧町名が残りがちなほか、大晦日はそこかしこの寺から同時多発的に除夜の鐘が聞けるのは区民あるある。姉妹都市は墨田区。

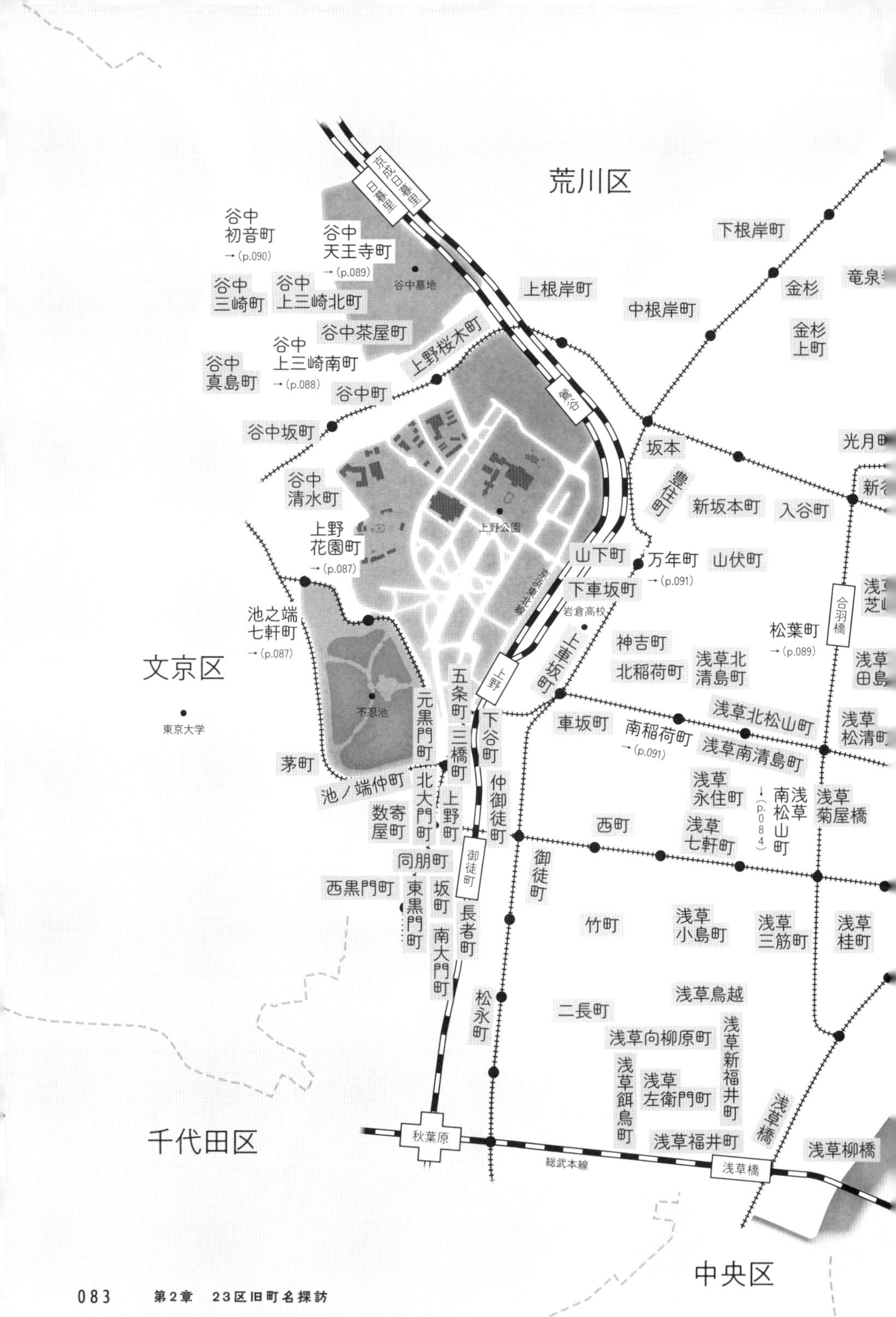

京成日暮里
日暮里
荒川区
谷中初音町
→(p.090)
谷中天王寺町
→(p.089)
谷中墓地
下根岸町
竜泉
上根岸町
中根岸町
金杉
金杉上町
谷中三崎町
谷中上三崎北町
谷中茶屋町
上野桜木町
谷中上三崎南町
→(p.088)
谷中真島町
谷中町
鶯谷
谷中坂町
坂本
光月町
谷中清水町
豊住町
新坂本町
入谷町
上野公園
上野花園町
→(p.087)
山下町
万年町
→(p.091)
山伏町
京浜東北線
下車坂町
岩倉高校
合羽橋
池之端七軒町
→(p.087)
松葉町
→(p.089)
文京区
上車坂町
神吉町
北稲荷町
浅草北清島町
上野
五条町
元黒門町
不忍池
東京大学
下谷町
車坂町
南稲荷町
→(p.091)
浅草北松山町
浅草松清町
浅草南清島町
三橋町
茅町
池ノ端仲町
北大門町
仲御徒町
浅草永住町
→(p.084)
浅草南松山町
浅草菊屋橋
数寄屋町
上野町
西町
浅草七軒町
御徒町
御徒町
同朋町
西黒門町
東黒門町
坂町
長者町
竹町
浅草小島町
浅草三筋町
浅草桂町
南大門町
松永町
浅草鳥越
二長町
浅草向柳原町
浅草新福井町
浅草餌鳥町
浅草左衛門町
浅草橋
秋葉原
浅草福井町
浅草柳橋
総武本線
浅草橋
千代田区
中央区

旧町名RANK
S++

旧町名
浅草象潟町

この地をおさめた出羽本荘藩主六郷氏、その領国の景勝地から

昭和28年開始のテレビ放送の歴史の中で、ゆいいつ旧町名をさがす行為にスポットが当たる瞬間がありました。平成27年6月13日放送のタモリ倶楽部です。旧町名を街中でさがす内容で、電柱や店名や表札に残る浅草象潟町《あさくさきさかた》が紹介されました。タモリさんと旧町名表札の邂逅は平成18年開始の旧町名さがしの到達点です。

旧町名DATA
消滅した年
昭和41年
現行住所
浅草4丁目

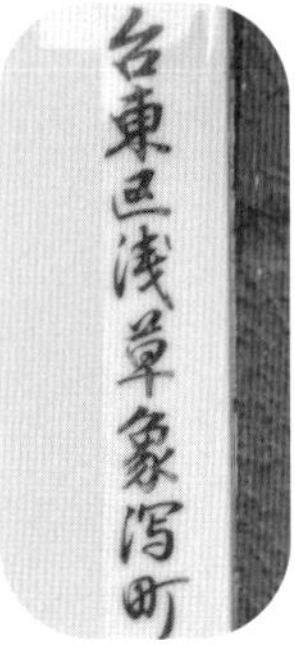

出羽本荘藩主六郷家下屋敷のあった場所だが、町名に採用したのは本荘でも六郷でもなく景勝地。

町内会館。象潟のすべてを司る場所。象潟の読み方の普及啓発や、像潟・象瀉の取締りなどを行っていたらいいですね。

旧町名RANK
S+++

旧町名
浅草區南松山町

江戸時代初期に池沼だった地を埋め立て寺地として発展

稲荷町駅と田原町駅を繋ぐ浅草通り南側に元浅草という町名があります。元というからには浅草の発祥地的なやつかと思いきやそうでもなく、台東区の前身である下谷區と浅草區の境界、つまり浅草の基点的な意味で「元」浅草なのだとか。その由来を証するかのように、浅草區時代の旧町名がいまでもしっかり現存中。

旧町名DATA
消滅した年
昭和39年
現行住所
元浅草4丁目

明治2年成立の浅草松山町が明治5年に南北に分裂。旧町名が残る正福院は1645年にこの地に建立。

南松山町には製麺業界の雄・浅草開化楼の建物が2軒。厳密にいうと奥の建物の旧町名は菊屋橋。

旧町名RANK S++

旧町名

浅草公園六区

浅草公園地の中心そして日本の娯楽の中心だった

伝法院《でんぼういん》の門に掲げられているロックの文字。このお寺が反体制の教えを説くわけでも内田裕也さんの実家でもありません。

ロックとは「六区」、浅草六区という旧町名です。正確には浅草公園六区といい、明治期に東京府が浅草寺境内とその周辺を公園地として指定・整備した際の6区画のうちの興行地区を指します。

もちろん6があるなら1~5に7まで存在し、六区はさらに1~4号地に区分されていました。各区の場所を例示すると一区が浅草寺、二区が仲見世、三区が伝法院、四区が浅草観音温泉、五区が花やしき。そして六区は興業施設の浅草演芸ホール、東洋館、木馬亭など錚々たる顔触れ。

テレビが出現するまでの六区は劇場や映画館が軒を連ねる日本一のエンタメ街として隆盛を極め、震災で凌雲閣が倒壊しても戦災で街が焼失しても人々に娯楽を灯す街でありつづけました。三区に位置するため本来「サンク」であるはずの伝法院にロックがあることからもわかるとおり、浅草とは六区なのです。

浅草公園三区の場所に六区。ロックと言いつつ「ツ」のサイズが気になるところ。

なぎらさん、またお会いしましたね！

四区の浅草観音温泉と五区の花やしき。ともに浅草最盛期の空気感が味わえたがいまは花やしきのみ。

旧町名DATA

消滅した年
昭和40年

現行住所
浅草1~2丁目

旧町名RANK S++

旧町名

浅草聖天横町

待乳山聖天のある浅草聖天町の文字通り横

待乳《まつち》山《やま》聖天《しょうでん》の境内ではやたら大根を目にします。水鉢や提灯に大根が描かれているばかりか、参拝者が本堂に供えるための大根が1本200円で販売されています。さらに毎年1月7日には2000人の参拝者に風呂吹き大根が振舞われる祭りまで挙行されているとか。

この謎の大根推し。お寺のパンフレットによると、大根は「深い迷いの心、瞋《いかり》の毒を表し、大根をお供えすることによって、聖天様が心の毒を清めてくださいます」とのこと。おそらく大根を供えることで聖天様という名の消化酵素が活性化され、でんぷんやグリコーゲンを分解し体内の毒素が中和されるのでしょう。なるほど、聖天様とはジアスターゼのことでしたか。

ちなみに農林水産省発表の作況調査によると令和2年産の大根の収穫量は約125万トンで出荷量は約103万トン。大根の利用頻度を踏まえると、その出荷先は待乳山聖天と東京農業大学応援団の寡占市場なのかもしれません。

その待乳山聖天の横の旧町名です。くり返しになりますが、文字通り横です。

聖天がある場所は聖天町。その横にあるので横町だが正確には左横。

供え終えた大根は持ち帰り可能です。まさにSDGsの先駆けな待乳山聖天。

境内にはなんとスロープカーも完備。これでより多くの参拝客や大根の運搬が可能。

旧町名DATA

消滅した年
昭和41年

現行住所
浅草6丁目

旧町名RANK S++

旧町名

池之端七軒町

七軒の「7」は、この土地を買い求めた町人の数

旧町名中の「町」の読み方は「まち」か「ちょう」か。深刻な問題です。イベント登壇時に自信がなく「○○町?」と語尾を微妙な疑問形にしたり、ラジオで「まち」が正解なのを「ちょう」と発言して指摘されたりで自信がないです。ただ今回の旧町名は大丈夫。いけのはたしちけんちょうですね。さて正解は。

通常はふりがななど付いていないが下記表札では親切に「しちけんちょう」とルビ付き。

正解は「けん」「ちょう」。貴重なふりがなのおかげだが今度は台東区の読み方が不安に。

旧町名DATA

消滅した年
昭和41年

現行住所
池之端2丁目

旧町名RANK S+++

旧町名

下谷區上野花園町

上野御花畑が由来 森鴎外が『舞姫』を執筆した地

消滅した昭和41年を起点に、過去と未来の二軸で花園は残っています。まず過去、昭和4年築の都選定歴史的建造物に下谷區上野花園《はなぞの》町が現存。次に未来、昭和45年に赤札堂社員寮「花園寮」が竣工。消滅から3年後にあえての花園。さらに未来、令和2年に旧花園寮がアート施設にフルリノベ。花園は紡がれます。

旧忍旅館の上田邸に残る旧町名。戦前の建物が現存の奇跡。鴎外荘の分まで残ってほしい。

解体予定の築50年物件がオフィスとアートギャラリーに再生。花園寮時代の味が活きている。

旧町名DATA

消滅した年
昭和41年

現行住所
池之端3丁目、上野公園

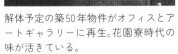

旧町名RANK S++

旧町名

谷中上三崎南町

みかどパン！琺瑯町名看板！

令和3年、衝撃のニュースが飛びこみます。「みかどパンが閉店！」巨大なヒマラヤ杉下にある木造平屋と旧町名の琺瑯看板、谷中に行く理由のひとつであるお店の歴史に幕が降りるというのです。大学時代、根津神社付近に住んでいたため、上野公園までの早朝散歩の通り道にあったあのお店は、当たり前の日常としていつまでもありつづけるものだと思っていました。

閉店日は令和3年10月10日。最後を見届けようと10月9日に現地を訪れました。閉店前日とはいえ営業はすでに終えており、お店の方が店内の片付けをしていました。建物がなくなるかはまだわからないとの言葉を聞き、その日はいったん帰路に。

そして翌日、閉店日の10月10日、改めて現地を訪れて愕然としました。昨日はあった旧町名の琺瑯看板がなくなっているのです。さらに閉店のお知らせが。店主の高齢のため閉店。

これでようやく私も気持ちの整理がつきました。この地で長年の営業、本当にお疲れさまでした。

この琺瑯看板はお店の方が保管されているとのこと。盗難ではなくて本当によかった！

閉店前日のお店とヒマラヤスギ。あの台風被害が閉店のきっかけのひとつだったのかもしれない。

閉店から数ヶ月後でも閉店のお知らせと建物、それに「サンナミ」のデンリヨクもそのまま（P.176参照）。

旧町名DATA

消滅した年
昭和41年

現行住所
谷中1・4・6丁目

旧町名RANK
S++

旧町名
谷中天王寺町

旧町名 DATA

消滅した年
昭和41年

現行住所
谷中7丁目、上野桜木2丁目

幸田露伴が住み、この地の五重塔をモデルに小説を発表

江戸幕府に日蓮宗から天台宗へ改宗させられたり感応寺から天王寺へ名前を変えさせられたり、明治政府に敷地を没収されて谷中霊園にされたり、上野戦争と関東大震災と空襲の被害を逃れた五重塔が放火心中で焼失したり、住居表示の実施で町名が消滅したりして落ち込むこともあるけれど、私、この街が好きです。

都内随一の寺町である谷中にあって、ゆいいつ寺名が採用された旧町名。

この場所にそびえ立っていた五重塔は昭和32年に放火で全焼。いまは基礎部分のみ生々しく現存。

旧町名RANK
S+

旧町名
松葉町

旧町名 DATA

消滅した年
昭和40年

現行住所
松が谷1〜3丁目

ラジオ体操中継放送再開発祥の地とラジオ体操連盟発祥の地

夏休みでもないのに毎朝6時30分に町内にこだまするラジオ体操第一と公園に集いし白服の集団。ここはラジオ体操の聖地・松葉公園。戦争の影響で昭和22年から中断していたラジオ体操の中継放送が昭和27年6月28日に再開された場所なのです。昭和27年は日本の主権回復の年。新しい朝・希望の朝は松葉公園から。

現町名は「松」葉町＋浅草北「松」山町＋入「谷」町＝松が谷。

公園内のラジオ体操会場は指導者用お立ち台が常設のガチっぷり。

旧町名RANK S++

旧町名

谷中初音町

台東区最北端 形状がどうにかしてる部分

台東区谷中は文京区と荒川区に接する立地を活かし、区を超えた活動を展開しています。

文京区とは谷根千《やねせん》を、荒川区とは谷中銀座商店街をそれぞれシェアするなど地域発展のため、ともに協力する良好な関係を築いている……はずですが、一方で台東区単独の地図などを見ていただくとわかるとおり、谷中の北端が不穏なのです。明らかに文京区と荒川区を刺しに行っています。この町域がどうかしている部分が旧谷中初音町《やなかはつね》4丁目です。区を超えた活動すぎる。

1～3丁目の2年後に誕生した谷中初音町4丁目。誕生が遅れた負い目による凶行だったのか。良好な関係なはずの両区に突きつけた彼のバターナイフ形状の先にはなにがあったのか。

その答えは現地にありました。台東区の最北端、文京区と荒川区との区境から100メートル先に田端があったのです。

もしかしたら初音町4丁目は、文京区と荒川区と同じようにただ北区と仲良くなりたかっただけ、その方法が少し鋭利だっただけなのかもしれません。

初音とは鳥の初鳴き。その鳥はこの地の森に生息していた鶯。鶯谷駅という駅名の元ネタ。

向かって左が文京区で右が荒川区。手前のとんがりが台東区で、その先端の100メートル先が北区。

文字通り大変鋭利になっていますので見学の際にはお気をつけください。

旧町名DATA

消滅した年
昭和41年

現行住所
谷中3・5～7丁目

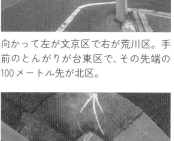

旧町名RANK S+

旧町名

万年町

唐十郎が生まれ育った街 現在は東京メトロの上の検車区

地下鉄はどこから地下へ電車を入れるのか。古より伝わりし人類最大の疑問に対する答えはこの町、台東区東上野・旧万年《まんねん》町にあります。日本でゆいいつ地下鉄の踏切を擁する東京メトロ銀座線の車庫・上野検車区が所在し、日々地下鉄の電車の出入りを観察することが可能です。これで夜も安心して眠れますね。

旧町名DATA

消滅した年
昭和40年

現行住所
東上野4～5丁目、北上野１丁目

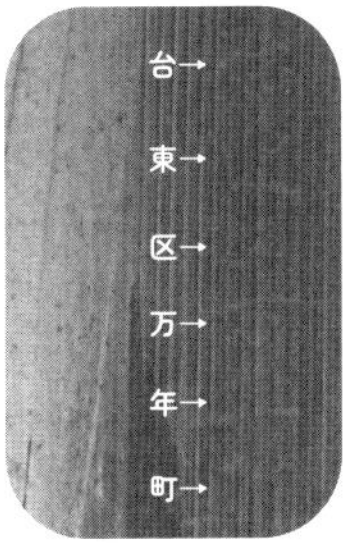

ほぼ読めないが千代田区三年町を凌駕する「万年」町の字。転んだら万年後に死ぬとしても先に寿命が来る。

柵の向こうに見える銀座線の車両たち。踏切から勇ましく入線する様子はさながら出陣式。

旧町名RANK B

旧町名

南稲荷町

大火のあと江戸各地の寺院が越し門前町屋がつくられた

上野検車区から車両が出庫する銀座線には上野駅と浅草駅間に渋めな駅が2つ。その上野寄りの方が稲荷町駅です。浅草方面ホーム側の旧町名は北稲荷町。最後の同潤会《どうじゅんかい》アパートが平成25年まで存在しました。一方、上野方面ホーム側の旧町名は南稲荷町。下谷神社の境内でまれに見かけたアヒルはいまも健在だろうか。

旧町名DATA

消滅した年
昭和39年

現行住所
東上野2～3丁目、元浅草2丁目

稲荷町駅と田原町駅はその渋さゆえ、便利すぎる立地にもかかわらず周辺より家賃安めの超穴場。

最後の同潤会・上野下アパート。毎日見るために近所へ引っ越したのに、その１年後に解体されるとは。

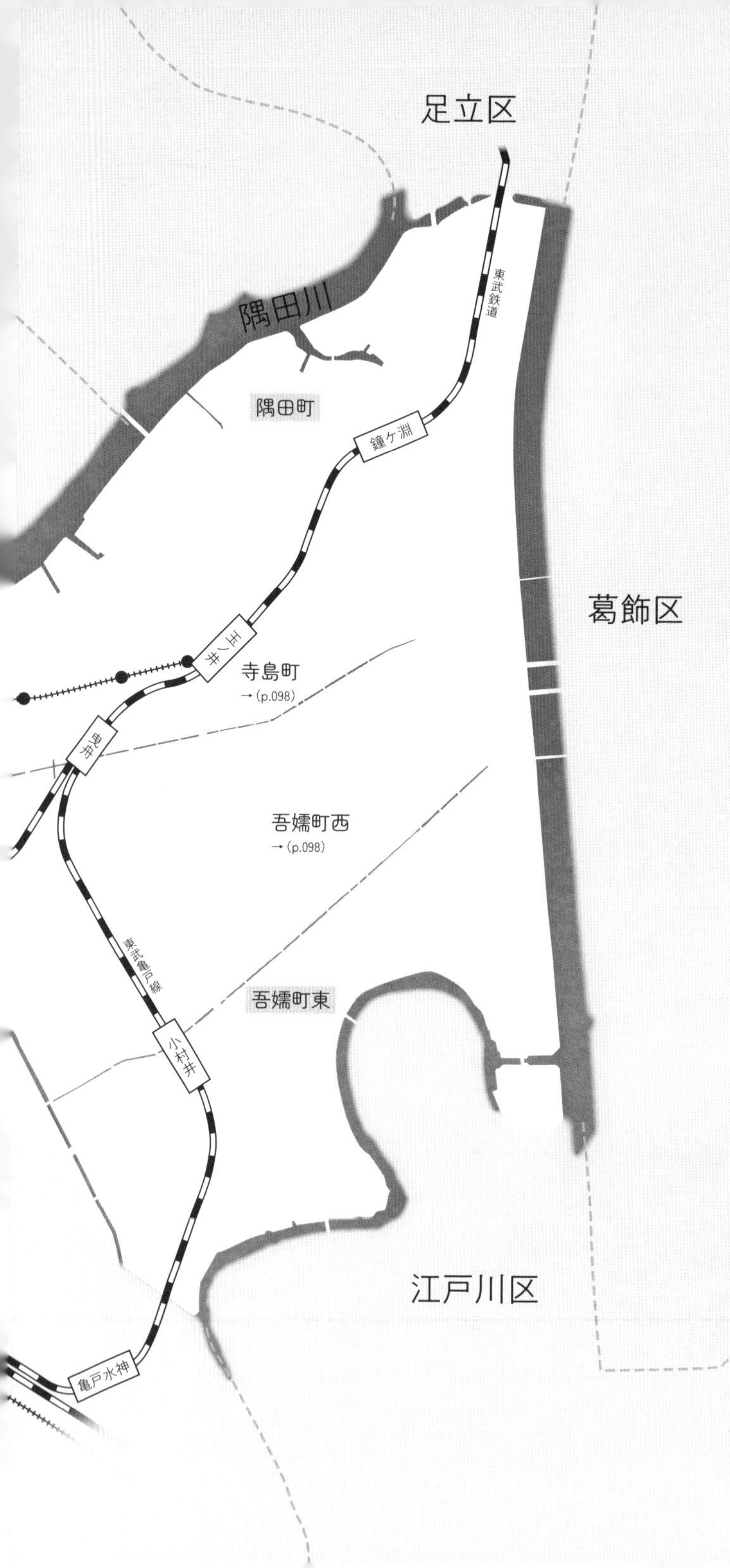

墨田区

本所區と向島區が合併して昭和22年に誕生した、塔と本社と博物館が結集する東武王国。区名に採用するほど隅田川ファーストの裏で、横方向の「タテ」川、縦方向の「ヨコ」川というバグあり。姉妹都市は台東区。

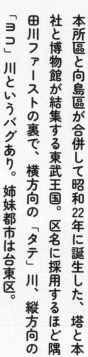

台東区
中央区
江東区
言問橋
吾妻橋
→(p.099)
向島
小梅
→(p.100)
向島中ノ郷町
向島
押上町
業平橋
東駒形
厩橋
→(p.100)
業平橋
→(p.094)
旧安田庭園
横網
両国
国技館
東両国
→(p.096)
亀沢町
石原町
平川橋
横川橋
千歳町
緑町
総武本線
錦糸町
→(p.097)
太平町
堅川
→(p.095)
錦糸公園
錦糸町
江東橋
菊川
柳原町
亀戸

旧町名RANK

S

旧町名

業平橋

現とうきょうスカイツリー駅の旧駅名でもある

吾妻橋、江東橋、厩橋《うまやばし》、平川橋、横川橋そして業平《なりひら》橋《ばし》。この「橋」シリーズは墨田区における旧町名の特徴のひとつです。関東大震災後の町名地番整理時に誕生した彼らですが、住居表示実施の結果、町名自体消滅した者、橋のみ消滅した者、なぜか橋ごと町名が残った者に分かれました。現墨田区業平は旧業平橋と平川橋の町域ですので、平川橋は町名消滅組、業平橋は橋のみ消滅組と言えるでしょう。

そう信じて昨日まで生きてきましたが、墨田区史によると事実は異なります。業平橋の「業」と平川橋の「平」で「業平」というまさかの合成町名だったのです（諸説あり）。この明らかな業平橋感、平川橋の住民は本当に納得したのかな。

合成町名といえば、東京スカイツリー開業時に誕生した地元商店街のゆるキャラ「おしなりくん」も押上の「おし」と業平の「なり」の町名合成でした。

ただし見た目は平安貴族調の明らかな在原業平感。知立《ちりゅう》市観光協会の先行キャラさえいなければ彼はいまごろ「なりひらくん」だったのでしょうか。

平安時代の歌人・在原業平を祀った業平天神がこの地に建立されていたことが「業平」の由来。

スカイツリーVS業平橋。東京スカイツリーと業平橋の夢の共演と思いきや、業平橋的には駅名を消された因縁の相手。

ふり返ればおしなりくん。浅草通りをバスで走行中にもし視線を感じたら、そこに奴はいる。

旧町名DATA

消滅した年
昭和42年

現行住所
業平1～5丁目

旧町名RANK

S

旧町名

竪川

江戸城から見て縦に流れるため その名のついた人工河川

昭和39年から昭和42年にかけて8度にわたり住居表示を実施した墨田区は、その成果が優秀で他の模範となるとして自治大臣から表彰されるほどの気持ちのよい住居表示っぷりでした。

その背景には、関東大震災後の町名地番整理により下地があった点や、第一次住居表示で旧向島區地区のカオス地番が目に見えて改善された点、なにより地域住民が後世のために大局観に立って協力した点があるのではないでしょうか。

そんな墨田区でゆいいつ揉めた地域がありました。それが竪川《たてかわ》です。もともと「堅川」と誤認される問題がありつつも住民の希望は竪川の継続。難読かつ住居表示的にNGな非当用漢字である「竪」の継続について、住民と区の話し合いは難航します。

その後、ようやく複数代替案の中から住民アンケートを行う段階で「住居表示は地元の意見を反映しろ」的な議員談話が報道され、住民が竪川の継続をぶり返すなどを経て、昭和42年実施の最後の住居表示で「立川」に変更されました。なお、まぎらわしくもその議員もまた自治大臣でした。

候補は立川の他「たて川」や「中和」など。議論に水を差した自治大臣と表彰授与者の自治大臣は別人。

高速道路さえなければ葛飾北斎の「富嶽三十六景」の「本所立川」と同じ構図を再現できたはず。

竪川の名前は川とこの橋名に残るのみ。この橋もいつか「立川橋」に変わるときが来るのだろうか。

旧町名DATA

消滅した年
昭和42年

現行住所
立川1〜4丁目

旧町名RANK
S
旧町名
東両国
いまの両国は両国ではない 本来の両国は中央区

街中でふと電柱に目をやるとなんらかのキーワードが貼られていることに気がつきます。実は電柱には、史跡や周辺施設などその街の特色が表現されているのです。

ここで問題です。相撲以外で墨田区両国の特色といえばなんでしょうか。いますぐ両国を訪れて電柱を見てください。すると「大石」の文字を目にするはず。人名でしょうか。別の電柱には「浅野」の文字もあります。さらには「吉良《きら》」まで。

そう、両国には仇討の舞台・吉良邸があったのです。電柱から導かれた答えは「両国は忠臣蔵の街」でした。

このように電柱に注目することがその街の理解につながります。電柱とは街を知るための近道なのです。

さて、ここまで本文中に両国という町名が4度出てきましたが、ここでもっとも大事なのは、墨田区両国はそもそもの両国ではないということ。本来の両国とは中央区日本橋両国（現東日本橋）を指し、いま両国を名乗っている場所は両国の東側「東両国」なのです。

このように、旧町名とは街の「深層」を知るための近道なのです。

そもそもの両国とは下総国と武蔵国の両方の国に架かる橋の名称・両国橋が始まり。

両国の電柱に忠臣蔵関係者が勢揃い。まさにデンチュウでござる。

吉良邸横の電柱に浅野の字。都内では都市防災の観点から無電柱化進行中のため電柱は地味に絶滅危惧種。

旧町名DATA
消滅した年
昭和42年
現行住所
両国1～4丁目

旧町名RANK

S

旧町名

錦糸町

キングオブ「旧町名だったの!?」現町名は町がない錦糸

駅名などで慣れ親しんでいる錦糸町、実は旧町名なのです。昭和42年に消滅し、現在は錦糸というすわりの悪い町名になっています。なお、墨田区内には錦糸町を錦糸と呼ぶ人間は存在しない説が有力です。

このような墨田区に伝承する都市伝説を本所七不思議と称します。錦糸堀が舞台の「置行堀《おいてけぼり》」や「落ち葉なき椎《しい》」など、七不思議なのに8話以上あること自体が七不思議ですが、近年では前述の「町なき錦糸町」や「北口南口間の連絡通路なき錦糸町駅」、さらには「42年間値上げなきうまい棒」などの新話を追加する動きが私にみられます。

ここで突然のうまい棒登場に違和感をおぼえるでしょうが、やおきん本社はほぼ錦糸町にありますし駅前の菓子問屋ビルのエワタリも巨大なうまい棒の彼ですし、なにより錦糸町はもともとお菓子街だったのです。関東大震災後、神田から錦糸町へ菓子屋が移り、昭和20年代の最盛期には50軒もの問屋と製造業者がひしめき合い、儲かりすぎて駅前の土地代が3ヶ月で完済できるレベルだったとか。もはや完全に都市伝説なので七不思議に加えておきますね。

釣った魚を置いてけ、で有名な「置行堀」の錦糸堀が由来。この手口が後の美人局である。

禁止町。路上喫煙多すぎて町名変わっちゃう事態に。

やおきん本社。錦糸町駅北口を支配するシャッター絵の例の彼のおかげでここが本社であることがわかる。

旧町名DATA

消滅した年
昭和42年

現行住所
錦糸1〜4丁目

旧町名RANK S+++
旧町名

寺島町

江戸期に生産された幻の野菜 寺島なすの復活プロジェクト進行中

この寺島《てらじま》町、自治体欄が寺島町で町名欄が丁数です。自治体を省略するケース自体はよくあるためそのたぐいと解釈していましたが、なんと町名ではなく自治体としての南葛飾郡寺島町でした。どうやら彼は昭和5年に丁数が大字となり昭和7年に向島區が誕生するまでのわずか約2年のみ存在した希少種のようです。

旧町名DATA
消滅した年
昭和40年
現行住所
向島4〜5丁目、押上2丁目ほか

この旧町名を正確に表すと、東京府南葛飾郡寺島町大字1丁目。

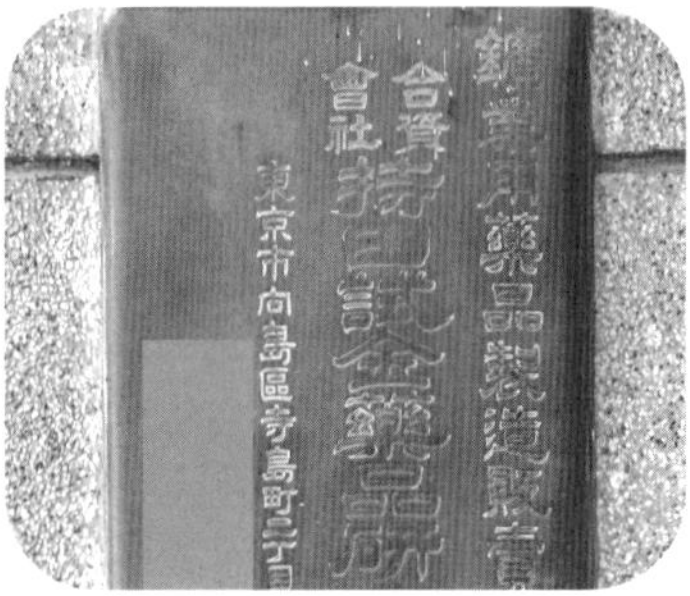

こちらは自治体名ではなく町名としての東京市向島區寺島町。

旧町名RANK S+
旧町名

吾嬬町西

語尾の方角はわずか2年のみ存在の超絶レア町名の名残り

吾嬬町西でも西吾嬬町でもなく吾嬬町西。町の後に方角が付くこの形式は、向島區誕生の2年前に実施された字名地番整理事業の結果、自治体としての吾嬬町が「東西＋丁数」を大字にした当時の名残りです。この大変貴重な旧町名の形式は、東京23区では墨田区吾嬬町東・西と大田区馬込町東・西のわずか2例です。

旧町名DATA
消滅した年
昭和40年
現行住所
押上1〜3丁目、墨田4丁目ほか

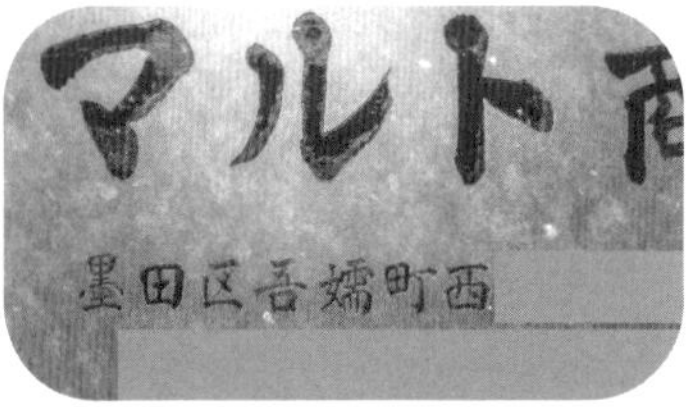

吾嬬神社が由来。中居堀を境に東は8丁目で西は9丁目まで、南から北に丁数が蛇行する町割り。

大正6年築の旧小山家住宅。自治体としての吾嬬町東がこの墨田区有形文化財の表札の表札に現存している。

旧町名RANK S+++

旧町名

本所區吾妻橋

橋を持つ者と持たざる者 それぞれの事情とは

墨田区の旧町名の特徴である橋シリーズのうち「江東橋」と「吾妻橋」は町名自体、もしくは橋だけ消滅しないで町名が維持されました。彼らはなぜ橋を取られなかったのでしょうか。

まず江東橋。橋を取ると「墨田区江東」で、単純に江東区への配慮と考えられます。江東区江東がないのにあきらかに揉めるよね。

では吾妻橋はどうでしょう。橋を取ると「墨田区吾妻」。これは墨田区内に存在した「あずま」読みの吾嬬町が原因かもしれません。実は旧吾嬬町のある地域では、「吾妻」が新町名候補にあがっていました。しかも住居表示が吾妻橋に先行して実施される模様。このまま吾妻橋の橋を取ってしまうと「墨田区吾妻」が重複してしまいます。住居表示の実施基準が「同一町名や類似町名を避ける」である以上、吾妻被りは認められません。吾妻橋に残された選択肢は橋を残して町名維持しかありません。

結局相手方の町名は立花に決まったため吾妻被りは回避されましたが、吾妻橋の橋残しは苦渋の決断だったのかもしれません。そんな妄想。

旧町名DATA

消滅した年
昭和22年

現行住所
吾妻橋1〜3丁目

東京大空襲で区内の約96%が焼失した本所区が残っていること自体完全に奇跡。

元大川橋で明治9年から吾妻橋。吾妻の元ネタは吾嬬神社。本文のあずま問題はこのときからの因縁。

町名を「吾妻」にしたかった立花にある「東あずま駅」。読み方によってはあずまあずま。

旧町名RANK
S+

旧町名

厩橋

江戸初期に幕府の定めた御厩の渡しのあった場所

外手《そとで》町や若宮町などが震災後の町名地番整理で厩橋に、そして住居表示の実施で本所となりいまに至ります。住居表示実施は読みにくい町名や非当用漢字の町名が排除されましたが、そのすべてを兼ね備えていたのが厩橋消滅の理由です。ただ、結果的に江戸からつづく「本所」が残ったのは大きな功績でしょう。

旧町名DATA

消滅した年
昭和41年

現行住所
本所1～4丁目

本所区厩橋誕生時点で本所が付く町名は地味に消滅していたので、結果厩橋は変えてよかったね。

厩橋の見所は夜に光るこのステンドグラスの綺麗さ。

旧町名RANK
S+

旧町名

小梅

東京スカイツリーの北側に広がる愛らしい旧町名

江戸期の水戸藩下屋敷、明治大正期の水戸徳川小梅邸を経て関東大震災後の復興公園として開設されたのが現在の隅田公園。江戸からつづく桜の名所なのに「小梅」邸？　これは当時の町名「新小梅町」によるものです。小梅瓦町、向島小梅町と共に存在した小梅シリーズも震災後は小梅に集約。その小梅もいまは向島に。

旧町名DATA

消滅した年
昭和39年

現行住所
向島1～3丁目ほか

梅林があったからや小梅＝小埋めなど、小梅の由来が諸説あることはさておきカタカナだと太夫感強め。

なんと、牛嶋神社の鳥居裏にかつての小梅シリーズが大集合。

ミニコラム 1

東京23区の区名案 ～千代田区・中央区・港区編～

戦後、東京35区が整理統合され、22区そして現在の23区になりました。整理統合によって誕生した新区には新区名が付けられましたが、現在の区名に決定するまでにさまざまな案が挙がったそうです。ここでは、新区名の決定にあたって昭和22年の新区誕生直前に行われた「①東京都主催・有識者による新区名座談会」と「②東京新聞主催・懸賞付き新区名公募」、この2つの場で実際に挙げられた新区名案をご紹介します。なお、座談会案に関しては、当日欠席した有識者2名（久保田萬太郎氏、笹川臨風氏）から書面提出された案も併記しました。各新区名案たちが実際に採用されていた世界線を想像しつつお楽しみください。

麴町區＋神田區（現 千代田区）

言葉として美しい響き、字としても簡単でいいと、議論の余地なく満場一致で千代田区が挙げられました。というか、統合が決まった昭和21年時点で区名も決まっていたそうなので文字通り議論の余地なし。

座談会案	千代田区

日本橋區＋京橋區（現 中央区）

とにかく東京の中心を担いたい感が伝わってきます。「中央区」に決定したのは必然だったようです。ほのかに名古屋感のある座談会案はさておき、公募結果5位「日京区」の異質さが目を引きます。どうやら「日」本橋＋「京」橋の合成のようですが、座談会では「無理な熟語」「まったく語をなしていない」と、この案をボロクソに酷評しています。

座談会案	中央区、朝日区、栄区
久保田案	東京区
笹川案	江都区
東京新聞 公募結果ベスト5	①中央区　②江戸区 ③銀座区　④大江戸区 ⑤日京区

芝區＋麻布區＋赤坂區（現 港区）

青山区の異常な人気の高さが目を引きます。ただ、青山区だとしたら立地的に旧芝區民は黙っていなかったでしょう。3区統合は本当に難しい。公募1位に愛宕区が来ているのはとても意外ですが、「宕」が非当用漢字のためまず実現は難しかったでしょう。

座談会案	飯倉区、青葉区、青山区
久保田案	青山区
笹川案	青山区
東京新聞 公募結果ベスト5	①愛宕区　②青山区 ③青葉区　④飯倉区 ⑤三田区

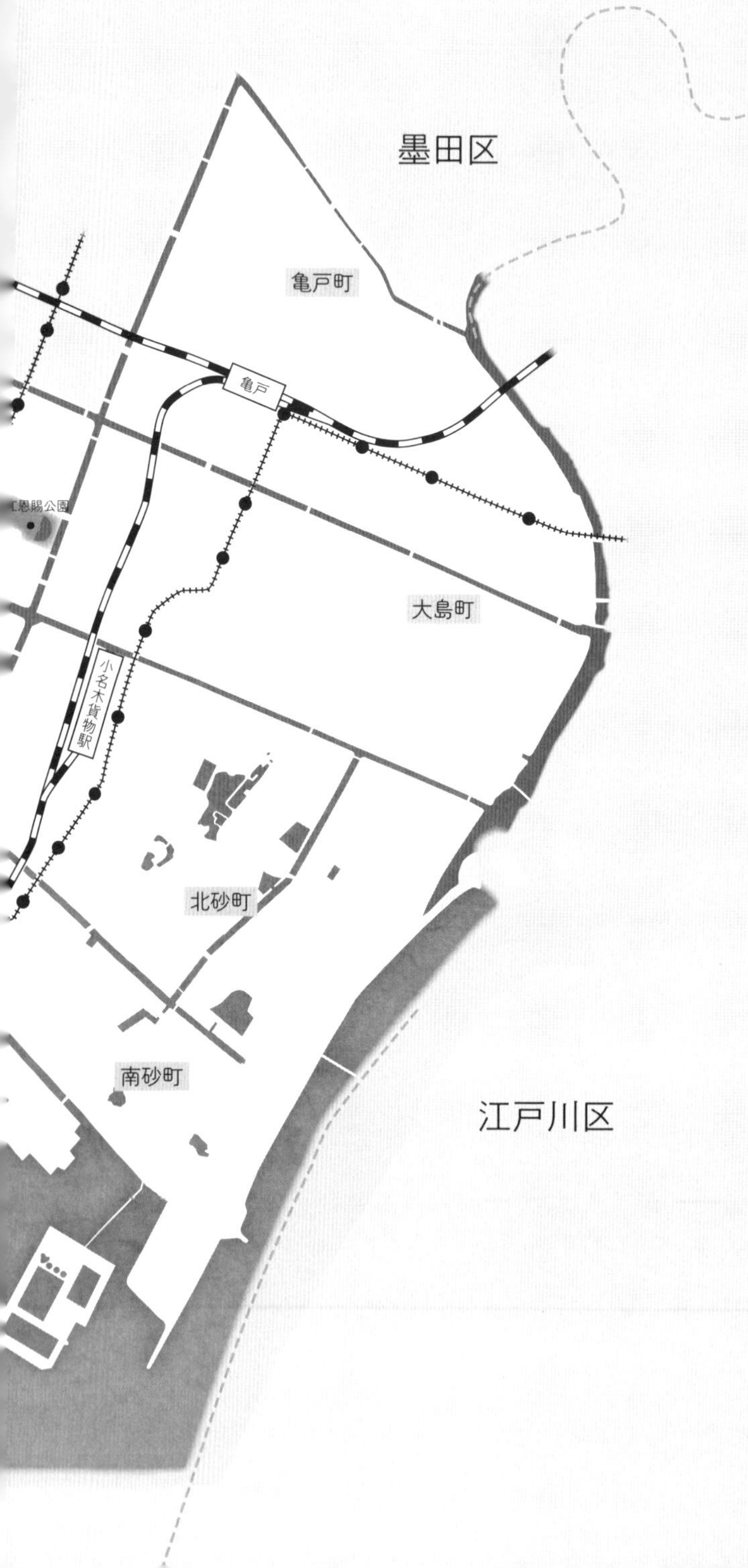

江東区

深川區と城東區が合併して昭和22年に誕生した埋立地銀座。区誕生前からの鬼埋立てによる領土の鬼拡大に比例して子供の数も鬼増している少子化日本希望の星。令和元年、大田区との領土争いに勝利しさらに面積拡大。

台東区
両国
総武本線
錦糸町
中央区
深川新大橋
→（p.107）
深川常盤町
深川森下町
深川毛利町
深川清澄町
深川高橋
深川住吉町
→（p.108）
深川佐賀町
→（p.107）
清澄公園
深川白河町
→（p.104）
深川永代
深川福住町
深川三好町
深川猿江
深川扇橋
深川
深川門前仲町
→（p.109）
深川平野町
→（p.105）
深川石島町
深川千田町
深川海辺町
深川冬木町
深川牡丹町
→（p.105）
深川千石町
深川富岡町
深川木場
→（p.109）
深川古石場
深川豊住町
深川越中島町
深川平井町
深川東陽町
深川平久町
深川洲崎弁天町
→（p.106）
深川加崎町
深川浜園町
深川豊洲
浜園公園
塩崎町
深川塩崎町
深川枝川町
越中島線（貨物線）
埋立地
深川東雲
東京湾

旧町名

深川白河町

松平定信（白河藩主）の墓のある霊巌寺に由来

白河と聞くと福島県民的には中通りの南側を思い浮かべます。清澄《きよすみ》という文字面のよさとの対比で一見すると清澄白河の地味な方ですが、とんでもない。実は江東区を語るうえでとても重要な町でした。というのも昭和49年までこの地に江東区役所があったのです。さらには前身の深川区役所の庁舎を引きつづき使用していたのだとか。隣接する清澄の清澄庭園や三好の寺院群、さらに町内に存在した同潤会アパートやいまなお健在の清洲寮など、江戸そして深川區より紡がれた歴史と伝統を受け継ぐ江東区の中央に相応しい町と言えるでしょう。誰？　地味とか言ったの。

ああそういえば寺と中央で思い出しましたが、中央区霊岸島のところで大火によって霊巌寺がこの地を去ったとか言っていました。あの寺って結局どこに行ってしまったのでしょうね。ここだよ！

白河は霊巌寺の移転先。霊巌寺とともに移転した深川門前町が明治に入り霊巌町となり、昭和7年に白河町が誕生しました。

霊巌寺の境内には、老中として寛政の改革を行った白河藩主・松平定信が眠ります。

白河藩主・松平定信こそが町名の由来。福島県民の勘は正しかった。

深川白河町、それは東京でゆいいつのソース専業調味料メーカー・八幡屋商店のある町。

ついに出会えた霊巌寺。中央区にあったのよ。

旧町名DATA

消滅した年
昭和45年

現行住所
白河1～4丁目

旧町名RANK S++

旧町名

深川牡丹町

あでやかな牡丹の名は牡丹町通り、牡丹町笑栄会に残る

旧町名DATA

消滅した年
昭和44年

現行住所
牡丹1〜3丁目ほか

桜、梅、桃など花が付く町名は数あれど、牡丹は相当珍しいはず。少なくとも東京23区に限ればここがゆいいつで、牡丹農家が多かったことが由来という牡丹町ガチ勢でした。現在牡丹町の残り香は町内の親水公園内の牡丹園のみですが、園内表示の主張しなさは必見。その姿は牡丹の花言葉「王者の風格」そのもの。

江東区の旧町名としてよく見かけるこのタイプの琺瑯看板。

恐らく日本一主張しない牡丹園がこちら。江東区の文字サイズ小さすぎ。

旧町名RANK S++

旧町名

深川平野町

清澄白河の清澄でも白河でもない方

旧町名DATA

消滅した年
昭和45年

現行住所
平野町1〜4丁目

江東区に西海岸がやってきた！ あのブルーボトルコーヒー日本1号店が開店してからというもの、清澄白河はオシャレリノベカフェタウンとして確立した感があります。だからこそいま清澄白河でカフェっているあなたに伝えたい。清澄白河みたいな顔をしている1号店、その住所は清澄でも白河でもなく平野です。

この地の開発に尽力した名主・平野甚四郎長久の「平野」が由来。

ブルーボトルコーヒー。米国西海岸と樺太の東海岸を北上し島であることを立証した間宮林蔵の墓が同居する町。

旧町名RANK

S++

旧町名

深川洲崎弁天町

当時の遺構も減った吉原と並ぶ色街「洲崎」

江東区は総面積約40㎢のうちおよそ29㎢、じつに4分の3を明治期以降の埋立地が占めています。埋立の目的としては航路の確保や港湾施設の建設などの物流上の観点と、人口増加にともなう居住地の確保や大量のゴミ処理等都市の発展上の観点に大別できますが、なかには目的が「遊郭の移転先」という異質な埋立地も存在します。

根津遊郭の移転先として、洲崎《すさき》弁天社横の干潟を埋め立てて誕生したのが現在の東陽1丁目です。旧町名は深川洲崎弁天町といい、特に「洲崎」は明治21年から昭和18年までの洲崎遊郭、戦後から昭和33年までの洲崎パラダイスと、吉原とともに色街の代名詞だった、そうです。

当時を知らないので残念ながら「そうです」としか言えません。せめて「洲崎」の痕跡を探して当時の空気に触れられたら、と赴いた2010年の現地には1つの旧町名と遊郭時代の建物が現存していましたが、時は流れいまは存在しません。

おそらく流れた時が堆積し、時代となって洲崎を埋め立てたのでしょう。

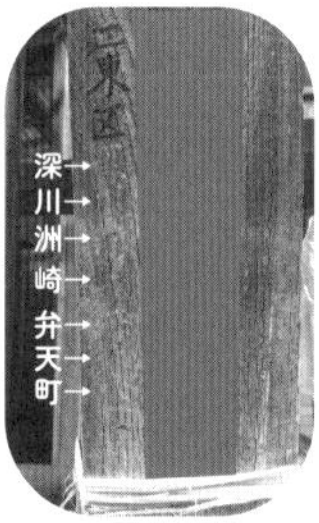

心で読むのです。「川」以降は危ういが、心で読むのです。

町名の由来である洲崎神社（旧洲崎弁天社）。境内には玉の輿モチーフのゆるキャラが。

大正10年には277軒も存在した洲崎遊郭時代の建物の遺構。大賀と書いてタイガーと読む。現存せず。

旧町名DATA

消滅した年
昭和42年

現行住所
東陽1丁目

旧町名RANK S+++

旧町名

深川區佐賀町

東京にある佐賀（町名）横浜にある佐賀（アンテナショップ）

城東《じょうとう》區と深川區は、戦前約8万あった戸数が終戦時には約5千戸という壊滅的な状況でした。江東区によると戦争被災率は都内最大の94%。残存地域はわずか6%です。某ヤフオクで戦災焼失区域表示地図を購入し確認したところそのひとつが佐賀町でした。東京大空襲時、風向きの影響で奇跡的に被害を逃れたのです。

旧町名DATA

消滅した年
昭和44年

現行住所
佐賀1〜2丁目

地形が肥前の佐賀港に似ていたから佐賀。空襲を逃れた結果、旧町名とともに戦前の建物もわずかに現存。

実は隣の福住町も空襲被害を逃れている。深川區時代の旧町名がともに残る奇跡。

旧町名RANK S++

旧町名

深川新大橋

松尾芭蕉も喜んだ日本橋と深川を結ぶ待望の橋

休日の夕暮れ、新大橋の上から眺める隅田川が尊いのです。新大橋、隅田川、人類、文明、将軍に架橋を進言した桂昌院、この瞬間を取り巻くすべてに感謝。きっと当時の松尾芭蕉も私と同じ心境だったのでしょう。「有難やいただいて踏むはしの霜」1694年、新大橋の完成を喜んだ芭蕉の句です。

旧町名DATA

消滅した年
昭和46年

現行住所
新大橋1〜3丁目

旧町名の琺瑯看板が残している新大橋町内の皆さん、江東区、人類、文明、桂昌院すべてに感謝。

先に架かっていた大橋（現両国橋）に次いで完成した橋なので新大橋。

旧町名RANK S++

旧町名

深川住吉町

吉の字の縁起にあやかった名 住吉神社との関連はなし

一見同じに見える双子にも必ず見分けかたが存在します。マナカナは目の下のホクロ、ザ・たっちは父親似か母親似か、世界一高いツインタワーのペトロナスタワーは施工会社。このようになんらかの違いがあるはず。

そして江東区を代表する双子と言えばツインタワー住利《すみとし》。外観も階数も施工会社も同じで完全に同一かと思いきや、やはり違いがありました。町名です。住吉と毛利、建物名は同じなのに2棟は町名が異なるのです。なお、建物名の「住利」とは住吉と毛利の合成名称です。マナカナのようなものです。

　では町名が異なるこのマナカナ現象はなぜ起こったか。もとは猿《さる》江《え》裏《うら》町というひとつの町名でしたが関東大震災後の町名町界整理で3つの町名に分かれます。現在ツインタワーのある場所には、震災後に同潤会が建設した「猿江裏町共同住宅」がありましたが、新町名誕生によって敷地の町名が住吉町と毛利町に分かれたため、「住利共同住宅」と名を変えます。ツインタワーでそれぞれ町名が異なるのはこの名残というわけです。

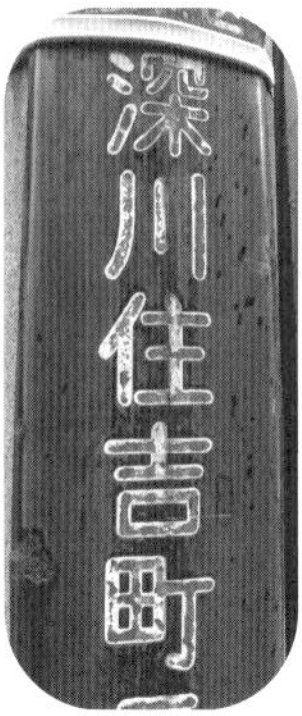

住吉神社が町内にあるとかではなく、住みよい町にという願いを込めて。

住吉が左で右が毛利。町内会記念誌曰く鈴木某さんが孤軍奮闘で町名変更を区にかけ合う。

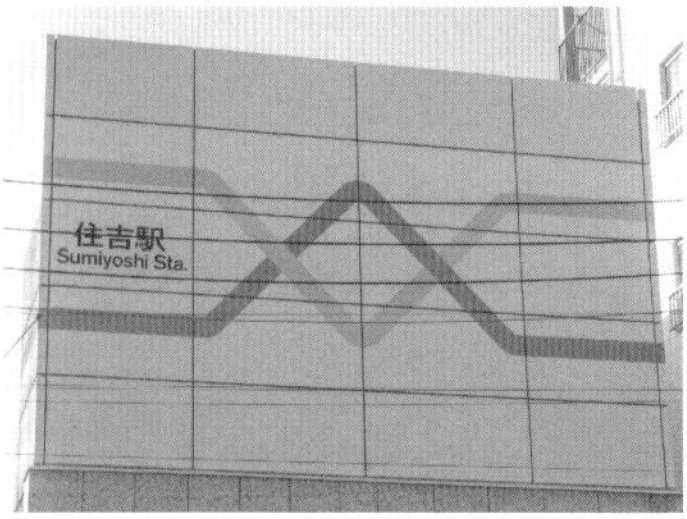

鈴木さんの願い通り半蔵門線と新宿線の2線に加え、2030年代には有楽町線まで。住吉すぎ。

旧町名DATA

消滅した年
昭和43年

現行住所
住吉1〜2丁目

旧町名RANK S++

旧町名

深川木場

「名所江戸百景」にも雪の降る材木場が描かれた

上京間もない頃の話です。その日はプロレスを見るために地下鉄に乗ったんですよ。最寄駅を下車し、木の香り漂う海沿いと聞いていたその会場に向かうのですが、行けど進めど陸地。新木場のつもりが木場に居たという嘘みたいな本当の話。この春東京で新生活を迎える方はくれぐれもマジでご注意ください。

材木商に対し材木置き場として払い下げられたのが木場の起源。貯水場を設け木材問屋街として大いに発展。

新木場よりも新木場感のある商業施設。キッザニアではなくギャザリアなのでご注意。

旧町名DATA

消滅した年
昭和6年

現行住所
木場2～5丁目

旧町名RANK S++

旧町名

深川門前仲町

富岡八幡宮や深川不動堂などでにぎわう門前仲町

錦糸町の項でご案内のとおり住居表示の実施基準では、丁目が付く町名には原則「町」がつきません。ところが、門前仲町だけは江東区でゆいいつ町が付きます。これは、町付きルール廃止の2年後の昭和44年に住居表示が行われたから。町付きルールがそのままだったら江東区門仲という町名が誕生していたかも。

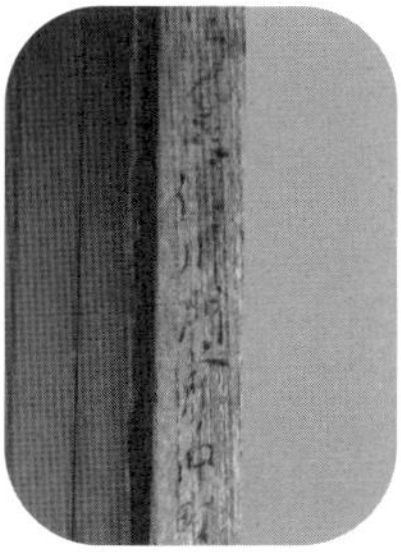
町名変遷は深川富岡門前仲町→門前仲町→深川門前仲町→門前仲町。反対方向には門前東仲町もあったとか。

深川東京モダン館という観光案内施設。都内に現存するゆいいつの公設食堂跡という大変貴重な建物の床。

旧町名DATA

消滅した年
昭和44年

現行住所
門前仲町1～2丁目

品川区

品川區と荏原區が合併して昭和22年に誕生した「〇〇銀座」発祥の地。一見荏原が品川に吸収されたようにみえるが、実は「品川」宿と「荏原」郡の互いの歴史を尊重した結果の対等合併。区のシンボルマークは「わ」。

港区
上大崎
長者丸
→(p.115)
上大崎
下大崎
品川
上大崎中丸
→(p.115)
目黒
五反田
五反田
大崎本町
山手線
目黒区
不動前
大崎広小路
大崎
東大崎
西大崎
目蒲線
西品川
小山台
武蔵小山
戸越銀座
西戸越
豊町
東戸越
戸越公園
下明神
池上線
小山
平塚
戸越公園
西小山
荏原中延
東中延
二葉町
品鶴線（貨物線）
荏原
中延
西中延
中延（町）
→(p.114)
伊藤公墓
大井伊藤町
→(p.112)
荏原町
旗ノ台
大井町線
大田区

旧町名RANK S+++

旧町名

品川町大字南品川宿

東海道五十三次第一宿場の品川宿の残り香

東海道の第一宿場「品川宿」を称する遺物が令和に現存しています。江戸のにぎわいを連想させる貴重な語尾・宿。ところが、さらに貴重な語尾が品川にはありました。品川「県」です。そう、都道府県の県。明治2年から2年間だけの幻の自治体なのです。現存しているかって？ 世田谷区給田《きゅうでん》に行けばわかります。

宿場廃止後も「宿」表記は品川町時代の昭和7年まで存在していた事実。

世田谷区給田に残る甲州街道の一里塚に品川県が現存！ 明治3年設置というガチの品川県時代のもの。

旧町名DATA

消滅した年
昭和7年

現行住所
南品川1～6丁目ほか

旧町名RANK S++

旧町名

大井伊藤町

伊藤といえばの偉人が由来墓は文化の日に一般公開

大井町界隈には大井◯◯町という町名が多数存在しました。この大井シリーズは◯◯が金子・山中・伊藤等人名っぽさが特徴で、実際人名が由来です。特に伊藤町はネタ元の人物が別格。誰でしょうか。テリー？ マンショ？ いいえ、博文です。初代内閣総理大臣・伊藤博文の墓があることから伊藤町となりました。

伊藤家別邸のある大井山中町近くの谷垂という集落に墓所が置かれ、昭和7年に大井伊藤町に。

伊藤小学校創立80周年記念キャラクター「いとじい」。ゆるキャラ界でゆいいつの暗殺経験者。

旧町名DATA

消滅した年
昭和39年

現行住所
西大井5～6丁目・二葉4丁目

旧町名RANK S++

旧町名

大井鎧町

「きゅりあん」とは集会所を意味する言葉が語源の駅前の文化施設

旧町名DATA

消滅した年
昭和39年

現行住所
大井1丁目

鎧と言うからには武士や合戦が由来でしょうか。どうやらここは上杉氏と北条氏の合戦場で、立会川のなかに血潮にまみれた鎧武者が無数に倒れていたとか。由来怖すぎ。そういえば「立会《たちあい》」川の語源は「太刀合」だし、鎧町の隣町にいたっては「関ヶ原」町だ。大井町怖すぎ。最早「きゅりあん」という文字すら怖いわ。

品川区鎧町、中央区兜町、あとは剣町があればなにかが揃う。

関ヶ原の由来は立会川に水車の堰があった「堰ヶ原」で、天下分け目の方は無関係。

旧町名RANK S++

旧町名

大井滝王子町

滝ではなく池がある名の由来は滝さんが祀った王子権現

旧町名DATA

消滅した年
昭和39年

現行住所
大井5丁目

滝マニアの男性の愛称ではなく大井町の旧町名です。町内に滝はありませんが池はありました。その池、番組名は失念しましたがたしか池の水を全部抜く的な番組の初回放送で水を抜かれたことで有名な池です。そして池がある瀧王子稲荷神社は江戸期は滝氏の私有地で、そこに王子権現を祀った結果の滝王子です。

北区の王子も八王子も、由来は同じ王子権現。

水を全部抜かれた池。その昔は清水が湧き、地域の人が大根を洗っていた美しい池だったとか。

旧町名RANK

S+++

旧町名

荏原區中延町

96％が空襲罹災地区 邂逅はあまりに奇跡的

芳根弥三郎という人物をご存知でしょうか。幕末に生まれ昭和41年に100歳で亡くなった中延の名主です。明治〜戦後まで氏が見聞きし体験した出来事がめっちゃ達筆な筆字と聞き書きで綴られている著書『荏《え》原中延《ばらなかのぶ》史』は、荏原中延駅の全利用者に読んでほしい1冊です。例えば廃刀令後に武士を見かけたり、西南戦争での西郷隆盛敗北の報を聞き無念だったり、日本史に出てくる事柄をリアルタイムで経験したから書けた貴重な内容です。著書には99歳の近影も掲載されています。ぜひその弥三郎感を確認してください。

そして氏の著書と同等に貴重なのが荏原區中延町です。この旧町名がどれだけ貴重なのかですが、荏原區の空襲罹災率は96％。つまりほぼ壊滅した地域の中から戦前の旧町名を探すという超絶難易度なのです。さらに中延町も昭和16年の町名改正で消滅している有様。この無理ゲーに対し、残りの4％に賭けて文字通り全域調査しました。弥三郎さん！　荏原區中延町ありましたよ！

なかの「べ」なのか「ぶ」なのかが個人的にあいまいな中延の語源は中の部、荏原の中心的な意味。

芳根弥三郎氏宅跡のお稲荷さん。その後方になんと、芳根さんのご子孫名が！

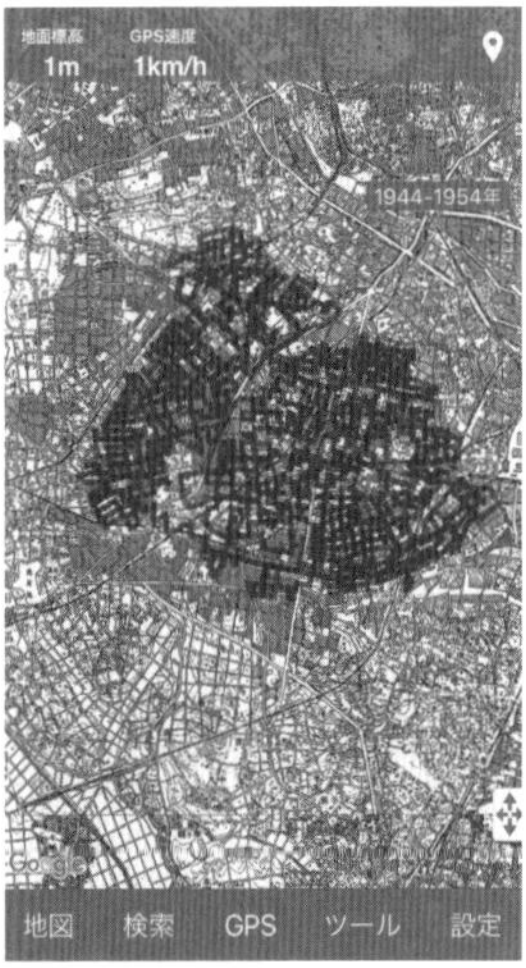

どうも、旧荏原區全域回るマンです。黒く塗り潰された部分が徘徊跡です。文字通り全域回りました。

旧町名 DATA

消滅した年
昭和16年

現行住所
中延1〜5丁目ほか

旧町名RANK
S+
旧町名

上大崎長者丸

金持ち喧嘩せず 隠れた高級住宅街「長者丸」

旧町名は末尾に「町」が一般的ですが、末尾が「丸」の旧町名が2つ品川区に存在しました。そのひとつが上大崎長者丸《かみおおさきちょうじゃまる》です。いまは上大崎ですが、近年では町内の多くのマンション名に長者丸が採用されています。恵比寿と目黒の間にもかかわらずそのどちらも使われていない点が、長者丸ブランド化成功の表れです。

旧町名DATA
消滅した年
昭和42年
現行住所
上大崎2丁目

白金長者・柳下上総之介の屋敷があったことが由来。ここで言う白金はプラチナではなくシルバー。

長者丸踏切。町内会名や電柱、交番や踏切など長者丸は名称として生きつづける。

旧町名RANK
S+
旧町名

上大崎中丸

タイ大使館がある 長者丸に隠れたもうひとつの「丸」

もうひとつの丸、上大崎中丸。戦後地主の福井松平家が現借地人に限り土地を実勢価格より廉価で売却したという大変うらやましい逸話が文献に残る街。隣の長者丸とは対照的に中丸の名は表立っていません。旧町域内で中丸が付くマンションはひとつ、電柱標にもなく町内会名に残るのみ。しかしうらやましい。

旧町名DATA
消滅した年
昭和42年
現行住所
東五反田5丁目、上大崎1・3丁目

そもそも丸とは屋敷や城郭的な意味合いだとか。

町内で中丸の名前を残すほぼゆいいつの存在・町内会倉庫。ちなみに倉庫右側には下り階段有り。

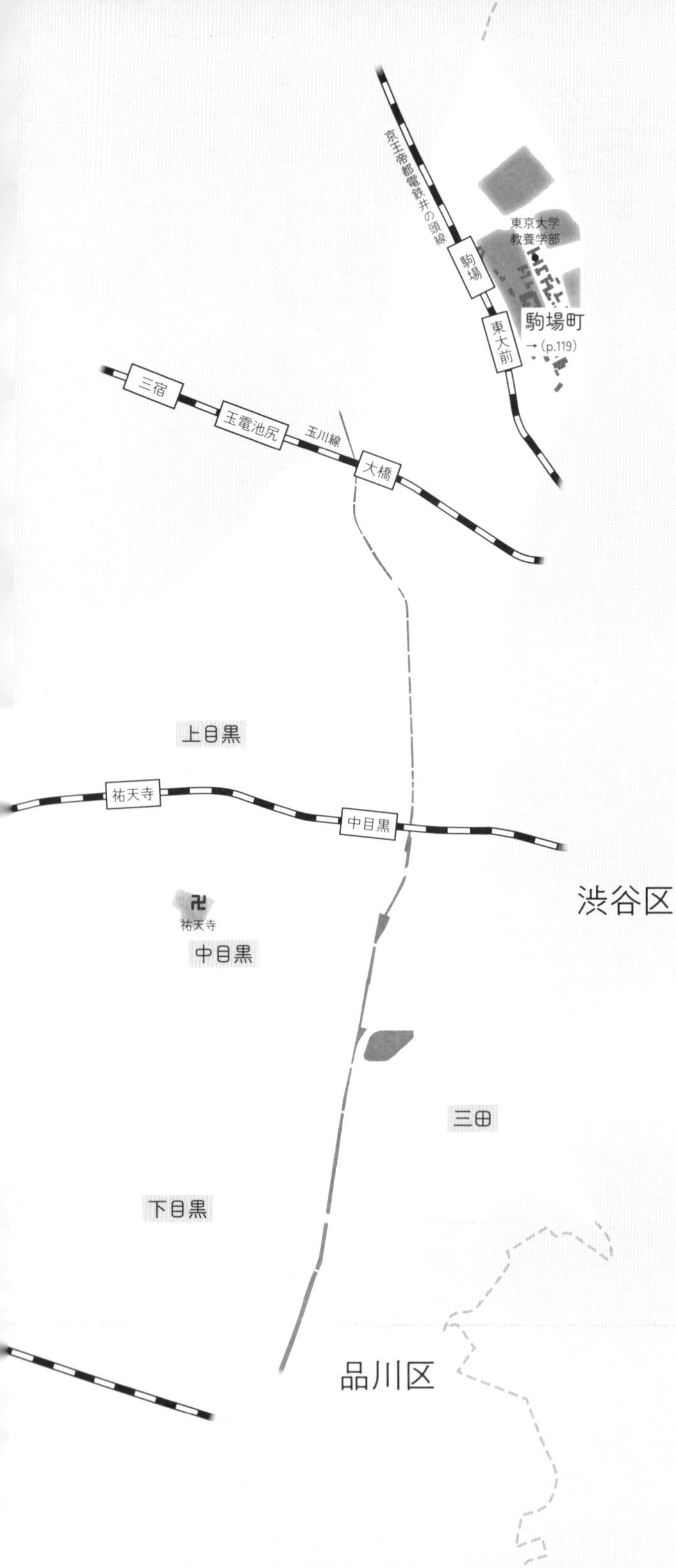

目黒区

荏原郡目黒町と碑衾町が合併し昭和7年に誕生した、中目黒〜自由が丘の花形区間を支配下に置く東急王国。住居表示で目黒本町と中央町という町名を世に放ってしまう。福島県只見町は姉妹都市ではないが目黒姓が多い。

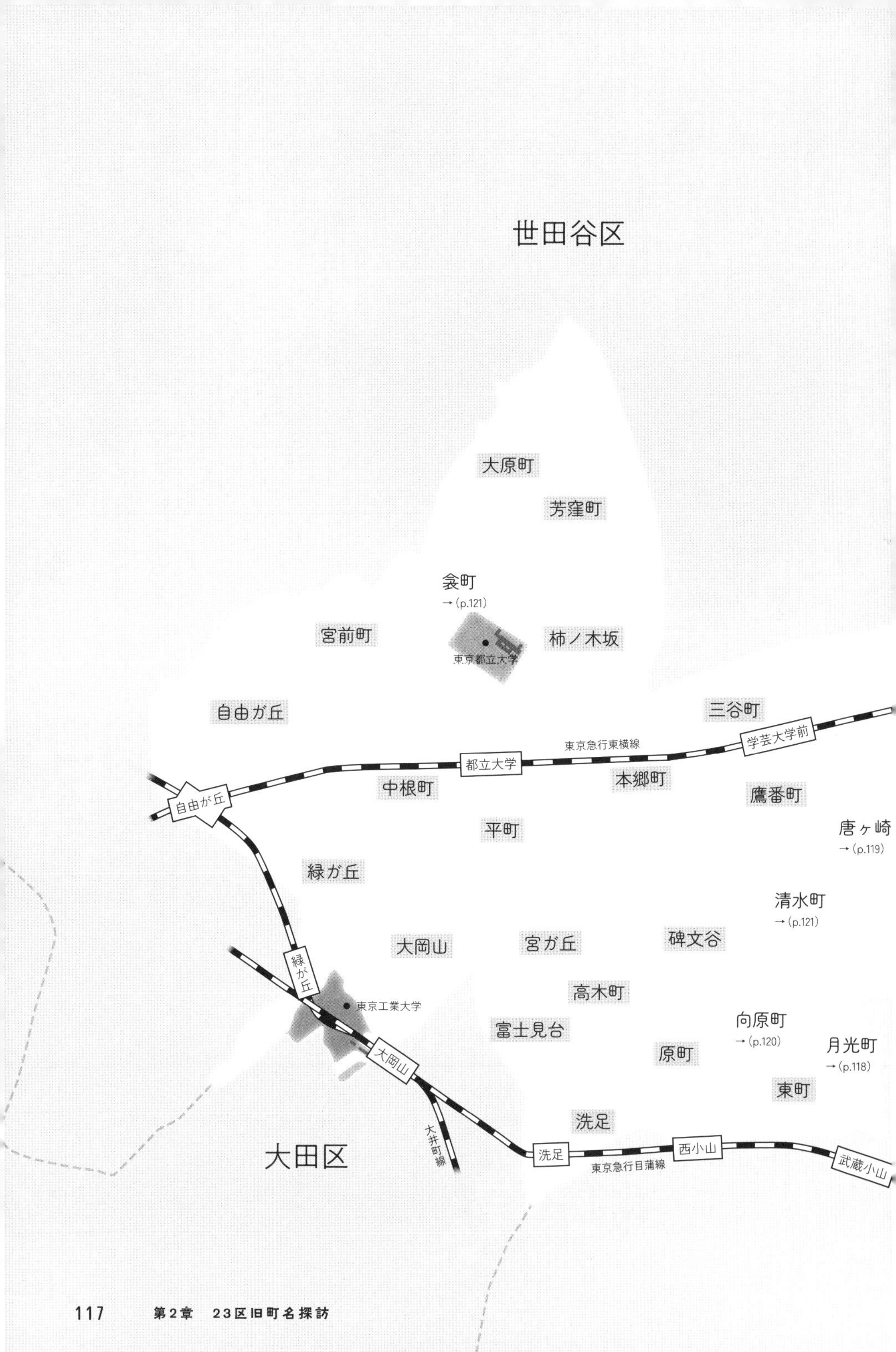
世田谷区
大原町
芳窪町
衾町
→（p.121）
宮前町
柿ノ木坂
東京都立大学
自由が丘
三谷町
東京急行東横線
学芸大学前
都立大学
自由が丘
中根町
本郷町
鷹番町
平町
唐ヶ崎
→（p.119）
緑が丘
清水町
→（p.121）
大岡山
宮が丘
碑文谷
緑が丘
高木町
東京工業大学
向原町
→（p.120）
富士見台
月光町
→（p.118）
大岡山
原町
東町
洗足
大井町線
大田区
洗足
西小山
東京急行目蒲線
武蔵小山

旧町名RANK S+

旧町名

月光町

田畑が月明かりに照らされていたというロマンチック旧町名

書籍の途中ですが、東京には本当に数多の個性的な旧町名が存在していたんですね。このタイミングでそれ言う？　感は否めませんが、月光《げっこう》町の文字面を見て改めて感じました。月光町、いい響きですね。東京の中でおそらくもっとも綺麗な旧町名なのではないでしょうか。その由来ですが、7代将軍家継の生母・月光院が関係する説のほか、田畑が月の光に照らされていたという説もあるようで、なんとも神秘的かつ味わい深いだけに今後は後者の説を推していこうと思います。

ところで、旧町名にとって避けて通れないのが「旧町名復活」というテーマです。たしかに目黒区月光町が復活した世界も見てみたいですが、私は別に旧町名を復活させたいわけではないというのが基本スタンスです。あくまでもなくなった町名を愛でつつ偲んでいるだけなのです。

冒頭で、東京には数多の個性的な町名が存在したと言いました。それらの個性ひとつひとつと、各々が持つ歴史や背景をふくめてただただ愛でるのみです。

月光町と東町・向原町の旧町境を通る平和通り商店街に掲げられていた琺瑯看板。残念ながら現存せず。

月の光に照らされていた「月光原」。その再現を期待する程度に広大なシェア畑が突如現れる。

月光泉。銭湯名に旧町名の面影を感じる他、地域の小学校やバス停には月光原という名が使用される。

旧町名DATA

消滅した年
昭和41年

現行住所
目黒本町3～4丁目

旧町名RANK S

旧町名

駒場町

江戸時代、幕府の御鷹場で駒場野と呼ばれたことに由来

いまの日本があるのは駒場《こまば》町のお陰かも。1867年に駒場野で農民一揆が勃発します。原因は幕府による駒場野調練場の拡張計画ですが、そもそも将軍吉宗時代の鷹場化以来の不満蓄積が遠因のように思えます。一揆の結果幕府は拡張計画を中止、江戸幕府の終わりが見えた事件です。大政奉還の2ヶ月前のお話。

駒場とは馬の牧場。かつての1.6万坪の広大な原野も、いまでは東京大学を始めとする教育研究機関街。

見てよこの穏やかな寝顔。

旧町名DATA

消滅した年
昭和43年

現行住所
駒場1～4丁目、
青葉台4丁目

旧町名RANK S+

旧町名

唐ヶ崎町

かつては北里研究所飼畜部 現在はNTTのビルが建つ

目黒区中央町という住居表示の申し子のような町名があります。目黒区役所があったから中央町なのでしょう。住居表示の寵児のようなのに、「町」が付くし区役所は移転し中央要素はなし。さらに隣町には目黒本町というこちらも住居表示の第一子のような町名も。何が言いたいかというと、唐ヶ崎《からがさき》町っていい町名！

台地の端が突き出ている地形が関係している説が有力も、実は明確な由来が不明という唐ヶ崎町。

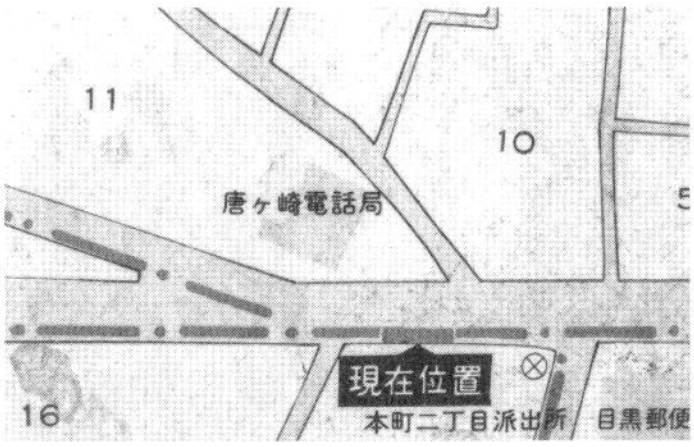

電電公社が昭和41年に設置した唐ヶ崎統制無線中継所。現在はNTT系列企業のビル。名前はいまもは唐ヶ崎。

旧町名DATA

消滅した年
昭和41年

現行住所
中央町1～2丁目

向原町

住宅街、鉄道空白地帯の一角に生息する目黒本町に迫る

先ほどの唐ヶ崎町の記載の中で中央町及び目黒本町に対し著しく住居表示の主旨に欠く表現がございました。中央町及び目黒本町の関係者各位に深くお詫び申し上げます。また、渋谷区東並びに足立区中央本町に対しても後ほどのページにおいて住居表示上懸念のある何らかの発言が想定されることから、あらかじめお詫び申し上げます。ごめんね☆

正直な話、目黒本町という現町名を私は少々見くびっていました。住居表示の実施基準にある町名の決め方によると、丁目の数はおおむね4・5丁目程度に留めることが適当であると示されています。それに対して住居表示の寵児、目黒本町はどうでしょうか。目黒本町の丁目、その数なんと6。いかにも住居表示によって誕生した町名感の強い文字面のため気がつきませんでしたが、制度に対する遺憾を丁目数という形で示していたんですね（すべて著者個人の見解です）。

そんな、目黒本町の雄こと6丁目の旧町名・向原《むかいはら》町のご紹介でした。

東光寺の向かいの原という由来ですが、八雲にある現東光寺から場所遠くね？

住居表示の犬的町名と、住居表示制度に中指立てるかのごとし6丁目のコントラストが最高。

他区にはない目黒区の特徴が、町内の単位「住区」。このように町内会と併設されている。

旧町名DATA

消滅した年
昭和41年

現行住所
目黒本町4～6丁目

旧町名RANK S+

旧町名

清水町

現町名の審議の際には清水の名を残したいという要望も

町内にある清水池公園は都内で唯一釣りができる公園です。釣り堀となっている清水池の周囲にはベンチが設置され、そこに腰掛けた熟練の太公望達が日々ヘラブナ釣りの技を磨き上げています。もちろん無料で楽しめますが、用具の貸し出しはありません。また、夏休み以外の毎週月曜日は釣り休止日なのでご注意を。

旧町名DATA

消滅した年
昭昭和41年

現行住所
目黒本町1～2・4丁目、鷹番１丁目ほか

清水町成立前の小字は東池下、池ノ上町、池ノ上と湿度高め。

清水池は、もとは村の共同水田灌漑用ため池で、当時の小字から別名「池の上の池。」

旧町名RANK S+

旧町名

衾町

民間信仰の神、馬の肥料、地形由来は複数あるが定説はなし

広報めぐろ昭和37年10月15日号の住居表示制度紹介記事。この種の記事では読みにくい町名等の現状を踏まえた制度メリットを、区内の難読町名をさらしつつ説明する傾向にありますが、目黒区はそんなことしません。ゆいいつ「ちょっと問題がある」と例示されたのが「衾町《ふすまちょう》」。たしかにこれは初見で読めないね。

旧町名DATA

消滅した年
昭和39年

現行住所
八雲1～5丁目

衾村・碑衾町時代からの伝統の「ふすま」。区の言う通り「ちょっと問題がある」し、非当用漢字のため八雲に変更。

衾の文字が残る衾町公園には横断歩道と歩行者用歩道が設置され、子供らへの交通ルール啓発に寄与。

大田区

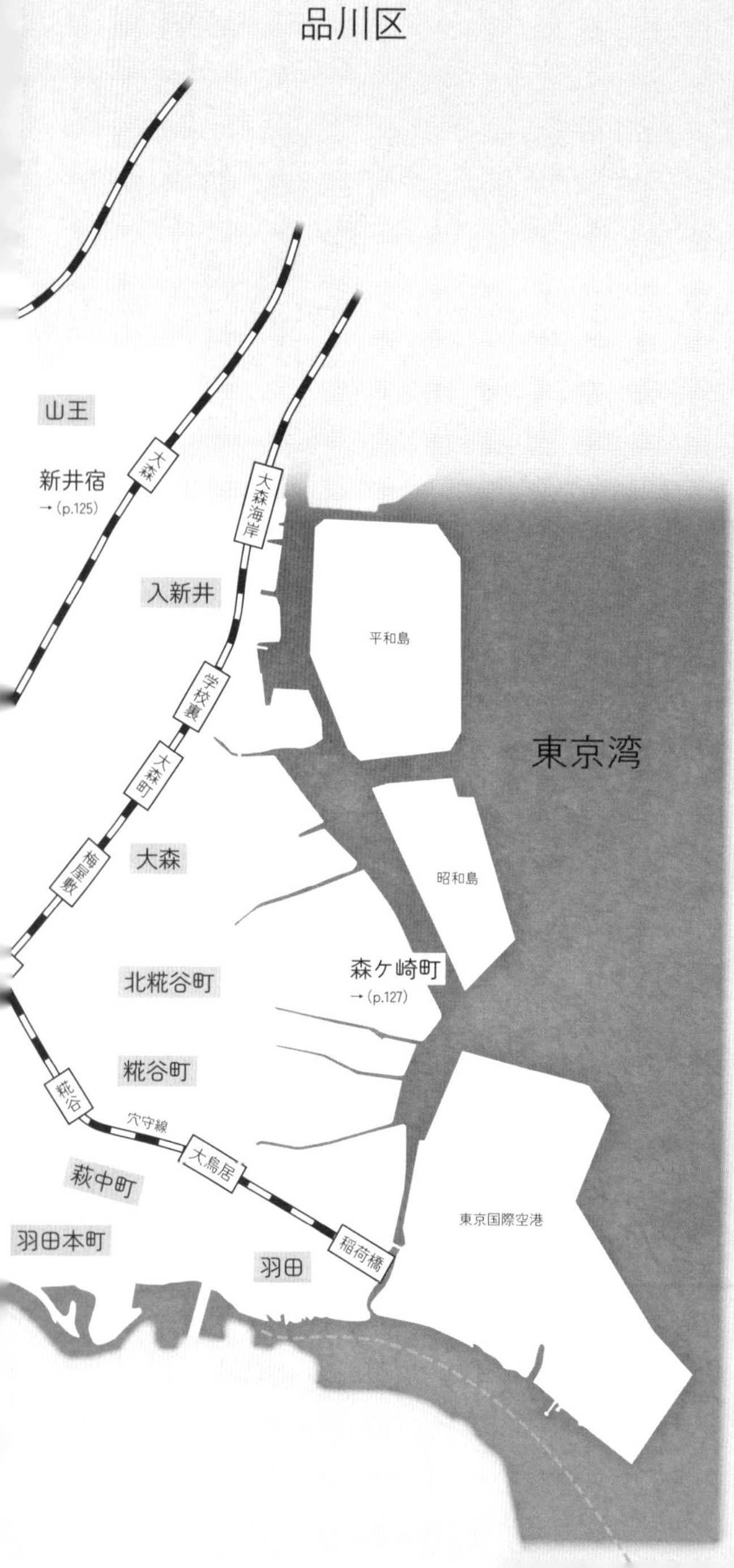

大森區と蒲田區が合併して昭和22年に誕生した合成名称の雄。領土面積は23区最大で、西はハイソ街田園調布、東は町工場街蒲田というリアル地価の西高東低地帯。令和元年、江東区との埋立地における領土争いに敗れる。

目黒区
世田谷区
北千束町
大岡山
北千束
東急
大井町線
南千束町
旗の台
荏原町
石川町
洗足池
長原
池上
洗足町
洗足池
石川台
田園調布
田園調布
上池上町
亀甲山古墳
多摩川園前
雪が谷大塚
調布大塚町
雪ヶ谷町
馬込町西
馬込町東
品鶴線（貨物線）
沼部
御嶽山
道々橋町
調布嶺町
久が原
久ヶ原
梅田町
目蒲線
桐里町
調布鵜木町
鵜の木
池上本町
市野倉町
→(p.127)
池上線
千鳥町
下丸子
堤方町
池上
調布千鳥町
池上徳持町
→(p.125)
女塚
→(p.126)
下丸子町
武蔵新田
多摩川
矢口町
安方町
蓮沼町
蓮沼
蓮沼
本蒲田
今泉町
矢口渡
小林町
蒲田
蒲田
古市町
原町
道塚町
→(p.126)
御園
蒲田
多摩川大橋
古川町
仲蒲田
東蒲田
東海道本線・横須賀線・京浜線
京浜線
新宿町
神奈川県川崎市
西六郷
雑色
町屋町（※）
東六郷
南六郷
六郷土手
六郷川
六郷橋
※昭和12年に消滅

旧町名RANK S+++ 旧町名

大森區、蒲田區

昭和22年に大森區と蒲田區が統合して大田区が誕生しました。由来は「大」森と蒲「田」、両区を併せた合成地名なのあああああああああああ知っとるわ！私が伝えたいのはそんな手垢まみれのエピソードではなく、なぜ合成地名に至ったか。大田区側文献でも「2月25日の新区名提出期限後も結論出ず3月2日深夜に決定」の記述のみ。その数日間の真実を知るためより客観的な視点を求め別区の文献を漁ったところ、

大きい側の品川区が小さい側の荏原區に区名選定を委ね円満統合した品川区。絶対大森區の例参考にしたろ。

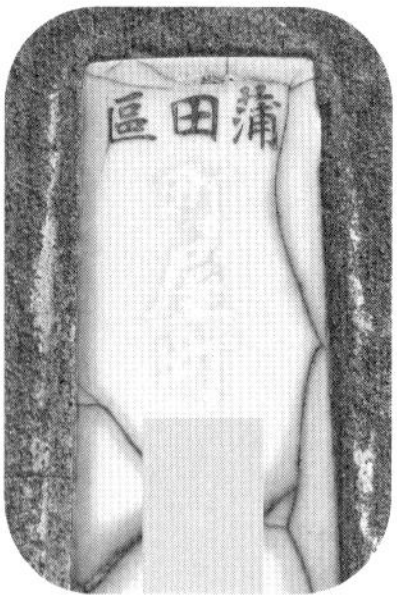

一瞬捨てかけたけど田は残った蒲田區。なおこの町屋町は蒲田區時代のわずか5年間だけ存在していた旧町名。

窮余の一策は「大」森區＋蒲「田」區

品川区の文献でついに真相が解明されました。

長時間の議論を重ねても決せず、蒲田區案の南区や都南区も大森區は相容れないため蒲田區が空気を読み「大森区でもいい」との姿勢になります。ついに決定か、そのとき大森區側委員が「大森區は大きく人口も担税力も優れている。大森區名は当然であろう」とまさかの大失言で蒲田區大憤慨。その後都の課長、さらに都の次長まで中に入り三日三晩議論を重ねた結果が「都次長一任」。ここに仲裁的区名・大田区が誕生しました。これが真相なのです。

殺伐とした大田区に一服の清涼剤、ナウなヤングに人気の田園調布いちごのお家。平成23年閉店。

旧町名DATA

消滅した年
昭和22年

現行住所
大田区

旧町名RANK S++

旧町名

池上徳持町

徳持神社が由来ではなく地名ありきの神社

池上本門寺の池上と徳を持つ組み合わせ。なにこのハッピーセットは。御利益しかない。そういえばこの旧町名を発見したとき、私は池上七福神巡りの途中でした。しかも明治時代この町には日本初の馬券制の競馬場があったというから、取り巻くすべてがありがたい。競馬場は3年で閉鎖された点はさておき。

徳持《とくもち》の由来は正確には解明されていない。附馬牛（ツクモウシ）のアイヌ語読みの転訛説も有り。

馬券制によって経済破綻や不正の横行など公序良俗が乱れに乱れた結果、わずか3年で閉鎖の池上競馬場。

旧町名DATA

消滅した年
昭和43年

現行住所
池上3〜4丁目、千鳥1丁目ほか

旧町名RANK S+++

旧町名

入新井町 新井宿

大森＋蒲田の先駆け 不「入」斗＋「新井」宿

あなたは徳富《とくとみ》蘇峰《そほう》を知っていますか？ もちろん私は知りません。知らないので調べました。戦前に活躍した評論家で歴史家でジャーナリストでオピニオンリーダー。現代で言えば池上彰氏が近いでしょうか。そんな氏が残した多くの功績の代表がこの旧町名。なぜならこの旧町名が残る場所が彼の旧宅だからです。

不入斗《いりやまず》村と新井宿村が合併して誕生した入新井。難読の不入斗がちゃんと変換候補に出ることに驚がく。

品川区との際のような場所にある蘇峰公園が彼の旧宅。重厚な門柱に堂々と残されている旧町名。

旧町名DATA

消滅した年
昭和7年

現行住所
大森北・西・本町、山王・中央

旧町名RANK S+

旧町名

女塚

その名の由来は南北朝時代の伝説にまでさかのぼる

銀座、新宿、上野、錦糸町、王子駅前、女塚《おなづか》。この面子と性別入り珍町名が同列に語られた時代がありました。戦後、区再編準備の諮問会議で都が示した案では各統合区に中心地が指定され、その一例が前述の面子です。すなわち女塚は都認定の大田区の中心地だったのです。王子がそれなら別に蒲田駅でよくね？

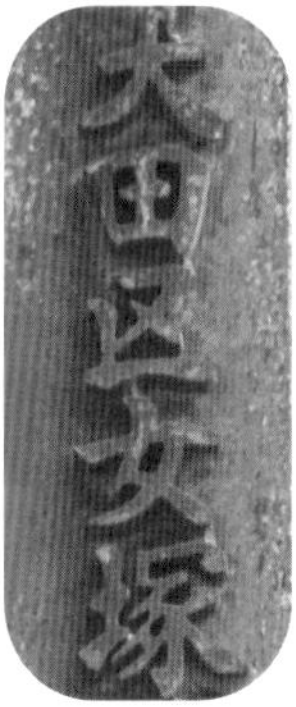

蒲田駅から北西方面に広がっていた女塚。読み方はオナヅカ。ンは飛ばして読んでね。

女塚神社。由来である女塚が祀られている神社は安心の24時間オンライン監視。

旧町名DATA

消滅した年
昭和42年

現行住所
西蒲田1・3～7丁目、池上5丁目

旧町名RANK S+

旧町名

道塚町

風土記に多摩川の果て、鎌倉街道沿いにありとの記述

この道を行けばどうなるものか。迷わず行けよ、行けばわかるさ。猪木にそう促され道塚《みちづか》町に行ってみた結果、２つの鉄道の存在がわかりました。目蒲線道塚駅と発電所への石炭運搬線。いずれも10年で廃止されましたが、後者の道はいまも元気です。元気があればなんでもできる。元気があれば軌道も残せる。

古い文献いわく、小鳥塚の小鳥がコトリ→コット→トッコ→ドッコ→ドーコ→ドー（道）に転化した説。

石炭運搬線跡の公園には軌道の面影や車輪が残されている。奥に見えるタワマンが発電所跡。

旧町名DATA

消滅した年
昭和42年

現行住所
新蒲田2～3丁目

旧町名RANK
S+
旧町名
森ケ崎町
保養地として栄え、田山花袋も浸かった都内最古の温泉も

都内最多の銭湯数をほこる大田区は都内最古の温泉を有した区でもあります。その名も森《もり》ケ《が》崎《さき》。明治10年に田中新造なる豪農が荒地を干拓、明治32年には鉱泉脈が発見されます。鉱泉は皮膚病に効験ありとされ、最盛期には50軒もの旅館が連なりポプラ並木が延びる都内有数の保養地として繁栄するも、戦後は荒地に。

大森の崎という地形からくる呼び方を縮めたのが由来。

森ケ崎町を訪れたのに撮っていたのは鉱泉跡ではなくサークルK。鉱泉のKか。

旧町名DATA
消滅した年
昭和39年
現行住所
大森南4～5丁目

旧町名RANK
S+
旧町名
市野倉町
東京でゆいいつ那須与一ゆかりの太田神社の氏子町

いろいろあって大田区になった件は前述の通りですが、大田区の名はつねに太田区に間違われる業を背負っています。旧市《いち》野《の》倉《くら》町の鎮守・太田神社がその傾向を強めている感が否めません。きっと群馬県太田市も似た境遇なのでしょう。しかも太田市にも（新田）市野倉町が存在。ユーたち姉妹都市になっちゃいなよ。

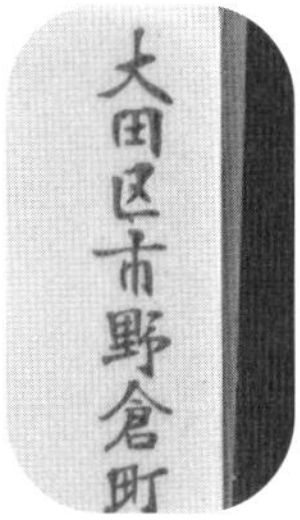

ガチの地元の人に教えてもらった旧町名。由来は物を売り買いする市の座説のほか一ノ木や市ノ地の転訛説も。

那須与一ゆかりの太田神社のほか、平地もあれば高台もある市野倉町の旧町域。この勾配はどうかしてる。

旧町名DATA
消滅した年
昭和42年
現行住所
中央4～7丁目、池上1丁目

世田谷区

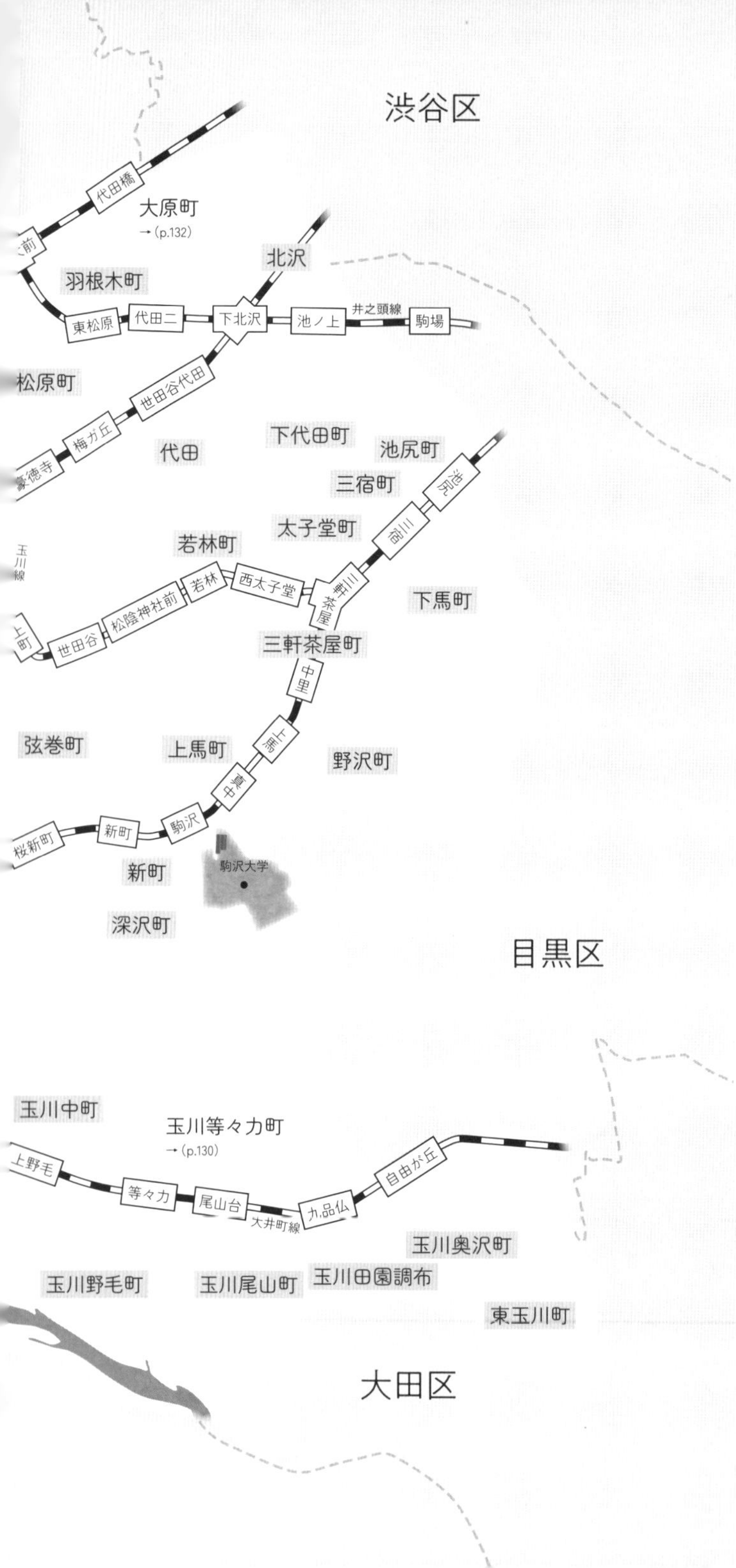

荏原郡世田ヶ谷町など4町村が合併し昭和7年に誕生した縦移動の鉄道不毛地帯。横移動はめっちゃ充実。昭和11年に砧村・千歳村を編入して現在の東京23区の範囲が完成。和歌山県の人口を抜き東京23区で人口第1位。

杉並区
明治大学
三鷹市
烏山町
→（p.133）
京王線
八幡山
上北沢
桜上水
下高井戸
芦花公園
千歳烏山
仙川
松原
給田町
上北沢町
八幡山町
赤堤町
粕谷町
→（p.133）
廻沢町
→（p.132）
船橋町
経堂町
経堂
祖師谷
千歳船橋
北多摩郡
小田急線
東京農業大学
成城学園
世田谷
祖師ヶ谷大蔵
成城町
砧町
成城学園前
玉川用賀町
喜多見
用賀
喜多見町
大蔵町
玉川線
岡本町
瀬田
玉川瀬田町
→（p.131）
玉川
上野毛
→（p.131）
宇奈根町
砧
吉沢
中耕地
二子玉川
鎌田町
玉川町
神奈川県川崎市

旧町名RANK S++

旧町名

玉川等々力町

ゴゴゴゴゴゴゴゴゴ 渓流とどろくとどろき

世田谷区は広い。その面積は東京23区最大の大田区に次ぐ約58㎢で、千代田区の5倍の広さを誇ります。これだけ広いと果たして行政運営が区の細部まで行き届くのでしょうか。実はその心配どおり、区内にはかつて独自の動きを展開する地域が存在しました。それが旧玉川村です。

昭和7年に玉川村・世田ヶ谷町など4町村が合併し世田谷区が誕生しましたが、玉川村のみ交通上の不便を理由に最後まで合併に反対していました。当時はバス便がなく、玉川の住民は旧世田ヶ谷町にある区役所へ行くにも電車で複数回乗換するという不便を強いられました。区内に南北電車が通っていない弊害は、この当時から危惧されていたのです。さらに玉川村では来たる都市化を見越し、村全域の耕地整理が進行中でした。恐らく玉川「市」を見すえていたのでしょう。市がだめならせめて玉川区の独立を求めるも、実現せず。戦後練馬区に触発されて独立をぶり返しますが、結局夢敗れます。幻の玉川区、その名残は等々《とど》力《ろき》駅前に。玉川総合支所とは幻の玉川区役所なのです。

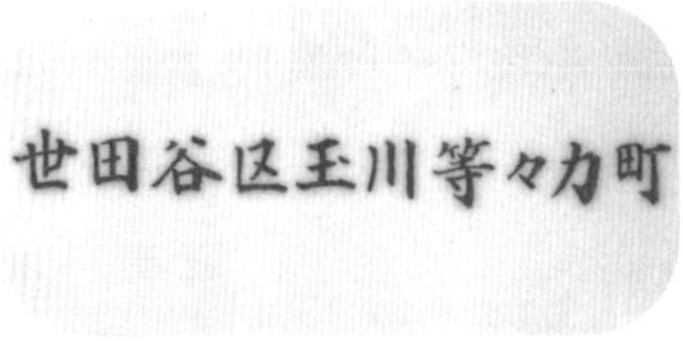

玉川区独立叶わず。せめて自主独立の願望の表示として旧玉川村の町名に「玉川」の冠が付けられたとか。

世田谷区誕生の手打ちとして、玉川地区に区役所の派出所が設置される。現在の玉川総合支所。

反対派の登校拒否や納税拒否などにも屈せず、30年費やし完了した耕地整理。指揮した村長は完了間近に逝去。

旧町名DATA

消滅した年
昭和45年

現行住所
等々力1～8丁目、尾山台3丁目ほか

旧町名RANK S++

旧町名

玉川上野毛町

崖を意味する「ノゲ」下野毛はどこに

上野毛《かみのげ》はあるのに下野毛《しものげ》はない。上野毛の隣の町名は下野毛ではなく野毛、野毛プレーンです。野毛はもともと下野毛村なので下野毛はどこかにあるはずと信じて下野毛を探しに探し、気がつけばそこは川崎市。いつの間にか多摩川を渡っていたとは。県境を越えてしまったので戻ろうとしたら、なんと「下野毛」が！

野毛は崖を意味する語。上下が付くと「毛」の文字が際立つよね。自然豊かな黒々、いや青々とした街。

それまで下野毛村だった一帯が、明治45年の府県境界変更で字「三谷」のみ神奈川県となりいまに至る。

旧町名DATA

消滅した年
昭和46年

現行住所
野毛3丁目、上野毛1〜4丁目ほか

旧町名RANK S++

旧町名

玉川瀬田町

瀬田の谷地＝世田谷 つまり、世田谷の中の世田谷

区によると、瀬田とは山間の狭い谷地「瀬戸」が訛ったものとされています。相当広い区域をふくめて瀬戸だったとか。相当広いと言われると具体的な範囲が気になるのが人間です。その広さを信じて瀬田の端を探しに探し、気がつけばまたも川崎市。県境を越えてしまったので戻ろうとしたら、なんと「瀬田」が！

瀬田の谷地で世田谷。瀬田とは世田谷の元ネタなのです。そういえば読み方が同じだ。

府県境界変更で東京と神奈川に分かれた世田。ところが川崎の電柱標は「世田」。川崎は東京だった!?

旧町名DATA

消滅した年
昭和46年

現行住所
上野毛3〜4丁目、瀬田1〜5丁目ほか

旧町名RANK S

旧町名

大原町

まもなく解体・建替えされる歴史的建造物のある町

古代ローマ・コロッセオのような重厚な建造物を見かけました。６８１年に禁止された闘技会を世田谷区が継承するはずもなく、戦前からの給水所です。世田谷区なのに杉並区の旧町「和田堀」を名乗る不穏さはさておき都心部への重要な給水機能を担います。ただし、大原に水道が引かれたのは昭和50年。恩恵なし。

旧町名DATA

消滅した年
昭和39年

現行住所
大原1～2丁目、羽根木1～2丁目

文字通り大きな原が由来。この東京市時代の旧町名当時はおそらく「中」原くらいのころかな。

和田堀給水所一号配水池。和田堀町に設置予定も、標高50mのこの地なら丸ビルまで水が引けることがわかり、名前そのまま大原に設置。

旧町名RANK S+

旧町名

廻沢町

グルグルグルグルグルグル川や沢がいくつも廻る

世田谷区の現町名は、旧町名から語尾の「町」を取っただけ、もしくはなんらかの旧町名の面影を残すなど、町名変更の穏やかさが窺える。そんな中、町を取るどころか面影も一切なく完全に消滅した旧町名です。現町名は千歳台、世田谷区誕生から遅れて編入した千歳村の「千歳」復活は地味に快挙では。台は知らん。

旧町名DATA

消滅した年
昭和45年

現行住所
千歳台1～6丁目、粕谷1・3丁目ほか

村の四方に川沢《せんたく》が廻っていたことが由来。消滅理由は単純に廻が読みにくいからか。

昭和２年小田急線開通まで、戸数が江戸末期と変わらない未開の農村だったとか。いまも環8横に畑が見える。

旧町名RANK S

旧町名

烏山町

トリヤマではなくカラスヤマ 三鷹市には飛び地も

旧町名界のドラゴンレーダーこと東京時層地図上では世田谷区そして東京23区の西端の烏山《からすやま》。本来西端の給田は表示エリア外のため、実質存在しません。烏山といえば謎の卍群が有名で、町の北側には26の寺院が密集する一角が存在します。しかし、この寺町も時層地図表示エリア外ですので、実質存在しません。

旧町名DATA

消滅した年
昭和45年

現行住所
北烏山1～9丁目ほか

カラスが群棲していた鬱蒼とした大森林だったことが由来で烏山という説あり。

寺町案内看板。マジ卍の正体は関東大震災以降の寺院集団移転地。

旧町名RANK S

旧町名

粕谷町

武士の苗字由来で酒粕やお酒由来ではない

最寄りの芦花公園駅から微妙に離れ、大田区糀谷《こうじや》と微妙に被り、町内に謎のもずく直売所がある町・粕谷《かすや》。そして実は、明治大正期の文豪をして「日本で粕谷程好《よ》い処はない」と言わしめた町・粕谷。文豪の名は徳冨蘆花《ろか》。「芦花」公園のネタ元です。なお、彼の兄が本書のどこかに登場しているので探してみよう。

旧町名DATA

消滅した年
昭和45年

現行住所
粕谷1～4丁目ほか

大田区糀谷と似たジャンルかと思いきや、鎌倉時代末期の武士「糟谷三郎兼時」由来。酒粕は無関係のよう。

蘆花はこの地で「美的百姓」と称する半農半筆生活を送った。その思想を受け継ぐ「美的もずく」

コラム 4

超絶レア！ 東京から消えた自治体としての旧「町」名

府と郡、そして数多の町村が合併・消滅を繰り返した果てに現在の東京23区があります。中には僅か数年間のみ存在の貴重な町も。ここでは現存しない自治体としての旧「町」名をご紹介します。

東京府南足立郡江北村大字鹿濱

東京府
明治元年から昭和18年まで75年間存在。現東京都。
南足立郡江北村
明治22年から昭和7年まで43年間存在。現足立区。

大井町濱川

荏原郡大井町
明治41年から昭和7年までの24年間存在。品川町、大崎町と合併し現品川区。町名としての大井町は存在しない。

東京府荏原郡世田谷村経堂在家

荏原郡世田谷村
明治22年から大正12年まで34年間存在。世田谷町を経て現世田谷区。

駒澤町上馬

荏原郡駒澤町
大正14年から昭和7年の7年間のみ存在。現世田谷区。

東京府荏原郡 目黒町上目黒

荏原郡目黒町
大正11年から昭和7年までの10年間存在。碑衾町と合併し現目黒区。

東京府荏原郡 矢口町上根岸

荏原郡矢口町
昭和3年から昭和7年のわずか4年間のみ存在。昭和7年に蒲田區となり現大田区。

豊多摩郡 高井戸町字大宮前

豊多摩郡高井戸町
昭和元年から昭和7年の6年間のみ存在。杉並町・和田堀町・井荻町と合併し現杉並区。

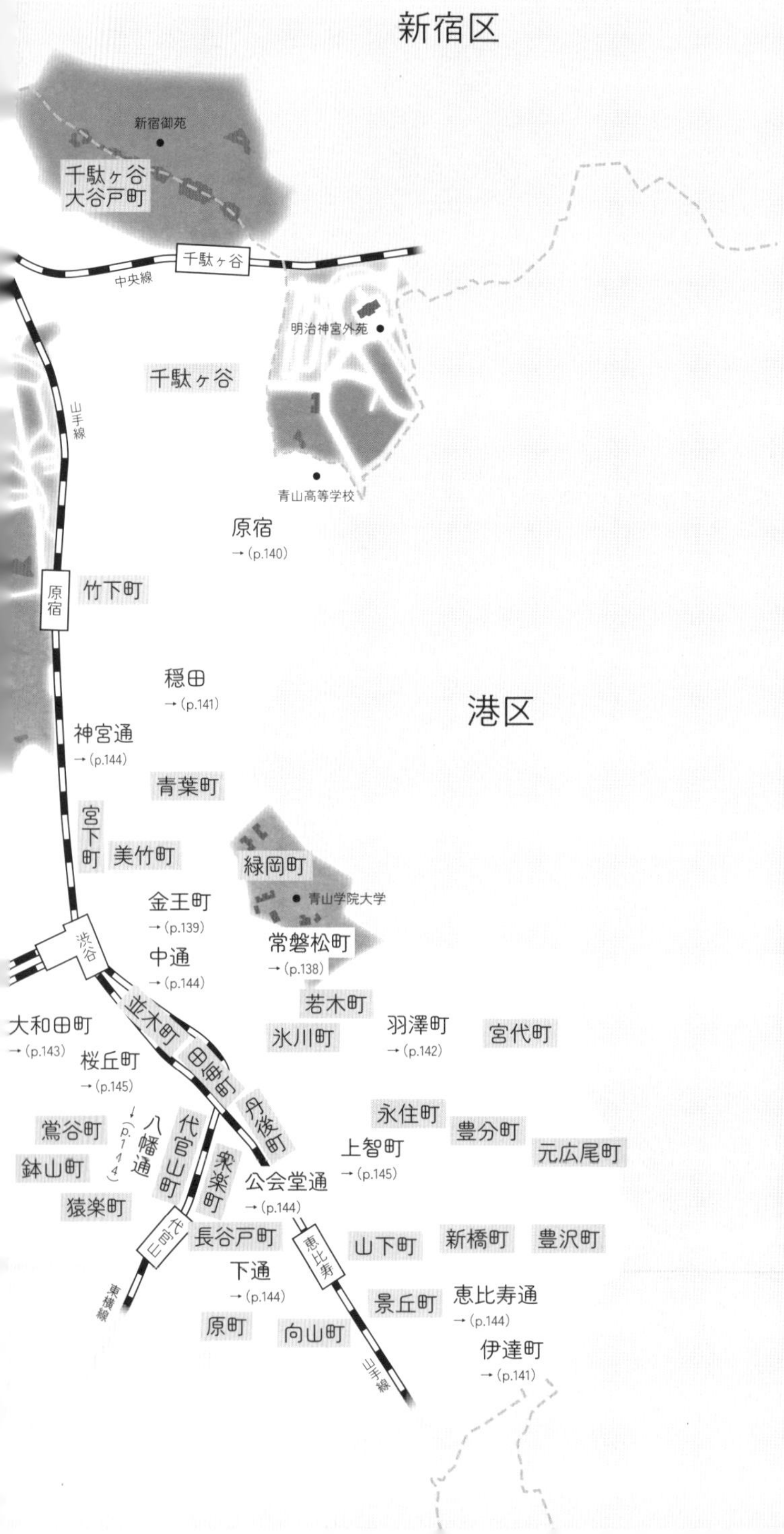

渋谷区

豊多摩郡渋谷町・千駄ヶ谷町・代々幡町の3町が合併し昭和7年に誕生したDJポリス発祥の地。あれはMCポリスではという疑問も呑み込む大再開発中。住居表示に先行して町名整理したことで有名。名誉区民は井上順。

中野区
千駄ヶ谷
南新宿
代々木
千駄ヶ谷
幡ヶ谷本町
代々木新町
代々木山谷町
初台
参宮橋
明治神宮内苑
代々木外輪町
幡ヶ谷中町
代々木初台町
幡ヶ谷原町
幡ヶ谷
京王線
幡ヶ谷笹塚町
代々木本町
八幡神社
代々木深町
神園町
代々木西原町
笹塚
代々木上原
代々木八幡
ワシントンハイツ
代々木大山町
神南町
小田急線
代々幡町
代々木富ヶ谷町
→(p.050)
代々木上原町
北谷町
→(p.139)
神山町
大向通
→(p.144)
宇田川町
松濤町
大山町
円山町
上通
→(p.144)
栄通
→(p.144)
井の頭線
駒場東大前
神泉
上通
神泉町
南平台町
玉川線
世田谷区
目黒区

旧町名RANK

S+

旧町名

常磐松町

お皿ではなく石 なぜなら皿は割れてしまうからね

旧町名DATA

消滅した年

昭和41年

現行住所

東1・4丁目、渋谷4丁目ほか

源義経の母・常盤御前《ときわごぜん》が植えたという説もある古松が町名の由来です。肝心の松は空襲で消失し、現在は常盤松の碑と常磐松町の由来掲示板とともにちょっとした松が植えられています。

さて、ここで注目すべきは2つのトキワ松が存在している点です。常「盤」松と常「磐」松、いずれかが誤植というわけではありません。もともとの町名は渋谷町大字下渋谷字常「盤」松で、大正14年に町内で小学校が創設される際、校長が「盤」の字の皿は割れるので縁起が悪いからと「磐」を使ったと言われています。町名自体もそれに合わせて昭和3年に渋谷町常磐松、昭和7年より渋谷区常磐松町となりました。

昭和41年に消滅し、現在は東というちょっとどうかしている町名の常磐松ですが、その縁起のよさから町内のビル名やマンション名に用いられています。ただちょっと待って。トキワ松の縁起のよさを正しく享受するためには「磐」でなければなりません。あなたのそのトキワ松、「磐」になっていませんか？

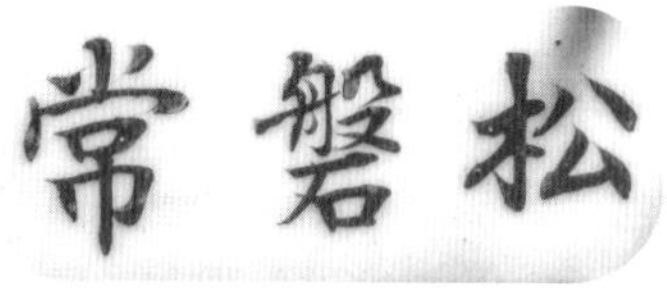

目を皿にして血眼になって町内のトキワ松を見回った結果、常盤松の碑付近の建物と電柱標が「盤」だった。

常「磐」松発祥の地・常磐松小学校はもちろんのこと、公園名も当然のように常「磐」松公園。

あっ……

旧町名RANK S+

旧町名

金王町

ピカピカです 金王丸に金王八幡宮に馬券場

ヒカリエや渋谷警察署、金王八幡宮がある一帯の旧町名です。とにかく目を引くのが金王町《こんのう》という町名の凄さ。金の王とただでさえ文字面強めなのに、あとひとつ点を付けたら大変なことになりますよね、金主町って。ちなみに金主とは出資者や金持ちの意味ですが、町内に場外馬券場があるのはたまたまですよね。

「金王」八幡宮が由来。金王とは源義朝に仕えた渋谷金王丸。

奥がWINS渋谷。金主を夢見る者の聖地で、設計は故・黒川紀章。手前は、いまはなき謎の建物で設計は知らん。

旧町名DATA

消滅した年
昭和41年

現行住所
渋谷2～3丁目

旧町名RANK S+

旧町名

北谷町

名を冠した北谷稲荷神社は都会的なスタイリッシュさ

何でだろう。どの繁華街にも言えますが、都会のど真ん中にもかかわらず、明らかに時代に取り残された建物が必ずありませんか。赤坂のTBS入口付近のあれとか、六本木のミッドタウン近くのあれとか。渋谷でその類の代表格として挙げられるのが北谷町《きたや》の旧町名が残っていたこちら。すでに建物は解体済みです。

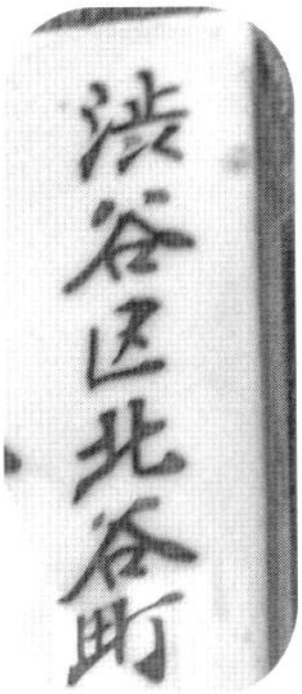

名前通り渋谷駅の北の果てにある谷地の一角。若者でひしめく渋谷のパワーで、果て感がない。

所有者不明で放置か、新築当時からこういうデザインなのか。事情はさまざま。

旧町名DATA

消滅した年
昭和44年

現行住所
神南1丁目

旧町名RANK S+

旧町名

原宿

江戸時代は原宿村 隣の穏田ともめて神宮前という町名に

みなさんが当たり前のように使っている原宿、実は旧町名です。原宿は昭和40年に消滅し、現在の町名は神宮前。つまりおばあちゃんの原宿・巣鴨は、正確にはおばあちゃんの神宮前・巣鴨ですし、原宿の母を名乗る彼女も神宮前の母なのです。

このように消滅してもなお存在感を示す原宿。あくまで駅名であり語尾に町も付かず、非当用漢字でもないため町名存続でもよかったはずですが、隣の穏田《おんでん》とどちらの町名を存続するかで揉めた結果、明治神宮由来の神宮前で決着したようです。ところが、それでも原宿を存続させたい地域住民は、原宿消滅の2年後の昭和42年、区議会に対し原宿存続の変更請求を提出します。なお変更請求の対象となる町名は、神宮前ではなくなぜか千駄ヶ谷。完全にとばっちりの千駄ヶ谷かと思いきや、昭和33年の地番整理の際に原宿の一部が千駄ヶ谷2丁目に編入されていました。原宿を主張する権利はあったのですね。変更が実現して千駄ヶ谷駅の住所が原宿という世界を見たかった。

いま原宿にいる若者達がおばあちゃんになったら、行くのは巣鴨か原宿か。

原宿発祥の地の碑。鎌倉街道の宿駅で、江戸期はこの付近は青山原宿町という町屋だったとか。

原宿と呼ばれている場所は穏田で、裏原宿と呼ばれている場所が本来の原宿とだけ覚えて帰るべし。

旧町名DATA

消滅した年
昭和40年

現行住所
神宮前1～4丁目、千駄ヶ谷2～3丁目

旧町名RANK

S+

旧町名

穏田

原宿は「富嶽三十六景」の「隠田の水車」に描かれた農村

日露戦争の英雄大山巌《おおやまいわお》と東郷平八郎。「陸の大山・海の東郷」と称される両雄の名残が原宿界隈に見られます。東郷氏は東郷神社が有名ですが、大山氏の旧邸宅が存在したことは意外と知られていません。各所の旧町名は東郷神社が原宿で大山邸が穏田。新町名で揉めた両町名の関係性が、陸軍と海軍に見えてなりません。

旧町名DATA

消滅した年

昭和44年

現行住所

神宮前1・4～6丁目、渋谷1丁目ほか

解体された旧原宿駅舎。原宿駅の所在地の旧町名は原宿ではなく穏田。

由来は上杉家家臣・恩田氏の隠棲地か、北条家家臣・恩田氏の居住地である説。

旧町名RANK

S+

旧町名

伊達町

昔は宇和島藩伊達家の屋敷 いまは恵比寿ガーデンプレイス

旧町名が見つかると嬉しい。その嬉しさの値を１０とします。ではその旧町名が琺瑯製だったら。嬉しさの値は１２９、血圧で表すとギリ正常値ですね。さらにその琺瑯の旧町名が町名看板だったら。嬉しさの値は10万、石高で表すと宇和島藩伊達家レベルですね。その伊達《だて》町。

旧町名DATA

消滅した年

昭和41年

現行住所

恵比寿3丁目

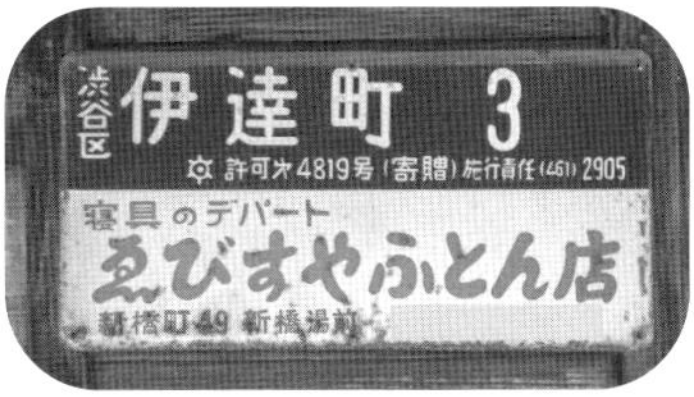

宇和島藩伊達家下屋敷があった場所が伊達跡＆伊達前時代を経て伊達町に。

嬉しさの値10万石を叩き出した伝説の旧町名。いつの間にか建物ごと消滅。

旧町名RANK S+

旧町名

羽澤町

頼朝の飼っていた鶴が卵を産み羽ばたいた伝説が由来

羽澤《はねざわ》町にはかつて羽澤ガーデンという名の料亭が存在していました。もともとは大正4年に建てられた中村是公東京市長の邸宅で、旧邸宅説明板では、3千坪の緑林に豪壮な近代和風建築と日本庭園が絶妙に調和する「緑の小宇宙」と形容されています。羽澤ガーデンとなったのは戦後で、平成17年まで営業していました。

その後、三菱地所が羽澤ガーデンを解体し、マンション建設を行う計画が立ち上がると、地域住民や文化著名人が反対運動を行い、その建物や景観の価値が法廷で争われます。結局建物は解体されましたが、建物の一部や庭、自然などの景観が保存される結果となり、都会の再開発の新たな可能性を示す形での和解となりました。旧羽澤ガーデンの敷地は、緑の保全のため一般開放はされていませんが、羽澤緑地という形でいまも保全されています。

渋谷駅東側は源氏由来が多め。羽澤町も、源頼朝の飼鶴が巣を作り、雛が羽化したのが由来。

静寂に包まれた不気味な門。撮っている被写体が羽澤ガーデンであることも知らぬ平成19年の春。

鬱蒼とした放置山林。撮っている被写体が羽澤ガーデンであることも知らぬ平成21年の冬。

……書いている途中で気がつきました。平成19年と21年ごろにこの地域で撮っていた不穏な山林の写真。

羽澤ガーデンってまさかあれか！

旧町名DATA

消滅した年
昭和41年

現行住所
広尾2〜4丁目

旧町名RANK S+

旧町名

大和田町

渋谷マークシティ、東急施設と飲食店の繁華街に奇跡の生存

渋谷駅西側の町名は住居表示実施後もそのままですが、ゆいいつ消滅しているのがこの大和田町です。見所は京王井の頭線横の急坂。その斜度を見るたびに、渋谷が文字通り谷であることを思い知らされます。活発な再開発で街や地形が変化するなか、この坂だけは渋谷が渋谷であるために在りつづけなきゃならない。

旧町名DATA

消滅した年
昭和45年

現行住所
道玄坂1～2丁目、桜丘町ほか

北条氏に滅ぼされた和田氏の一族・大和田太郎道玄の「大和田」。道玄坂の「道玄」も実はこの人由来。

この谷感。どれだけ開発が進んでも、渋谷は渋谷。谷なのだ。

旧町名RANK S+++

旧町名

代々幡町 代々木富ヶ谷

留貝が縁起をかついで変化した富ヶ谷は、ハチ公が暮らした街

大田区は大森區と蒲田區が合併して誕生した合成名称であることはあまりに有名ですし、その経緯は大田区のページをご覧くださいですが、彼らから遡ること58年前に、2村合併による合成名称の先駆けが存在しました。「代々木」と「幡ヶ谷」で「代々幡」です。村間の力関係から名称順は代々幡か幡代かで揉めたとか。

旧町名DATA

消滅した年
昭和38年

現行住所
代々木5丁目、富ヶ谷1～2丁目ほか

貴重な代々幡町時代の旧町名が、マンションの一角に保存されている。

幡代小学校。村名は代々木村が先で、小学校名は幡ヶ谷村が先。ただし小学校名の成立は代々幡村誕生よりも昔。

旧町名RANK S++

旧町名

通シリーズ

大きな通り沿いに町域を形成した9つの「通」

旧町名DATA

消滅した年
昭和44年（神宮通）
昭和40年（恵比寿通）

現行住所
神宮前6丁目ほか
（神宮通）
恵比寿1～4丁目
（恵比寿通）

本書で恐らく法律の条文中より登場しているであろう「住居表示」。その方式は「街区方式」と「道路方式」の2種類が存在します。多くの自治体で採用しているのは街区方式で、道路方式は山形県東根市など数える程度ですが、東京23区では住居表示の実施前に道路方式的な運用が渋谷区と中野区で行われていました。それが「○○通」という形で存在した旧町名、通シリーズです。

渋谷区の通シリーズは、北から神宮通、大向《おおむかい》通、栄町通、上《かみ》通、八幡通、中通、公会堂通、下《しも》通、恵比寿通の9つで、平成26年時点で現存は4＋1。名前の通り、大通り沿いに細長く分布していた旧町名であり、かつ開発著しい渋谷区という悪条件下でよく残っている方でした。令和4年6月時点で現存は2＋1です。

なお＋1とは、旧町域外の場所での発見を意味します。そのアウトロー旧町名は恵比寿通、なんと小金井市の江戸東京たてもの園内に移設された建物に残っていました。

旧町名になってもなお、飛び地的に存在を証明しつづけているようです。

恵比寿通りに沿って存在した旧町名、その名も「恵比寿通」。小金井市の江戸東京たてもの園に現存。

八幡通りに沿って存在した旧町名、その名も「八幡通」。代官山の駐車場に現存。

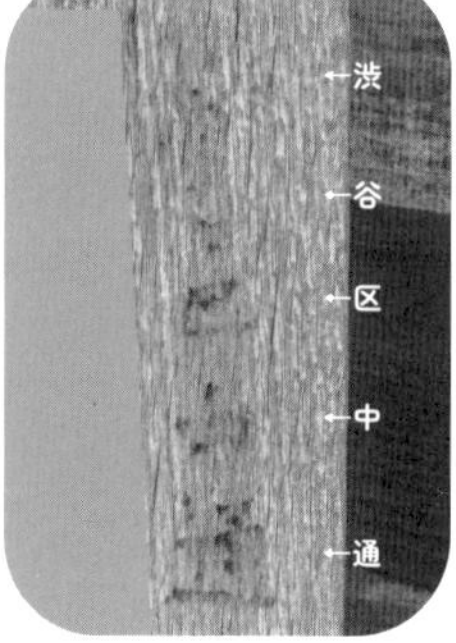

明治通りに沿って存在した旧町名、その名も「中通」。福島的な名前だが「浜通」「会津」はなし。現存もせず。

旧町名RANK S+

旧町名

上智町

幕府が領地を取り上げることをいい、大学は無関係

渋谷区東という町名に取って代わられたエリアには常磐松町以外にも個性豊かな町名が存在しました。氷川神社が所在する氷川町、都営バスの営業所が所在する田毎町、国学院大学が所在する若木町、そして上智大学は所在しない上智町。「あげち」と読みます。上智大学は一貫して千代田区紀尾井町のため無関係です。

旧町名DATA

消滅した年
昭和41年

現行住所
東3丁目、広尾1丁目の各一部

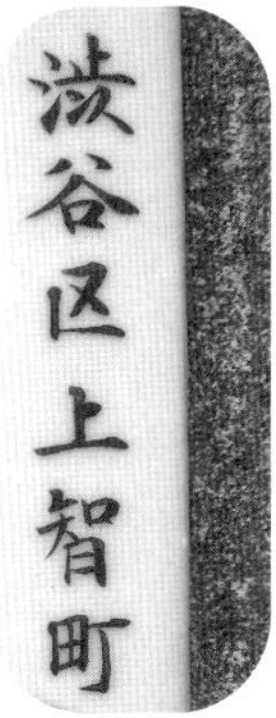

幕府が領地を取り上げることを上がり知（上げ知）といい、上げ知の結果御料地になった場所なので上智。

上智大学はないが、登録有形文化財の広尾小学校がある。震災復興事業で昭和7年の建築。

旧町名RANK B

旧町名

桜丘町

旧町名ではないので町名は残るが街は消えた

町名自体は変わっていません。町名を司る町そのものがなくなりました。正確に言うと令和4年現在絶賛再開発中のエリアです。場所は渋谷駅の南西側一帯。ジュネス順心、高野商店やイケベ楽器など有名スポットが数多く存在しましたが、令和元年よりこれらが所在する全域が解体され、いまではまったく面影なし。

旧町名DATA

消滅した年
—

現行住所
桜丘町

旧町名ではないが、かつて存在した町を記録するために取り上げることに。

大規模解体工事が始まる直前の平成30年12月の桜丘町。

コラム5

あなたの知らないデンリヨクの世界

デンリヨク、それはどら焼き型のアイツ。

デンリヨク、それは不安定なカタカナ。

旧町名をさがしていると、カタカナ旧町名の楕円形プレートを時おり見かけることがあります。

東京電力のロゴが表示されていることから、私はこの物体を「デンリヨク」と呼んでいます。

デンリ「ョ」クではありません。

デンリ「ヨ」クです。

旧町名が見つからなくてもデンリヨクが残っていることは珍しくなく、大変重宝する存在です。

ここではそんなデンリヨクの謎に迫ります。

製造元表示欄＝東京電力
旧町名（カタカナ表記）
東京電力の管理番号
産地表示欄＝旧町名を管轄する支社名（全11種）

デンリヨクの特徴

どら焼きで例えると上皮・餡・下皮の3部構成です。上皮は製造元表示欄。東京電力です。餡には旧町名がカタカナで刻まれています。漢字ではないのは当時の製版技術上の限界でしょうか。さらに謎の数字も添えられていますが、これは地番ではなく管理番号のようです。下皮は産地表示欄。当該旧町名を管轄する支社名で、銀座、新宿、大塚、池袋、江東、金杉、小山、大田、阿佐ヶ谷、千住、江戸川の11種類存在します。いや漢字入れられるんかい。

デンリヨク鑑賞ポイント

餡に刻まれているカタカナにはある一定の法則があります。この法則を踏まえてデンリヨクを観察すると一層味わい深さを感じられることでしょう。

これらのデンリヨクの鑑賞ポイントを基に、日々のデンリヨクライフを楽しんでください。

ポイント1

クラフトカタカナ

まるで1点1点丹精を込めて手作りしたかのように、カタカナ文字のサイズ感がとにかく不安定です。作成したデンリヨク職人毎のブレでしょうか。「ン」が「ソ」、「ワ」が「7」に見えるのはいいとして、大文字の「ヨ」と小文字の「ョ」のサイズ感が均一なのです。なんなら体調の悪い日に見ると小文字の方が大きいかも。

ヨシチヨ（中央区日本橋芳町）

ポイント2

文字数制限の美学

文字数は2文字以上5文字以内。これは全デンリヨク共通ルールのようです。例えば文京区の旧町名「湯島切通坂町」。カタカナにすると「ユシマキリドオシサカマチ」の12文字。このように、旧町名はとかく文字数が多くなりがちのためデンリヨクに文字を収めるためには文字を調整しなければなりません。この課題を解決するために編み出された技法こそが「省略」です。上記旧町名も省略を駆使することで「キリザカ」としてデンリヨクに収めることに成功しました。2文字以上5文字以内という短歌よりも川柳よりも過酷な制約の中で、いかに旧町名感を損ねず文字数を収めるか、この省略はデンリヨク職人一人一人が己のセンスと情熱を注いだ努力の結晶といえます。

キリザカ（文京区湯島切通坂町）

中野区

豊多摩郡中野町と野方町が合併して昭和7年に誕生した中央線教団。都会すぎず住宅地すぎないちょうどよさが今日も夢追い人を引き寄せている。中央線南側には個性的な町名が数多く存在した。姉妹都市は福島県田村市。

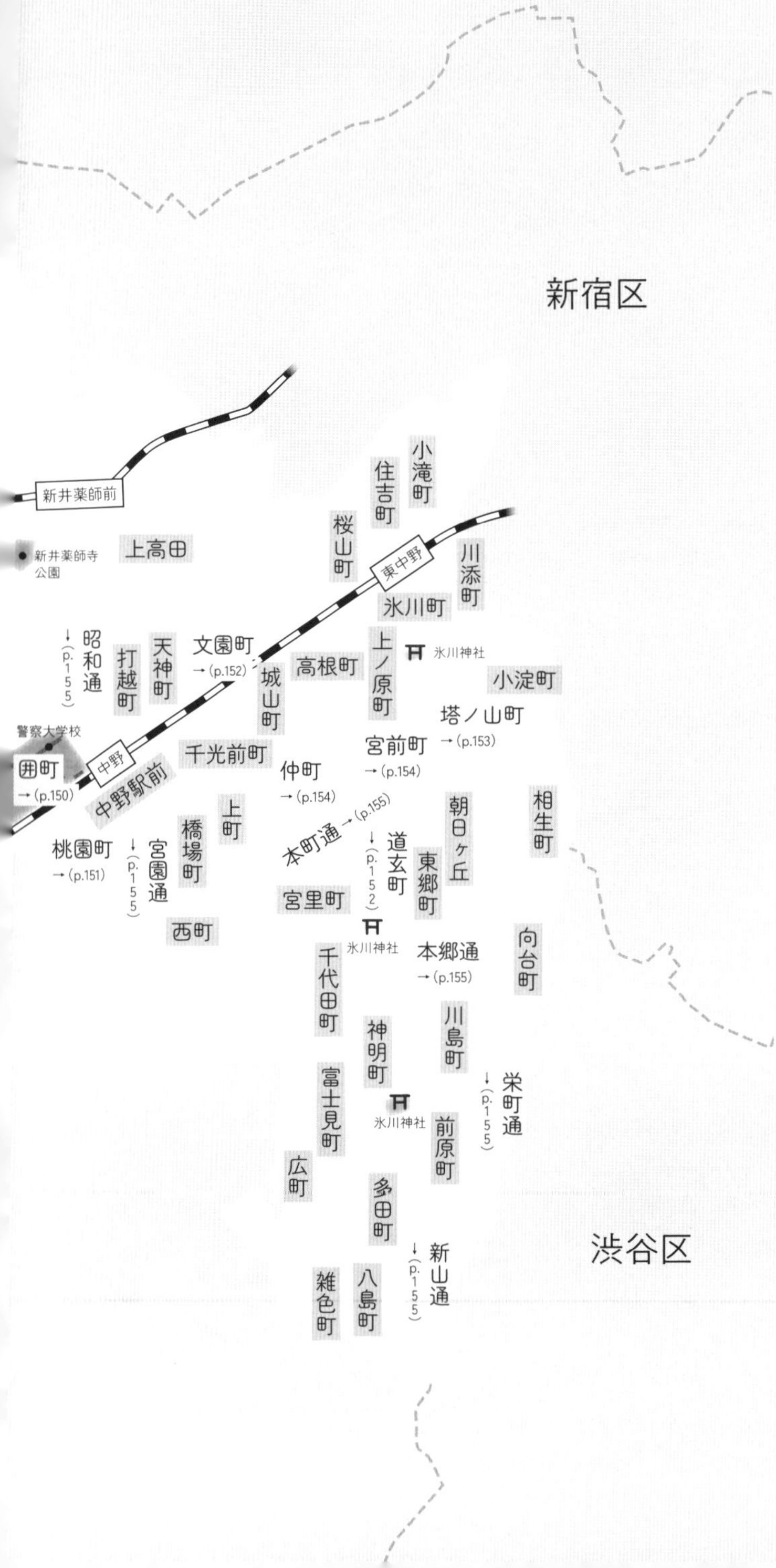

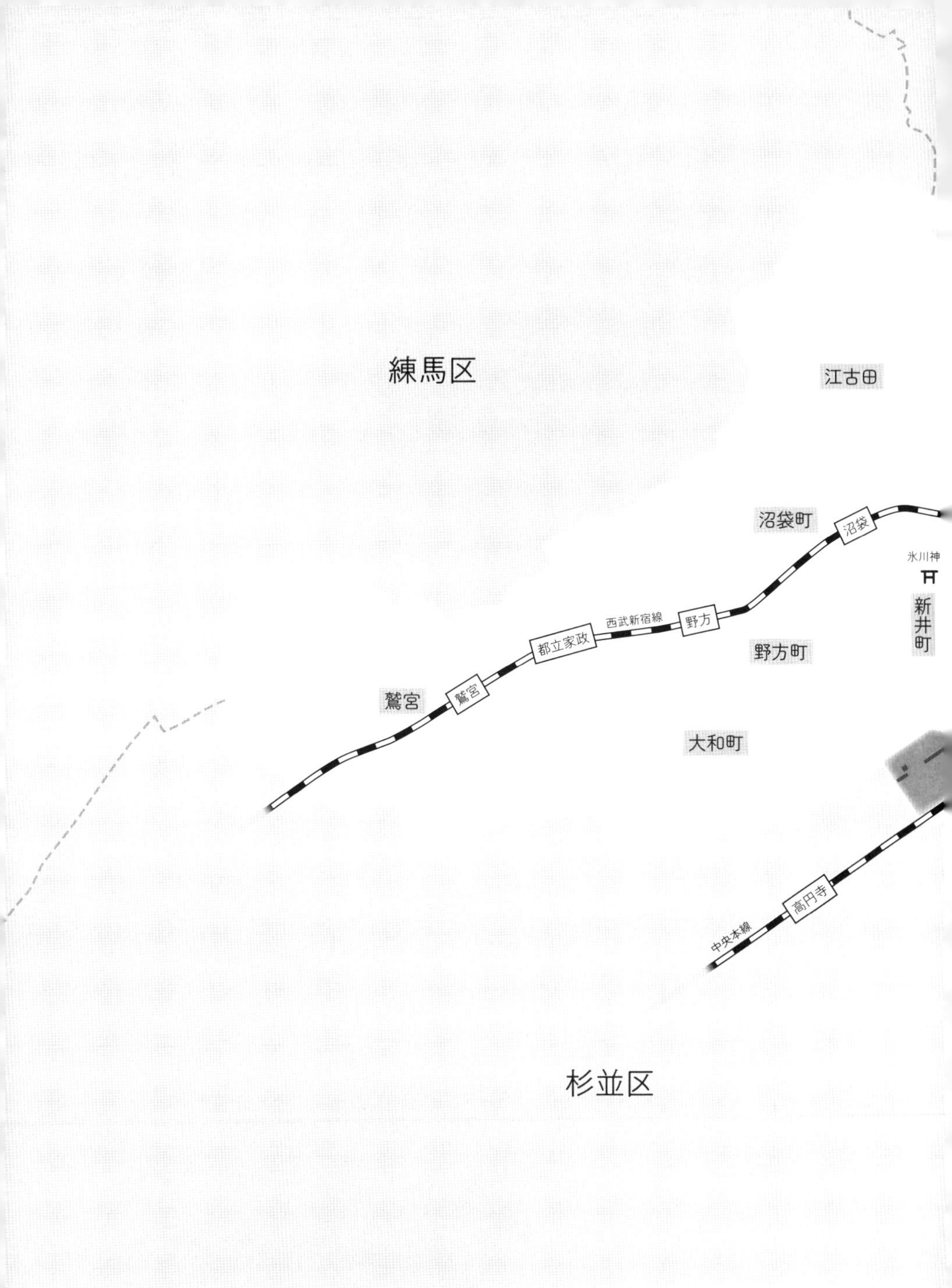
練馬区
江古田
沼袋町
沼袋
氷川神
新井町
西武新宿線
野方
都立家政
野方町
鷺宮
鷺宮
大和町
中央本線
高円寺
杉並区

旧町名

囲町

生類憐みの令のあの御犬様のあの「御囲」

歴史の授業で天下の悪法と教わったはずの5代将軍綱吉による生類憐みの令も、近年は再評価のフェーズに入っているようです。御犬様の側面だけがクローズアップされがちですが、動物のみならず捨て子や高齢者など憐れむべき対象の保護を目的とした諸法令の総称が生類憐みの令であり、現代まで脈々と受け継がれる社会福祉制度の走りとも言えるかもしれません。

　とはいえ、生類憐みの令といえばやはり御犬様です。現在の中野駅の南北には江戸市中の野犬を保護し収容する犬小屋「御囲《おかこい》」が5箇所設置され、最盛期には約10万匹の御犬様がお住まいあそばされていたそうです（諸説あり）。御囲廃止後も名残を伝えるものとして、旧二〜四の囲の地域の字やその後の町名に「囲」が用いられ、住居表示の実施による町名消滅後も町内会名や電柱票に「囲町《かこいちょう》」は残りつづけました。そんな囲町地区ではまもなく再開発が始まります。再開発エリアは建物解体用の柵に御家様が囲われている皮肉。囲町の運命やいかに。

御囲の年間運営費用は9万8千両、現在の額で122億円。ネイマールの移籍金といえばイメージしやすい。

令和に蘇る御囲（一の囲）。

令和に蘇る御囲（二の囲）。

旧町名DATA

消滅した年
昭和41年

現行住所
中野4丁目

旧町名RANK

S+

旧町名

桃園町

こちらも元御囲 暴れん坊が桃園にしました

綱吉が亡くなり、生類憐みの令の時代が終わります。御囲も廃止され、中野村は鷹場指定前の農村へ帰着します。御犬様は生類憐みの令末期ごろにはすでに近郊の農家に養育費とともに譲りわたす制度変更がなされていたようですが、数万匹の御犬様がその後どうなったのかはまた別のお話。

中野の桃園、解釈によっては世界初の国立公園説。

綱吉死去の7年後に徳川吉宗が8代将軍に就任すると、綱吉が禁止した鷹狩りを再開させ、再び鷹場に指定された中野にも11回訪れます。中野の鷹場で特に気に入った場所へ、桃の植樹を命ずる暴れん坊っぷりを遺憾なく発揮した結果、桃を植えた場所は桃園となり江戸を代表する花見の名所として発展しました。これが桃園《ももぞの》町の由来です。

さて、旧桃園町には囲桃園という名の公園があります。中央線を挟んで北側の囲町の飛地でもあったのかと思いきや、実は桃園町自体が御囲、五の囲だったのです。なお、御囲の名残を残す囲桃園公園は、犬の入園禁止です。

囲桃園公園。御囲中最大面積を誇る五の囲の一部が桃園町にあったことにより、この名。

園内における犬の取り扱い。囲桃園公園、世界初の犬のいない御囲。

旧町名DATA

消滅した年
昭和41年

現行住所
中野3丁目

旧町名RANK S+

旧町名

文園町

通り、児童館、町会、公園とさまざまなところに名が残る

学校名は町名を採用することが多いですが、文園《ふみぞの》町はその逆です。桃園第二小学校が町内にあることから、学校の地図記号「文」と桃「園」で文園なのでしょう。なお桃園「第二」と言っても他の桃園小は廃校済です。桃園小分教場が独立して第二小が誕生した経緯を踏まえると、そろそろ桃園小を名乗ってもいいはず。

旧町名DATA

消滅した年
昭和41年

現行住所
中野6丁目

中野駅南側の町名が北側地域の小学校名に採用されており、桃園が中野の代名詞だったことが伺える。

桃園第二小学校。桃園小が廃校し中野「第一」小に。その影響で桃園第二小も中野第二小になる日が来るのだろうか。

旧町名RANK S+++

旧町名

東京市外中野町字道玄

正しくは東京府豊多摩郡の中野町の字道玄

昭和7年10月1日に中野町と野方《のがた》町をもって東京市中野区は誕生しました。つまり、昭和7年9月30日まで現中野区は東京市の外側でした。この何か言っているようで言っていない概念が旧町名に残されています。なぜあえて市外なのか。東京市への編入に対する抵抗でしょうか、市ではないことへの自虐でしょうか。

旧町名DATA

消滅した年
昭和6年

現行住所
本町3～4丁目

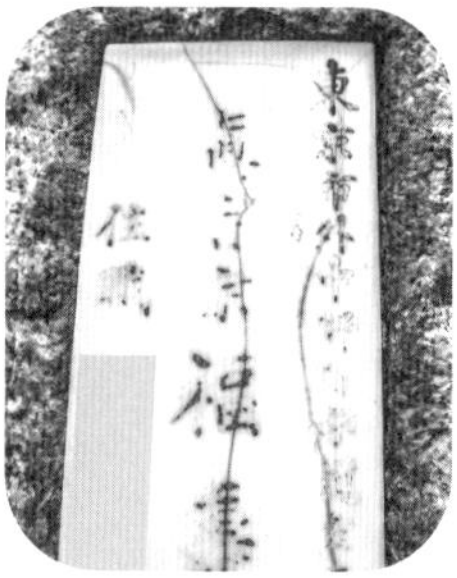

お寺の門柱に残る東京市「外」。豊多摩郡中野町ではなく東京市外としたその背景はいかに。

東京市外こと中野町役場は、中野坂上駅近くの宝仙寺の境内にあり。

旧町名RANK S+

旧町名

塔ノ山町

隠れた高層ビル街中野坂上 その高さのルーツは江戸時代に

新宿駅を出て青梅街道を西に進むと、左右に西新宿の高層ビルが乱立し、その高さに早くもお腹いっぱいです。成《なる》子《こ》坂《ざか》を下り淀橋手前あたりでようやく高さが落ち着き始めますが（令和5年2月時点）、淀橋を渡り上り坂の先にある中野坂上方面に目をやると、またもや高層ビル群が我々を待ち構えます。彼らは中野坂上交差点の四隅のうち三隅を占める3棟の高層ビルです。高さは24階に29階に30階と一見凡庸ですが、文字通り坂上にあることから体感では彼らがバベルの塔に見えることが年に一度はあります。梅雨の時期にはおそらく天に届いているはず。坂すらも山のような高さに思えてなりません。山、そして山頂にそびえる塔。

そう「塔《とう》ノ《の》山《やま》」とは、中野坂上駅北側の旧町名なのです。その名の通り、塔ノ山町には江戸初期から昭和20年まで実際に塔が存在しました。その高さなんと、3階！　当時としては相当な高層ビルだったはず。まさに高層ビル街・中野坂上のルーツといえます。

高層ビル街・中野坂上のルーツとか言ってるが、中野坂上のバベルたちの旧町名はすべて本町通。

三重塔記念碑。1638年に中野村の飯塚惣兵衛夫婦が建立。当時としては民間人によるゆいいつの塔の跡地。

昭和20年の空襲で焼失した三重の塔の復元を、またしても宝仙寺境内に発見。

旧町名DATA

消滅した年
昭和42年

現行住所
中央1～2丁目

旧町名RANK S+

旧町名

仲町

中野区の中心、旧町名は仲町で現町名は中央なキングオブ「中」

「武蔵野の中央」で中野。区内を中央線が走り、福島県中通りの田村市が姉妹都市の中野区の中に、かつて仲町という町名がありました。現町名は中野区中央。なにこのセンター渋滞。中央道か。ここまで中が集中するのは中々ない。更に仲町《なかちょう》の中枢にある仲町小学校跡の公共施設の銘板でも中が渋滞中でした。圏央道か。

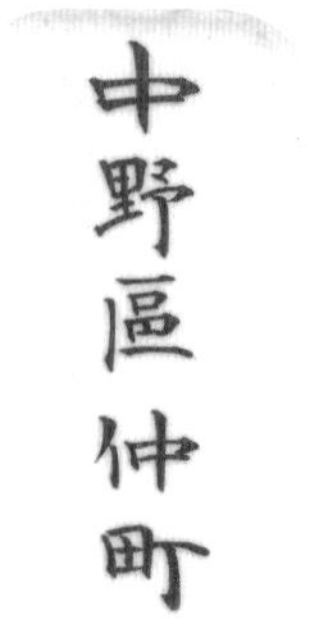

青梅街道沿いの宿場町「上宿・中宿・下宿」が転じて「上町・仲町」に。下町はなくなぜか朝日ヶ丘。

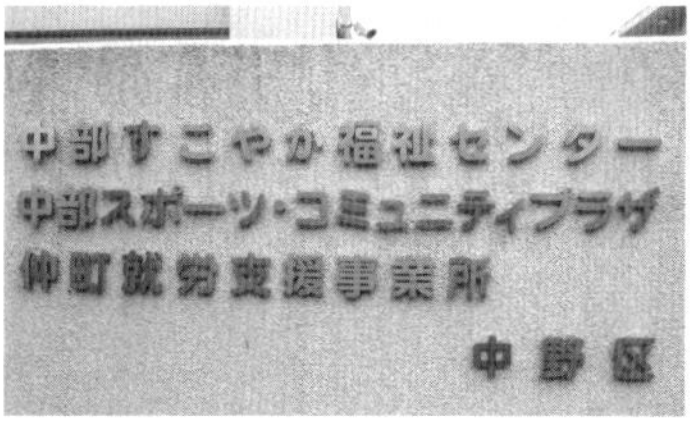

中渋滞中の銘板。仲町小跡の銘板に見られるセンター渋滞。仲町が消えてもなお生きつづける「中」。

旧町名DATA

消滅した年
昭和42年

現行住所
中央3丁目

旧町名RANK S+

旧町名

宮前町

中野区には宮前町、宮里町、宮園通と「宮○○」が3つも

塔ノ山町にあった三重塔と中野町役場跡碑、その2つの場所として2度に渡って登場した宝仙寺。中野坂上界隈にとってもっとも重要な施設と言えるこの寺のある旧町名こそが、宮前《みやまえ》町です。宮前の宮とは氷川神社を指しますが、前となるべき氷川神社は前にも後ろにもなく、中にあるのは堀越学園。

中野区には「宮」の付く旧町名が計3つ。

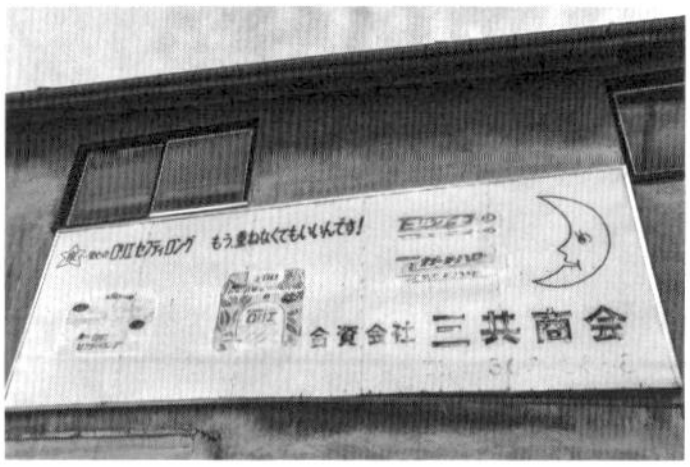

宮前町名物・三日月マークの手書き広告看板。

旧町名DATA

消滅した年
昭和42年

現行住所
中央2丁目

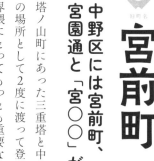

旧町名RANK

S++

旧町名

通シリーズ

渋谷区につづく○○通り こちらは6つ

渋谷区に続き中野区にもあった通シリーズ。種類は昭和通、宮園《みやぞの》通、本町通、本郷通、栄町通、新山通の6点。まるで道路方式による住居表示のようなこの旧町名群においても、二度の説明会と二度の答申案への意見募集による住民の意見を踏まえて、審議会案がとりまとめられ、区長への答申を経て、街区方式による住居表示が実施されました。なおこの住民の意見を踏まえまくったプロセスを住居表示業界では中野方式と呼びます。中野区の方法が以後の全国の自治体のスタンダードモデルとなった背景にあるのが、中野区が住居表示のモデル都市であった点です。

なお、過去の中野区報を見ると区の住居表示に対する情熱とモデル都市としての使命感が伺えます。「住居表示あれこれ」というタイトルで、地域住民による住居表示制度に関する質問への回答を紹介するコラムが掲載されていますが、特に昭和41年9月15日第248号は必見。「長年使いなれた町名を残せないでしょうか……」という素朴な質問に対する回答が一言「不可能」などオーバーキル過ぎて完全に狂気です。回答者は昔の町名に親を殺されたのか。

旧町名「昭和通」。現在の早稲田通り。

旧町名「宮園通」。現在の大久保通り。

旧町名「栄町通」。現在の方南通り。

旧町名DATA

消滅した年

昭和41年（昭和通）
昭和42年（宮園通）
昭和42年（栄町通）

現行住所

上高田1~2丁目ほか（昭和通）
東中野1~2丁目ほか（宮園通）
弥生町1丁目ほか（栄町通）

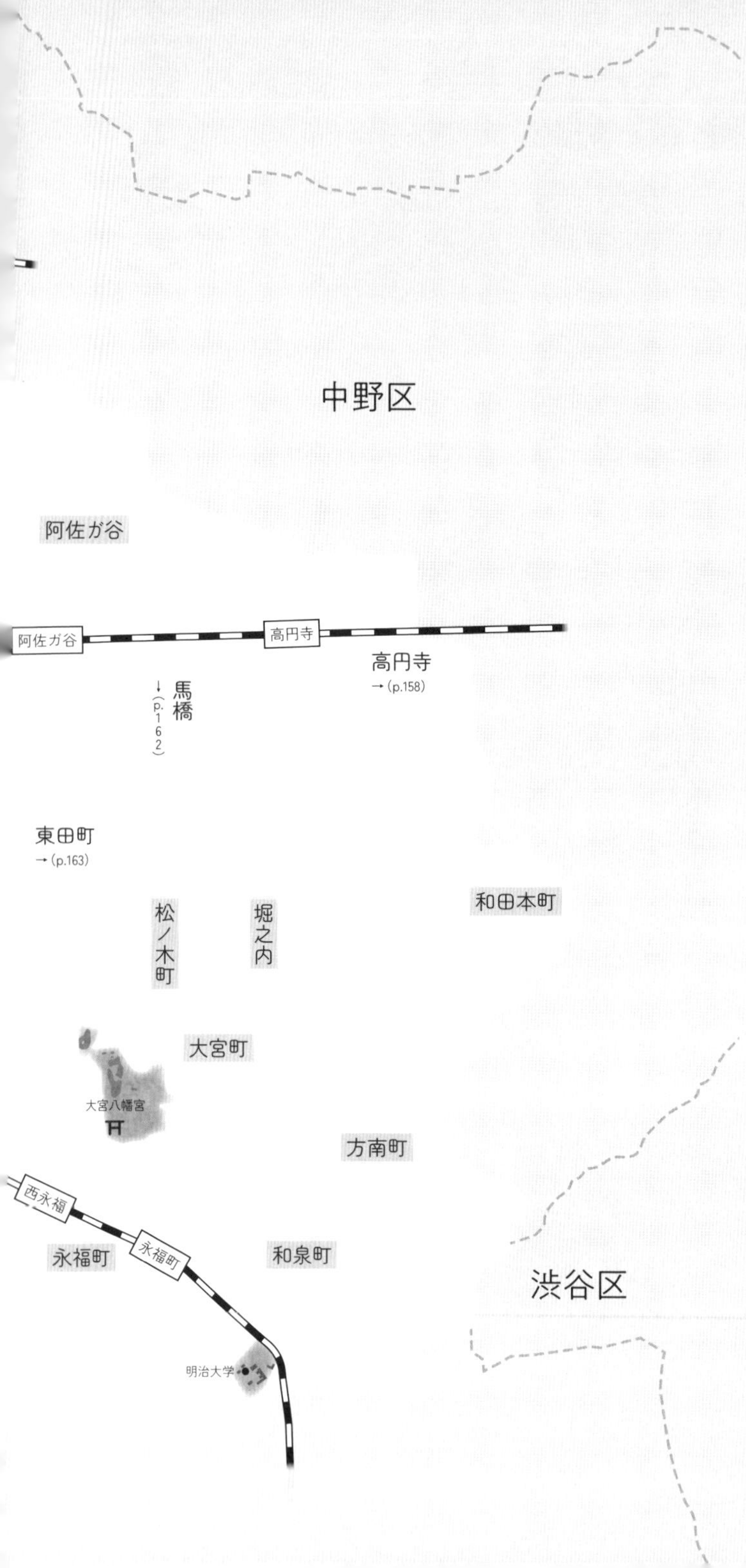

杉並区

豊多摩郡杉並町・和田堀町など4町が合併して昭和7年に誕生した中央線教団。特に高円寺が放つ磁場は中野以上で、引き寄せられた多くの夢追い人がこの地で数十年夢を追いつづけ気がつけば夢老い人に。区の木は杉。

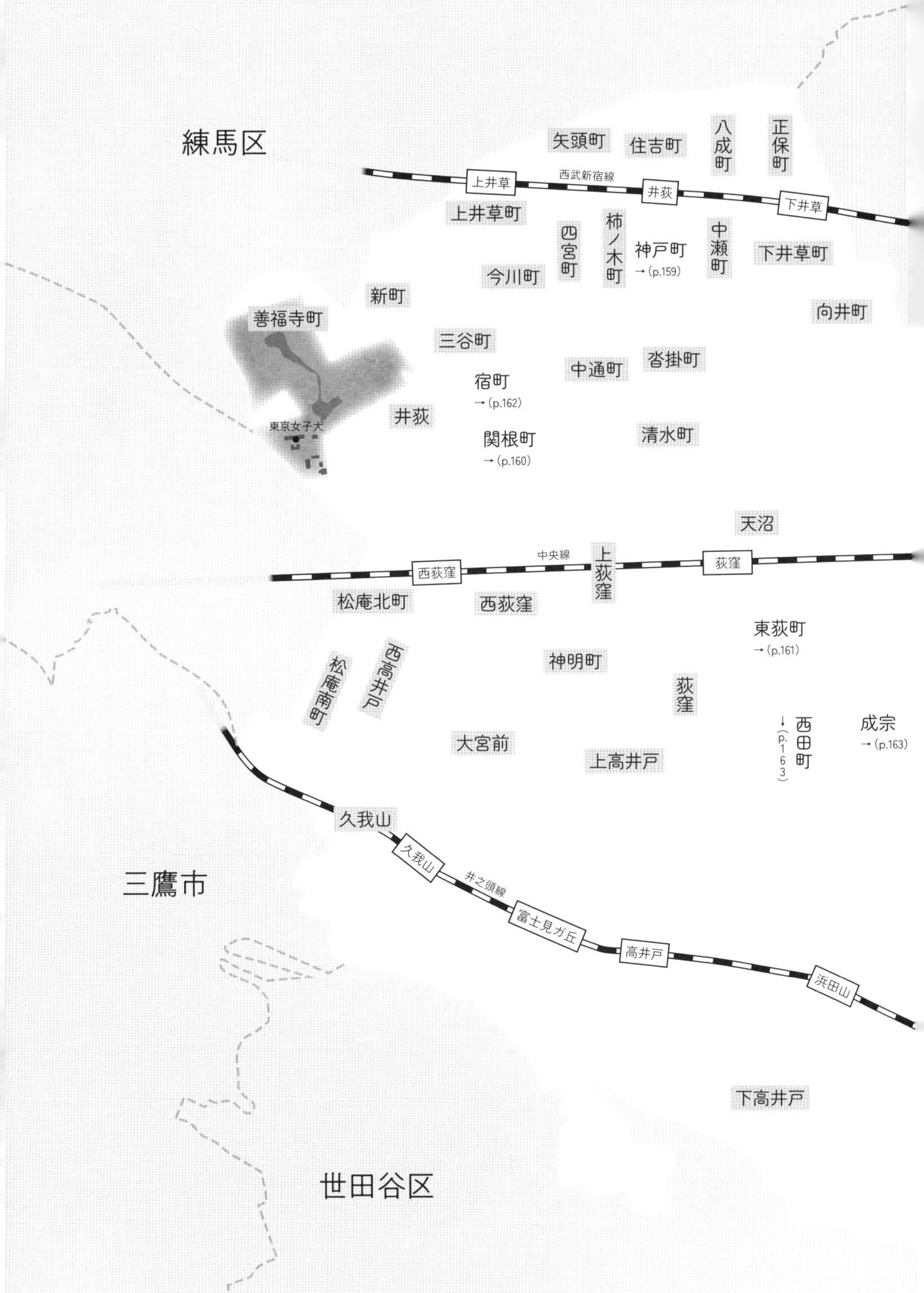
練馬区
矢頭町
住吉町
八成町
正保町
上井草
西武新宿線
井荻
下井草
上井草町
西宮町
柿ノ木町
神戸町
→(p.159)
中瀬町
下井草町
今川町
新町
向井町
善福寺町
三谷町
中通町
沓掛町
宿町
→(p.162)
井荻
東京女子大
関根町
→(p.160)
清水町
天沼
中央線
西荻窪
上荻窪
荻窪
松庵北町
西荻窪
東荻町
→(p.161)
神明町
西高井戸
松庵南町
荻窪
西田町
↓(p.163)
成宗
→(p.163)
大宮前
上高井戸
久我山
久我山
井之頭線
三鷹市
富士見ガ丘
高井戸
浜田山
下高井戸
世田谷区

旧町名RANK

S

旧町名

高円寺

芸人の街・高円寺 その由来を知り人は大人になる

芸人の町として有名な高円寺。20年ほど前、中野のStudio twlと双璧をなす高円寺会館という名の施設で地下芸人たちによるお笑いライブが毎日のように開催されていたのが、まるで20年前のことのように思い出されます。当時は高円寺が旧町名であることも、ましてや旧町名という概念すら知りませんでしたが、時は経ち高円寺会館も座・高円寺に建て替わり、高円寺の現町名は高円寺北・南であるという本質も理解できる立派な大人になりました。

それでもこの社会はまだまだ知らないことだらけ。先日も高円寺南でとあるお寺の前を通りすぎたのですが、寺名に驚がくしました。その名もTHE・高円寺。

えっ!? 高円寺って寺の名前だったんだ!! どうですこの恥ずかしさ。これが立派な大人です。冷静に考えると高円「寺」な時点で疑う余地のない寺名なんですよね。高円寺が一般化・俗化しすぎた結果、寺という名の本質を見落としていました。こんな大人になってはいけないよ。

鷹狩りの休憩で家光が立ち寄った寺の和尚の法話を気に入ったことから寺名が村名に（諸説あり）。和尚R1出てほしいね。

高円寺でもっとも高円寺している、高円寺中の高円寺。

座・高円寺。地下芸人の聖地だった高円寺会館跡が現在は立派な劇場に。

旧町名DATA

消滅した年
昭和43年

現行住所
高円寺北1～3丁目、高円寺南1～5丁目ほか

旧町名RANK S+

旧町名

神戸町

× この難読漢字の正しい読み方を答えよ(5点)

杉並区にはかつて神戸がありました。とはいえ、その読み方は「こうべ」ではなく「ごうど」なのだそうです。こうべではないのでポートタワーもありませんしイニエスタもいません。

しかし本当に「ごうど」と読むのでしょうか。現地を見た限りでは公園名や町内会名、古いお米屋さんに「神戸」の文字が確認できましたが、読み方の手がかりになる情報はなにひとつありません。消滅している町名なので区に聞いてもわからないはず。「ごうど」か「こうべ」か。真実は闇の中。

ところが区のサイトには、私のためとしか思えない区立公園のあいうえお順ページが存在しました。早速「こ」列を確認すると、「高円寺谷中緑地」と「高南小公園」の間に「神戸町あけぼの公園」と「神戸町児童遊園」が！「こうえんじ」と「こうなん」の間ということは、仮にこう「べ」なら「な」の後なので「こうべ」説は消えました。そして、ごう「ど」と「な」なら「ど」が先。やはり杉並区の「神戸」は「ごうど」でした。

旧大宮町に残る神戸町。飛び地ではなく、旧町名が古民家ごと博物館に移築された結果。

杉並区立郷土博物館。築230年の古民家で、昭和48年に区へ寄贈され平成元年にこの地へ移築。

神戸町児童遊園。「神戸」の読み方を念のため博物館の人にも聞いたところ答えは「かんべ」。謎は深まるばかり。

旧町名DATA

消滅した年
昭和40年

現行住所
上井草1丁目・下井草5丁目ほか

旧町名RANK

S+

旧町名

関根町

善福寺川の用水路をせき止める「堰」から堰根→関根に

住居表示法第12条の規定に基づき昭和38年に定められた「街区方式による住居表示の実施基準」によると、町の名称の定め方として、丁目を付ける場合は「××町○丁目」ではなく、「××○丁目」が適当であると示されています。丁目を付けるために「町」は取られる運命。錦糸町の現町名が錦糸なのはそのためです。

この「町」取り問題は杉並区にも見られます。例えば方南町《ほうなん》。「町」が取れて現町名は方南です。これは丁目を付けるためですから仕方ありません。

さらに杉並区は、町を取った勢い余って違うものまで取ってしまいます。上荻窪という旧町名があります。「窪」が取れて現町名は上荻です。丁目を付けるためですから仕方ありません。西荻窪という旧町名があります。「窪」が取れ方角が付き現町名は西荻北・西荻南です。丁目を付けるためですから仕方ありません。

そして、関根町という旧町名があります。「関」と「根」と「町」が取れて、現町名は上荻・西荻北です。丁目を付けるためですから仕方ありません。

関=堰の根で関根。善福寺川に架かる関根橋と関根文化公園に名前を残す。

「窪」を取った要因が当用漢字ではなかったからかと思いきや、南荻窪という町名が爆誕していたりする。

関根文化公園内の文化的な遊具。用途がわからないのはきっと私の文化レベルが足りないから。

旧町名DATA

消滅した年
昭和39年

現行住所
上荻3〜4丁目、西荻北5丁目

旧町名RANK S+

旧町名

東荻町

日本初のクラシック音楽評論家大田黒元雄の邸宅があった

いや仕方ないわ。やっぱり「町」ではない「窪」がなくなるのはおかしいって。そう考えた私は、西荻窪から窪が消え、南北が付いた理由を探るため、杉並区立中央図書館に向かいました。

荻窪駅南口から東に進み図書館へ向かう途中、ある建物を見かけたのです。それはどう見ても明らかに昭和6年に建てられ、昭和13年に増築されたとしか思えない建物。まさかの西郊ロッヂング！　有形文化財の西郊ロッヂング！　逆から読むとグンヂッロ郊西！　西が付くので完全に西荻窪方面だと思っていましたが、荻窪の東側だったとは。そればかりか西郊ロッヂングの南側は、近衛文麿旧邸の荻外《てきがい》荘や旧大田黒《おおたぐろ》家住宅など、昭和初期に建てられた洋風建築物が多数現存する地域だったのです。この時点で図書館に行くことや西荻窪から消えた窪の謎のことなどすっかり忘れ、ただただ街並みの散策を楽しんでいました。そして気がついたのです。この洋館地帯の旧町名が東荻《ひがしおぎ》町であることを。東荻窪ではなく東荻。あれ？　こっちも窪がない！

西荻窪とは異なり完全消滅した旧町名。いっそ西荻北・南に対抗して東荻東・西にすればいいのに。

正面はモダンな洋館なのに、側面の看板はベタに昭和の旅館感が魅力の西郊ロッヂング。実は東荻町ではない。

荻外荘公園。近衛文麿旧邸の荻外荘は令和6年まで改修予定。実は旧町名は東荻町ではない。

旧町名DATA

消滅した年
昭和44年

現行住所
荻窪2～4丁目

旧町名RANK
S+

旧町名

馬橋

町名の消滅を惜しみ改称したのが馬橋稲荷神社

杉並区には個性的な旧町名が多数存在しましたが文字数の都合上すべてを紹介できず残念です。せめて顔と名前と、この旧町名だけでも覚えて帰ってください。その名も馬橋《まばし》。高円寺と阿佐ヶ谷という両巨頭の間に、緩衝地帯の様に存在した旧町名です。馬橋駅がなかったばかりに、いまやその存在もなかったかのよう。

馬橋稲荷神社ホームページいわく、桃園川を馬の背を橋代わりにして渡ったことが由来。

高円寺と阿佐ヶ谷の境界線。左が阿佐ヶ谷で右が高円寺。そしてこの場所の旧町名が馬橋。

旧町名DATA

消滅した年
昭和40年

現行住所
阿佐谷北1・5丁目、高円寺北3～4丁目ほか

旧町名RANK
S+

旧町名

宿町

旧町内にある古民家風カフェその店名も由来は宿町

杉並区には個性的な旧町名が多数存在しました。文字数の都合上すべてを紹介できず残念です。せめて顔と名前と、この旧町名だけでも覚えて帰ってください。その名も、宿町。「やど」ではなく「しゅく」。昭和7年の杉並区誕生時に一瞬消滅し、約9ヶ月後に復活した過去を持ちます。旧町内に宿泊施設はなし。

新宿や仲宿など、宿関連の町名はさまざまな修飾語が付属するが、杉並区の旧町名はシンプルに「宿」。

町内会が設置した宿町の案内板。現地に行ってもらえればわかるが、めっちゃ控えめな場所にある。

旧町名DATA

消滅した年
昭和39年

現行住所
桃井3～4丁目、善福寺1丁目ほか

旧町名RANK S+

旧町名

成宗

現町名の成田東、成田西 その「成」部分を担当

杉並区成田東、成田西という町名があります。お手元の地図をご覧ください。善福寺川が異様な蛇行を展開しているあの地域です。彼らは地形のみならず、現在の町名に至るまでもがまるで善福寺川の流れのごとく紆余曲折しているのです。彼らを計算式で表すと「A＋B＝成田東」「A＋C＝成田西」。Aが成宗《なりむね》です。

成田東・成田西の「成」担当。戦国時代に当地を開拓した成宗氏が由来。

成宗村時代に存在した小字西杉並・東杉並。ある意味杉並発祥の地。場所は旧杉並西に残る杉並。

旧町名DATA

消滅した年
昭和43年

現行住所
成田東1～5丁目、
成田西1～4丁目ほか

旧町名RANK S+

旧町名

東田町、西田町

成宗＋東田町＝成田東 成宗＋西田町＝成田西

計算式のAは成宗。ではBとCは？ 正解は東田町と西田町。各々の「田」は、かつて存在した「田端村」を指します。田端村は成宗村を挟み東西に存在しましたが、昭和7年の杉並区誕生で、田端村の東が東田町、田端村の西が西田町となりました。注目は記載順。旧町名は方角＋田、現町名では田＋方角です。

東田町。田端村の西が本村で、東側が飛び地扱いのため、西田町の方が上のよう。写真は飛び地の方。

成田東と成田西の「田」担当の元ネタ・田端神社。裏門のこの旧町名ありそう感。文字が田端村に見えてきた。

旧町名DATA

消滅した年
昭和44年（東田町）
昭和44年（西田町）

現行住所
成田東1･3～5丁目ほか（東田町）
成田西2～4丁目ほか（西田町）

豊島区

北豊島郡巣鴨町・西巣鴨町など4町が合併し昭和7年に誕生した西武王国。形を変えて完全消滅した旧町名自体が少ないからか、堀ノ内町と日ノ出町が強い存在感を放っている。姉妹都市は西武線の終点・埼玉県秩父市。

板橋
下板橋
赤羽線
北池袋
東武鉄道東上線
巣鴨中・
堀ノ内町
板橋区
山手線
池袋東
→(p.167)
高松町
千川町
池袋
西武池袋
日ノ出町
雑司ヶ谷町
要町
立教大学
付属小・中・高
千早町
長崎東町
→(p.168)
目白町
目白
長崎
椎名町
西武池袋線
東長崎
椎名町
→(p.166)
練馬区
山手線

旧町名RANK C

旧町名

椎名町

椎名町といえばトキワ荘そして中華料理店松葉

椎名町といえば西武池袋線の駅名ですが、椎名《しいな》町という町名は存在しません。椎名町は駅南側一帯の町名でしたが、昭和41年に消滅し現在は南長崎です。駅北側の町名が長崎であることとの対比なのでしょう。

そんな椎名町を代表するものといえば、漫画家の聖地・トキワ荘です。昭和27年に建てられてすぐに手塚治虫が入居するとその後も藤子不二雄や石ノ森章太郎、赤塚不二夫ら錚々たる漫画家が入居する奇跡的な空間が椎名町に存在していたのです。

建物は老朽化のため築30年で解体されましたが、近年は地元町会と商店街によるトキワ荘を地域資源として活用した地域活性化事業が展開されています。トキワ荘にゆかりのある場所に記念碑や看板を設置するなど、トキワ荘の記憶を後世に伝える取り組みを経て、令和2年3月にはついにトキワ荘そのものを再現した施設まで誕生。新築で築古感を再現する技術力も素晴らしいですが、なによりも、表札には当時の町名「椎名町」まで再現されていてそのライブ感に感動します。

ミュージアム入口の椎名町。トキワ荘＝椎名町とする姿勢が嬉しい。なお最寄は落合南長崎駅。

町内には椎名町入りの琺瑯調看板が多数設置されている。町名としての椎名町復活の機運すら感じる。

帝銀事件が原因で町名消滅とされがちだが、椎名町の名誉のために言うと事件の場所の町名は長崎。

旧町名DATA

消滅した年
昭和141年

現行住所
目白4～5丁目、南長崎1～6丁目

旧町名RANK
S+

旧町名
池袋東

昭和31年～昭和41年の10年間のみ存在の大変貴重な旧町名

「東が西武で西、東武」。流行歌に残るほど方角に敏感な池袋で、一風変わった「東」が見つかりました。場所は東池袋。かつて東洋一の高さを誇った摩天楼があるこの街で発見されたのは、なんと「池袋東」。東の文字が池袋を西から東へ移動したとあって、ついに西が西武で東、東武が実現するなどの流言飛語により現場は一時騒然となりました。

　この動く東こと池袋東を発見したのは、西新宿の十二社から来た男性。調べによると男性は、〝中華麺をスープとは別に提供する珍妙な料理で有名な飲食店が再開発で閉店すると聞き、その行列を見物しようと訪れた際に池袋東を発見した、行列も長かった〟など、まるで平成19年からやってきたかのような意味不明な供述をくり返しており、当局では余罪を調べています。

　なお、その後の調べで池袋東は単に東池袋の旧町名であることがわかりました。「移動する東」で地域活性化を期待した地元商工会では落胆の声が挙がりつつも、10年で消滅した貴重な旧町名「池袋東」の観光資源化に向け、新たな意欲を燃やす動きが高まっています。

　現場からは以上です。

昭和31年から昭和41年までのわずか10年間のみ存在した幻の町名。丁目が地味に誤字。

閉店間近の平成19年2月25日の東池袋大勝軒。閉店はこの1ヶ月後の3月20日。

東池袋大勝軒跡地。
お店はこの約100ｍ先の南池袋に移転し、平成20年に再オープン。

旧町名DATA
消滅した年
昭和41年
現行住所
東池袋1～4丁目、南池袋1～4丁目ほか

旧町名RANK

S+

旧町名

長崎東町

7年しか存在しなかった説と昭和39年まで存在した説

戦前の長崎町はアート街。芸術家用のアトリエ付貸家群が点在していました。アトリエ村と呼ばれ、近年は池袋モンパルナスの総称で有名です。恐らく要町と千早も入るゆえの池袋ですが、池袋は旧西巣鴨町で、モンパルナスは旧長崎町です。昭和14年まで長崎東町・仲町だったことからも、長崎モンパルナスが正解。

昭和7年から昭和14年のわずか7年間のみ存在した幻の旧町名・長崎東町。

実は現西池袋の一角は昭和39年まで長崎東町説。地図によって表示があったりする。そのころの蔵。

旧町名DATA

消滅した年
昭和40年

現行住所
西池袋4～5丁目、目白4～5丁目ほか

旧町名RANK

S+

旧町名

高田本町

町名訴訟の舞台 文京区との境はとてつもない斜度の坂

高田本町《たかだほんちょう》は、年間数件は人々の心臓を破っている恐れのある坂と、新町名を東目白にしたすぎて区長を相手取り、訴訟にまで発展した地域で構成される旧町名です。各地で住居表示が実施された時代、東京23区では町名変更取消訴訟が5件発生しましたが、うち3件が豊島区。町名訴訟といえば豊島区なのです。

豊島区の町名に関する訴訟はいずれも本来の括り（高田本町にとっての目白）とは異なる新町名が原因。

この坂の前で人は語彙力を失う。やばい以外の言葉が浮かばない坂をぜひ現地でご体感ください。

旧町名DATA

消滅した年
昭和41年

現行住所
雑司が谷2～3丁目、高田1～2丁目ほか

旧町名RANK

S+++

旧町名

西巣鴨町大字巣鴨

旧町名

北豊島郡時代の貴重な遺物

旧町名DATA

消滅した年

昭和7年

現行住所

西巣鴨1～4丁目、池袋1～8丁目ほか

古い地図を見ていると、2つの巣鴨が隣り合う奇妙な光景を目にします。一方は巣鴨町で、もう一方は巣鴨村。釧路市の隣に釧路町が存在する状態の先駆けでしょうか。

この両巣鴨、併存時点で人口は当然町が村に勝る状態でした。ところが巣鴨村には池袋がふくまれていたのです。池袋の発展とともに人口増加が進み、大正7年には西巣鴨町に昇格。さらに大正14年の国勢調査では、西巣鴨町の人口は東京府では東京市、渋谷町に次ぐ3位、全国でも堺市と並ぶ22位に位置するほどの発展を遂げます。一方このとき巣鴨町の人口は西巣鴨町の半分。分かれたとはいえ、もともとは同じ村でここまで差がつくとは。そしてその後に訪れる、昭和7年の東京市の大拡張にともなう区の新設。当初巣鴨町は隣の滝野川町と合併する予定でしたが、西巣鴨町長発案の長崎町・高田町・巣鴨町との4町合併案が採用され、豊島区が誕生します。ここで2つに分かれた巣鴨はようやくひとつになりました。なお区名の豊島区も実は西巣鴨町長案なのです。巣鴨村あっての豊島区です。

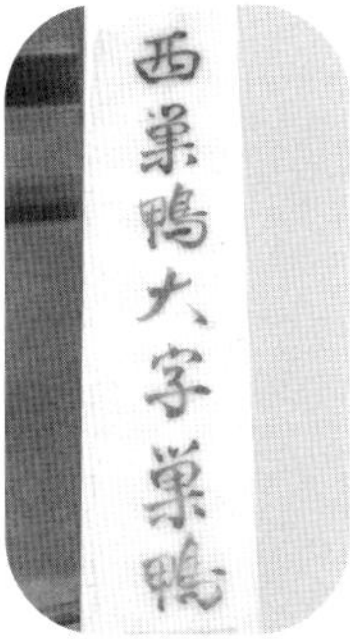

北豊島郡西巣鴨町。大正14年国勢調査における人口は98,950人。

北豊島郡巣鴨町。大正14年国勢調査における人口は40,148人。

古い酒屋特有の立派な銘柄看板。西巣鴨町大字巣鴨とともに残っていたが、廃業によりどちらも消滅。

北区

王子區と滝野川區が合併して昭和22年に誕生した23区中最小画数。東京最北の歓楽街・赤羽と東京最北の渋沢栄一街・王子の中間地帯に稲付という消えた町名がある。北というけれど23区の最北端は足立区。

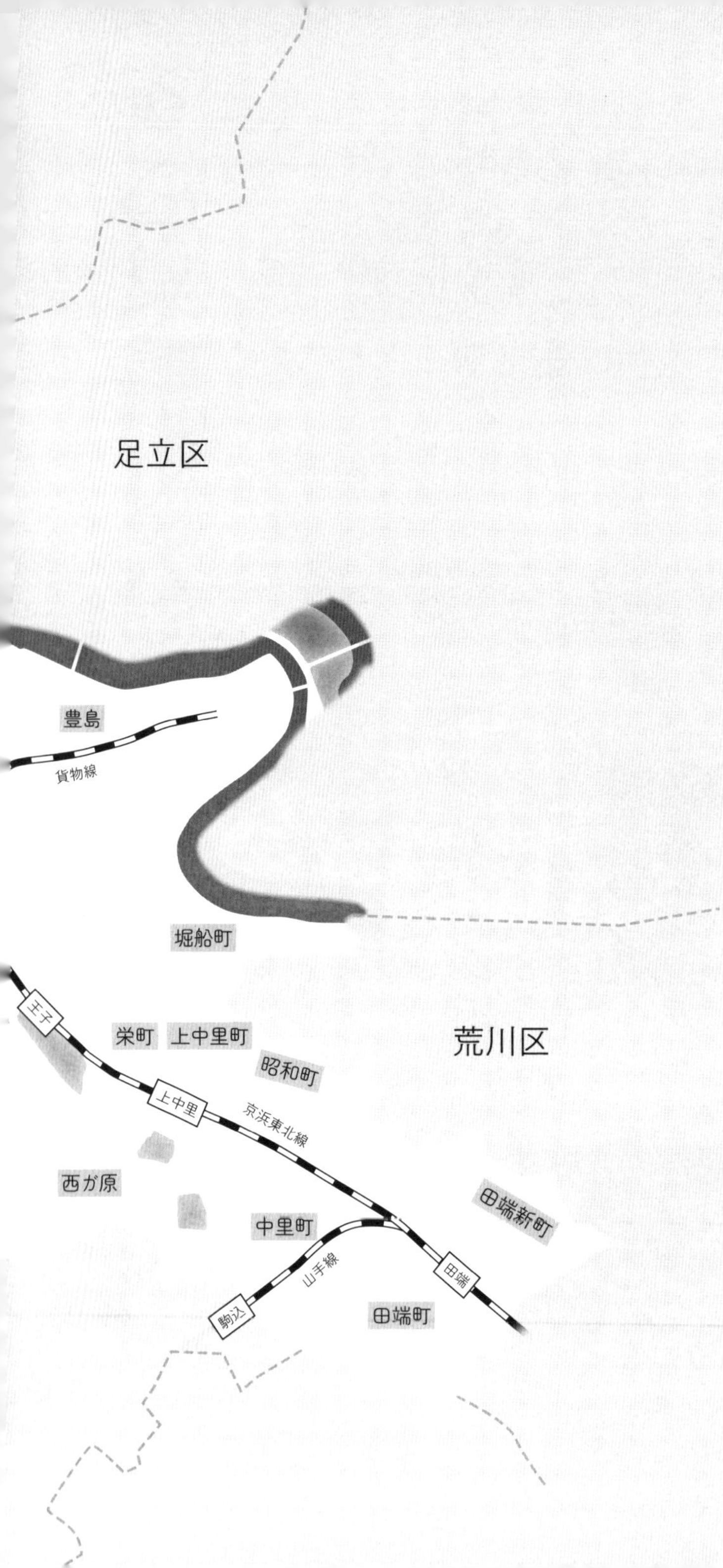

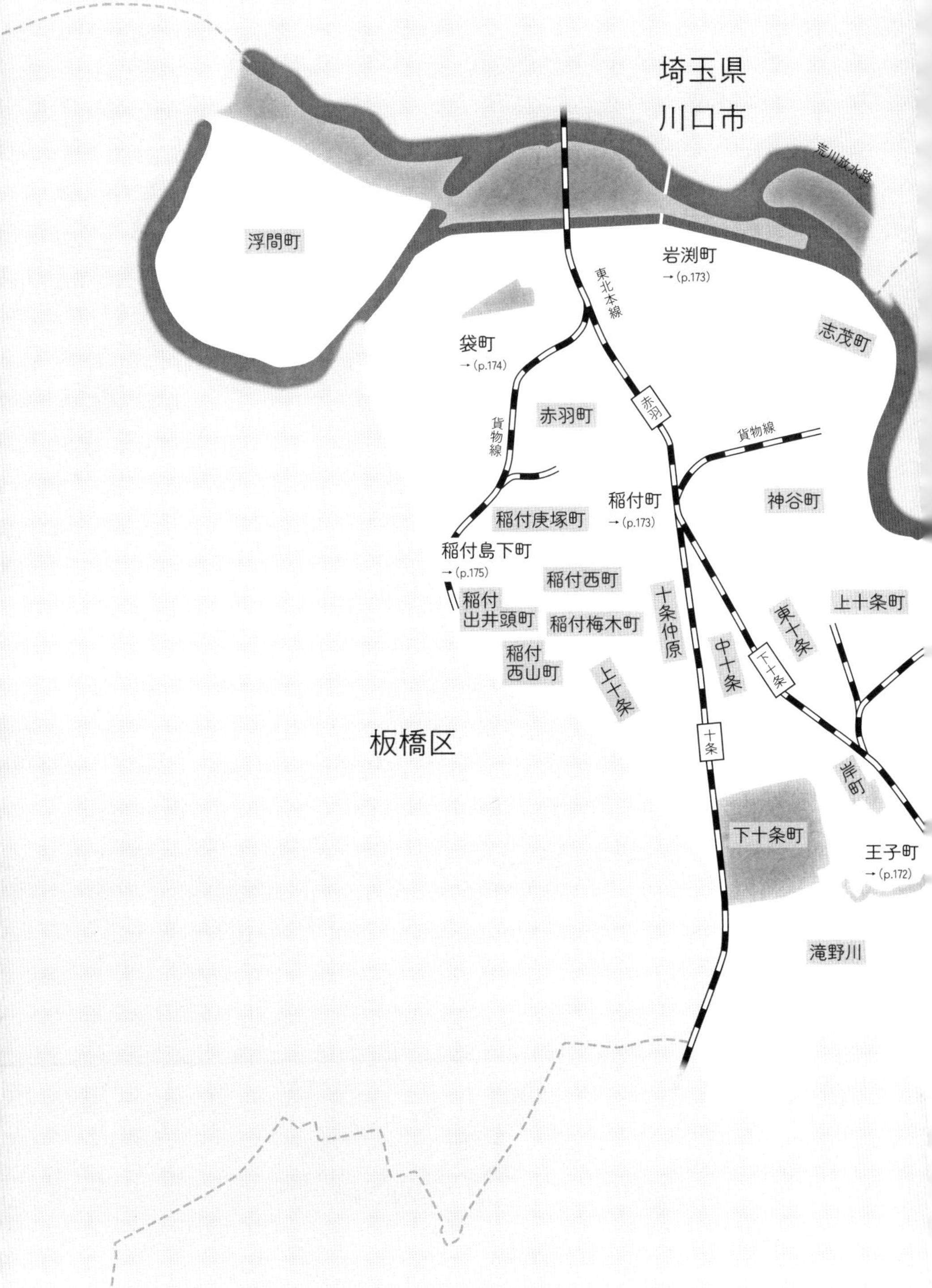
埼玉県
川口市
荒川放水路
浮間町
岩渕町
→（p.173）
東北本線
志茂町
袋町
→（p.174）
赤羽
赤羽町
貨物線
貨物線
稲付町
→（p.173）
神谷町
稲付庚塚町
稲付島下町
→（p.175）
稲付西町
稲付
出井頭町
稲付梅木町
十条仲原
中十条
東十条
下十条
上十条町
稲付
西山町
上十条
板橋区
十条
岸町
下十条町
王子町
→（p.172）
滝野川

旧町名RANK
S
旧町名

王子町

プリンスだらけの町で勝手に王位継承戦を開催

王子駅周辺ってめっちゃ王族いるよね。少し歩いただけでもルネッサ王子、アイル王子、レオパレス王子らそうそうたる方々をお見かけしました。各王子様方は、一様に来るべき王位継承に向け、品格を磨いておられました。なんらかの王位継承戦が始まるのか。

そして令和4年6月30日、Ｔｗｉｔｔｅｒという名の告示を経て、Ｔｗｉｔｔｅｒという名の国民投票により王位継承戦が開始。決戦は2段階、予選は4つの選挙区で各4名の王子により争われます。4王子が選出されると本選です。そこで勝利した王子がなんらかの次期王位継承者として、私から認定されます。

1区はアルマドーラ王子が過半数の票を獲得しました。2区は人気のウィルローズ王子との均衡を破り、プレール・ドゥーク王子。3区はグランカーサ王子が順当に勝利します。4区は期待の一般枠・ソワール石河を抑え、レオパレス王子との同票再選を経てラインサイド王子。皆さま、投票にご協力ありがとうございました。……何の話？　王子周辺の地図を見よ。

八王子も品川区の旧町名である王位、いや大井滝王子町も由来は同じ王子権現。

王位継承が決定した王子。厳正なる投票の結果、王位継承者はアルマドーラ王子に決定。めちゃ気品高い王子だった。

北区の偉人・まるで天むすのような渋沢栄一。

旧町名DATA

消滅した年
昭和40年

現行住所
王子本町1～3丁目

旧町名RANK C

旧町名

岩渕町

日光街道の宿場町として栄えた地 現在は単独町名に

岩淵町《いわぶちまち》は住居表示に伴う町名消滅の予定でしたが、住民の8年に及ぶ反対運動により丁目のみが消滅し、町名は残りました。ところが、見出しは岩「渕」町です。区によると「淵」が正式ですが、非公式ながら戸籍などに「渕」が存在したため平成19年に文字の統一を図ったとか。丁目と渕、2つの旧町名の話。

旧町名DATA

消滅した年
平成19年

現行住所
岩淵町ほか

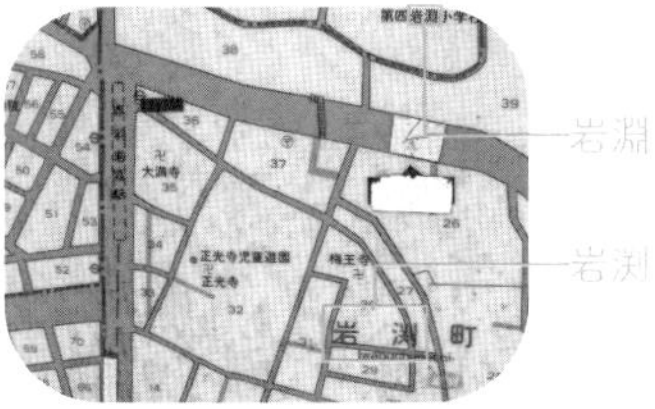

渕と淵、2つのイワブチが存在する時代の地図。なお、現岩淵町は正確には旧岩淵町1丁目エリア。

3つめの旧町名が残っていたとされる門。実は旧町名の話は3つ。岩渕町字岩渕本宿が平成30年廃業の小山酒造の門に。行方はいずこに。

旧町名RANK S++

旧町名

稲付町

これほど存在感がありながら 現町名とは一切関係ない

赤羽や王子に滝野川など、旧村名がそのまま町名として継続する傾向の強い北区にあって、ゆいいつ完全消滅したのが稲付町《いなつけちょう》です。「稲付」の冠を有する町名が複数存在するほどの一大勢力であったにもかかわらず、なぜ現町名が北区稲付ではなく赤羽西などになってしまったのか。北区七不思議のひとつです。

旧町名DATA

消滅した年
昭和46年

現行住所
東十条6丁目、赤羽西1～4丁目ほか

赤羽のイトーヨーカドーも旧稲付町。赤羽の半分は稲付で出来ている。

味の素ナショナルトレーニングセンターも旧稲付出井頭町。日本代表の半分は稲付で出来ている。

旧町名RANK

S+

旧町名

袋町

由来も謎の町、袋町 詳細情報をお待ちしています

王子區と滝野川區の合併で昭和22年に誕生した北區。東京都が柳田国男や市川房枝などの有識者を集めて開催した新区名座談会では飛鳥区や明日香区が、東京新聞による懸賞付き新区名公募では飛鳥山区や京北区などが候補に挙がった結果、結論はシンプルに北区。渋沢栄一ゆかりの「飛鳥山区」よりも立地を重視した形になりました。

そんな北区には、区名に飽き足らずさらに北を強調した駅名があります。それが北赤羽駅。赤羽の時点ですでに相当北に位置するのに輪をかけて北にする、気持ちのいい北っぷり。所在する地域の町名はなぜか逆の赤羽北でこちらももちろん北ですが、旧町名は北感のない「袋町」。戦前は台地に麦と野菜畑、低地には湧水による水田で構成された農家の小集落でした。大正7年に日本製紙の工場ができたことで灯った電灯も、通電は夜だけで、東京の北の果て感溢れる情景が広がっていたと言いますし、現在の北区エリアの中では最北でした。昭和元年に埼玉から浮間《うきま》がやってくるまでは。

低湿地を意味する袋が由来と思われるが、小豆を運ぶ船が沈み、小豆袋が流れ着いた場所という説も。

袋密集エリア。小学校も幼稚園も袋。幼稚園は袋町消滅後の昭和52年開園にもかかわらず他候補を抑えてふくろになったとか。

北赤羽駅や北区赤羽北よりも南にあるのに、北の果て感のある桐ヶ丘中央商店街。

旧町名DATA

消滅した年
昭和41年

現行住所
桐ヶ丘1～2丁目、赤羽北1～3丁目ほか

旧町名RANK S++

旧町名

稲付島下町

太田道灌が築いたと伝わる天然の要塞・稲付城はこの地に

現町名に北区稲付がない謎を北区七不思議のひとつとご紹介しましたが、この機会に残り6つもご案内します。稲付島下《しましも》町の異常に下にある公園、異常に範囲の狭い稲付梅ノ木町、なぜか稲付町よりも丁目が多い稲付西町、それほど飛んでいない稲付西山町飛地、不自然な境界線の稲付庚塚《こうづか》町、稲付出井頭《でいがしら》町。全部稲付。

旧町名DATA

消滅した年
昭和46年

現行住所
赤羽西5～6丁目、西が丘3丁目

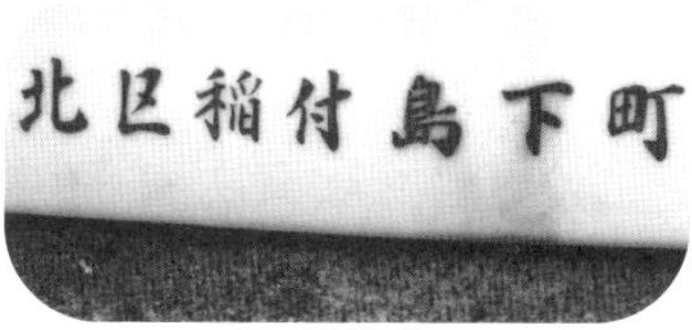

稲付島・下町なのか、稲付・島下町なのか、区切る場所に悩むよね。

稲付島下町歩道橋から望んでいる景色とはいえ、異常なまでに下にあるようにみえる公園。

旧町名RANK S+++

旧町名

滝野川區・王子區

東京ほぼ最北、北区

昭和22年に滝野川區と王子區が合併して北区は誕生しました。たしかに東京の北ではありますが、何もそのまま区名にしなくても。とはいえ東京に初めて訪れた人に対しても東京のどの辺りに存在している区なのかを一発で伝えられる明確なわかりやすさを鑑みると、実は意外といい区名なのかもしれません。

旧町名DATA

消滅した年
昭和22年

現行住所
北区

現在の北区滝野川、西ヶ原、中里、田端などの渋いエリアが旧滝野川區。

現在の北区赤羽、王子などのメジャーエリアが旧王子區。

コラム6

デンリョクタクサン

デンリョク、それは最大5文字の美学。
デンリョク、それは省略のセンス。
めくるめくデンリョクの世界へようこそ。

コバヤシ

（大田区小林町）

いやバだいぶ小さくね？

サンナミ

（台東区谷中上三崎南町）

これぞ省略の最高傑作。「ヤナカカミサンサキミナミマチ」略して「サンナミ」。サンミナでもサンミナミでもないところに光るセンス。

ヒガシカタ

（文京区駒込東片町）

最大文字数。デンリョクによっては5文字の文字間めっちゃ狭かったりするけど、これはゆったりめ。

カミ（文京区大塚上町）

旧町名神がおいでなすった。カミマチでもいいはずなのに、おいでなすったぞ！

ネリミナ（練馬区南町）

ミナミでいいはずなのにあえて練馬感を出したのは、南町が練馬区独立の象徴的町だからと推測。

デンリヨクとか言うけれどいったい何者？

デンリヨクとか適当な名前を付けているわけですが、実際この物体はいったい何でしょうか。そこで、東京電力という点のみを頼りに、まずは東京電力社史を調べました。そこには検針・集金の合理化の項に「画標制度」なる概念が書かれています。この制度は、公道などに囲まれた20～30軒を1区画とし、画と画の組み合わせにより集金業務の効率化を図るもので、区画毎に画標を設置しているのだとか。この画標ってまさかデンリヨクでは。しかも住居表示はこの制度が基になっているとか。当時の会長が住居表示法施行に向けた会議の委員なので信憑性がありそう。真相に一歩近づきました。

次に、住居表示法施行前後の東京電力社報を調べてみました。なんと昭和38年発行第１４３号に住居表示制度の解説が。もちろん画標制度が基である旨の記載も。しかし、読み進めてもこの画標がデンリヨクなのかは依然不明。そして街区方式の解説に入り、めくった63ページ目、ついに答えがありました。図4「表示板と住居番号表示板と当社画標（甲府市の例）」の写真に、見慣れたあのどら焼きが！ そう、デンリヨクの正体は画標でした！ 今日からデンリヨクは画標、いや正体はわかったけど今日も明日もデンリヨクはデンリヨクです。

荒川区

昭和初期の区成立の時点で町名を整理していたため、尾久町、三河島町、日暮里町、南千住町の4つと旧町名が非常に少ない（町屋は現町名のため抜かす）。おのずと現町名も少なくなり、わずか7つ。

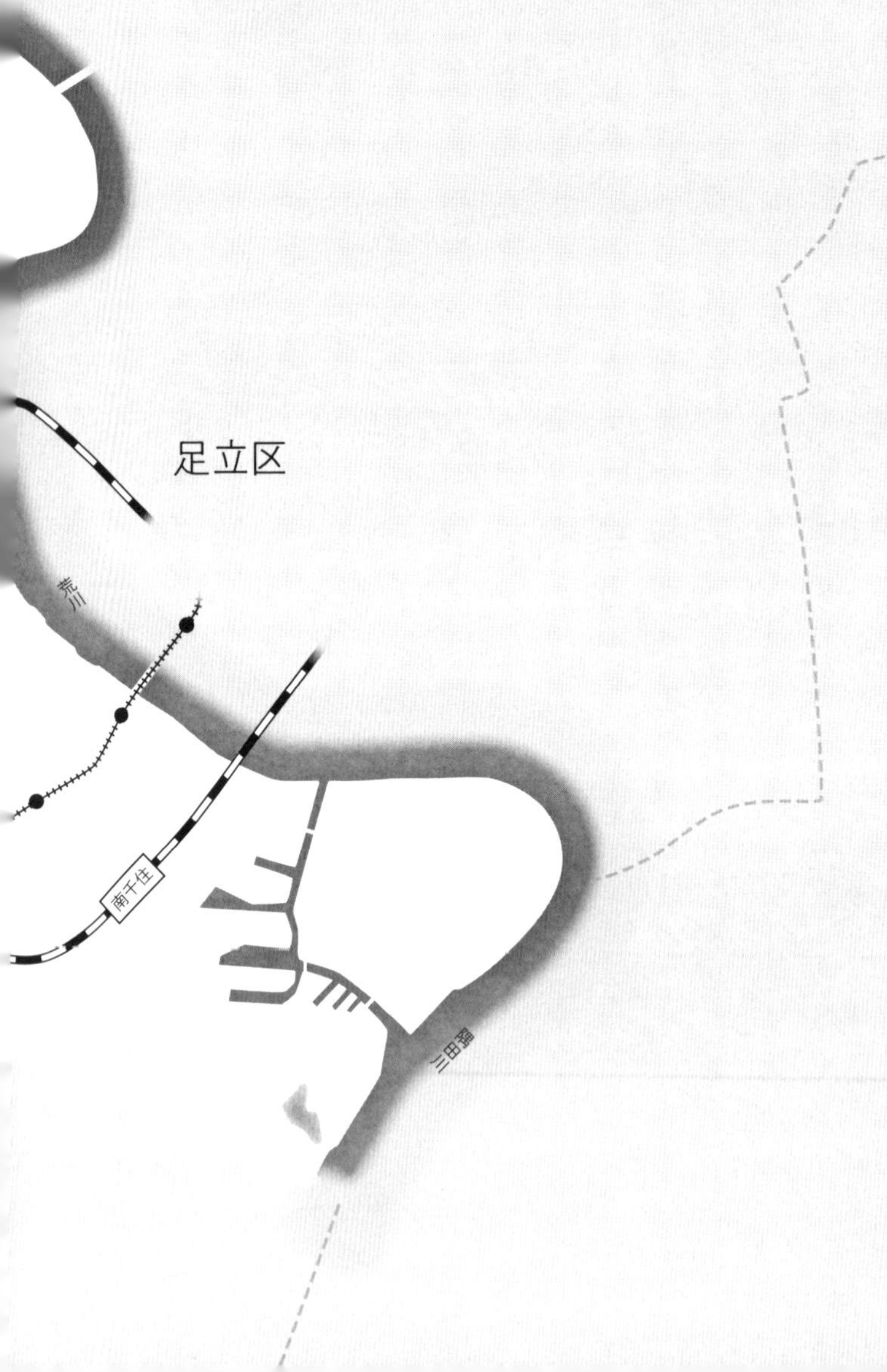

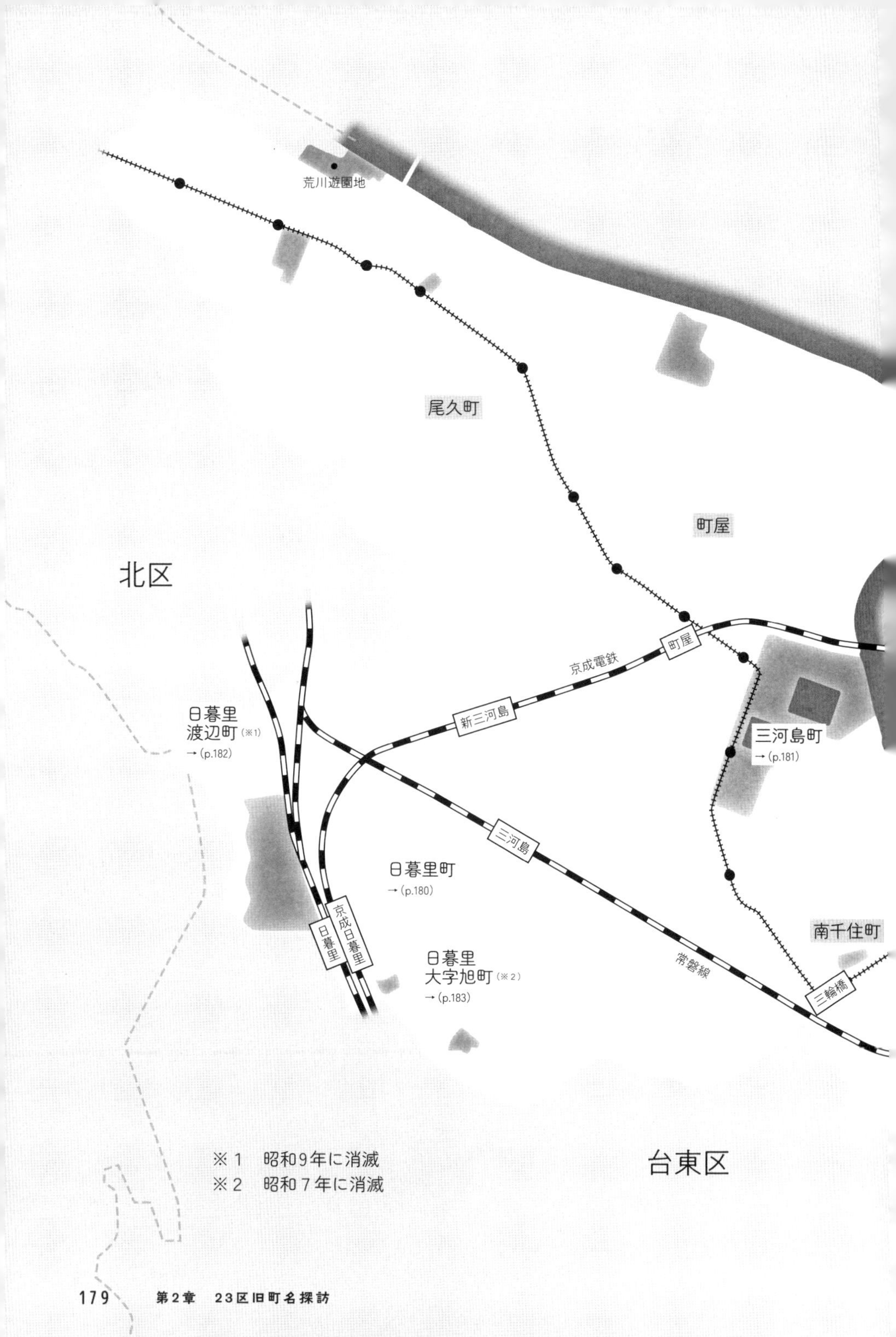

※1　昭和9年に消滅
※2　昭和7年に消滅

旧町名RANK

S

旧町名

日暮里町

台東区？ NoNo！ 荒川区？ I am 下谷區

谷中にいると「あれ？　西日暮里だ」、根岸にいると「あれ？　東日暮里だ」。皆さんも台東区でこんな経験があると思います。さらに、台東区の有名スポットである谷中ぎんざの最寄駅は実は日暮里駅ですし、映えスポットの夕やけだんだんも焼肉サラリーマンも、住所は荒川区西日暮里です。このように日暮里は、台東区の顔をして言葉巧みに我々に近づきスキを見て荒川区の顔を出してきます。

一体なぜ。その答えは荒川区誕生前夜まで遡ります。

日暮里町・三河島町・尾久町・南千住町の4町で荒川区は誕生しましたが、日暮里町は下谷區への編入を希望しました。大字に下谷区の町名である谷中（本）と金杉がある時点で、その地域的一体性は明白です。

東京府で新区が可決された際に日暮里町には「将来下谷區に編入してもらいたい」という付帯条件が付いたため、下谷區編入の陳情は荒川区誕生直前までつづきます。そして時は流れ下谷區もいまは台東区ですが、付帯条件が履行されるその日まで、日暮里は台東区の顔をしつづけることでしょう。

元新堀村。江戸川区にも新堀村が存在し、郵便誤配がつづいたため内務省に陳情。明治10年に日暮里村へ改称。

夕やけだんだん。台東区と見せかけた西日暮里。

焼肉サラリーマン。焼肉屋と見せかけた西日暮里。

旧町名DATA

消滅した年
昭和41年

現行住所
東日暮里2～6丁目、西日暮里1～6丁目ほか

旧町名RANK B

旧町名

三河島町

荒川区、そして日本を背負う地番整理の実験地

日暮里が台東区の顔をしているのを横目に、荒川区としての自覚と使命感を背負っている町名、その名も荒川。名前の通り区役所や下水処理場等荒川区のすべてをつかさどり、日々区民の暮らしを支えています。そんな荒川も、最初から荒川を背負っていたわけではなく、もとの町名は三河島町です。三河島町はただでさえ町名数の少ない荒川区でゆいいつ完全に消滅した旧町名なのです。

町名消滅の背景にあるのは区内の地番問題。まだ都市近郊の農村だった地租改正当時の土地整理番号が都市化後も地番として使われていたため、荒川区は昭和33年に地番再編に着手します。ところがその2年後、国で地番問題の議論が始まり、地番制度に代わる新たな制度検討のための実証実験が行われることに。指定された実験地区は3カ所。宮城県塩釜市、埼玉県川越市、そして荒川区三河島町。荒川区どころか全国を背負った三河島町で行われた地番整理、そして町名変更の結果が、今日の住居表示制度です。

牛乳箱に残りし三河島町。旧町名はこのような形でも残っている。

三河島は日本の下水処理発祥の地。日本初の近代下水処理場が大正11年に運用開始。

三河島には白鳥がいるし、その白鳥のいる池は荒川区の形をしている。

旧町名DATA

消滅した年
昭和41年

現行住所
町屋1・3・8丁目、東尾久1～2丁目ほか

旧町名RANK B

旧町名

日暮里渡辺町

渡辺財閥が開発した、田園調布より古い田園都市

旧町名DATA

消滅した年
昭和9年

現行住所
西日暮里3～4丁目周辺

荒川区が行った他区と異なる特筆すべき施策として、統合元である自治体の大字を新区の町名にせず、一律に廃止した点が挙げられます。その結果、統合された自治体としての旧4町の名がそのまま新区の町名に置き換わり、４つの町名が誕生しました。正確には三河島町大字町屋のみ独立したため、区誕生時点での町数は町屋を加えて5つという極端に少ない状態と言えます。

と言いたいところですが、実は荒川区誕生からわずか2年で消滅の町名が存在していたのです。つまり区誕生時点の町名数は正しくは6つ。そのほぼ幻の町名が日暮里渡辺町です。明らかな名字感のとおり、東京渡辺銀行の渡辺氏が由来です。当時荒れ果てて佐竹っ原と呼ばれていた秋田佐竹家旧藩邸を宅地造成し、道路や公園の整備にインフラ完備と他に類のない近代文化都市でしたが、昭和2年の金融恐慌で渡辺氏は町から撤退します。ところが町名成立は渡辺氏撤退の5年後です。地域住民の渡辺氏への敬意が溢れんばかり。

わずか2年の旧町名は流石に現存せず。と思いきや、神社の境内にあきらかに渡辺町当時に刻まれた文字が現存。

道灌山。渡辺町の場所は西日暮里駅西側の高台、開成中学・高校がある辺り。

渡辺町に同調した冠氏が自己所有地を整理し、自らの姓を名付けた道が西日暮里にある。その名も冠新道。

旧町名RANK C

旧町名

日暮里町大字旭町

荒川区誕生と引きかえに大字根絶

昭和7年の荒川区誕生と同時に各町が有していた大字は（三河島町大字町屋以外）すべて消滅しました。いかなる大字も根こそぎ絶やされてしまったのです。たとえそれが昭和2年に誕生した大字であっても。

大正14年3月18日、日暮里町大字金杉の反毛《はんもう》工場から出火し、2100戸・4万6千坪を焼き尽くす大火が発生します。大火の2ヶ月後に東京府より土地区画整理事業組合設立の認可、5ヶ月後には工事着手という驚異的なスピード感による復興事業が進められました。大火後わずか1年半で格子状の街路に再生した焼失区域の町名は、大火という不幸からの更生を象徴するものとして昭和2年に旭町と名付けられました。

「町」なので見た目は町丁ですが、位置付けとしては日暮里町の大字です。とはいえ旭町は3丁目まであるため昭和7年の荒川区誕生後も町名として残りそうなものですが、結末は前述のとおり。日暮里渡辺町以上に幻の町名・旭町、現地ではその生きた証が電柱票にのみ刻まれていました。

大字旭町ゆいいつの名残り。東京府の新区案に対し、日暮里町が「併合後直ちに大字名改正」を希望した記録が残る電柱。

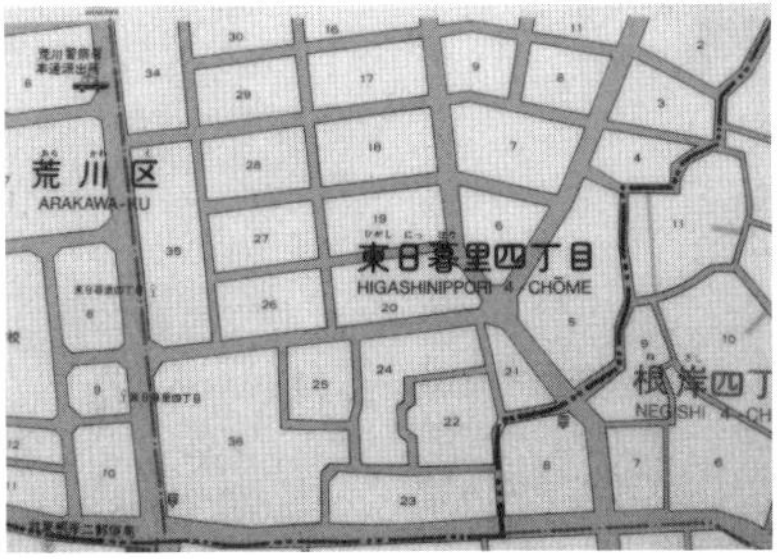

地図上の整然とした町割り部分が旧旭町。関東大震災では焼失を逃れたものの、その2年後に大火に見舞われる切なさ。

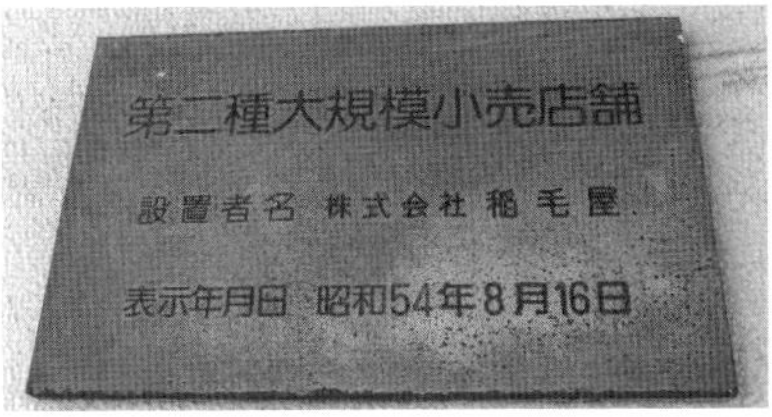

いなげや荒川東日暮里店に残る平仮名になる5年前の貴重な旧店名。近隣にライフができて大変だけどがんばって欲しい。

旧町名DATA

消滅した年
昭和7年

現行住所
日暮里2丁目

板橋区

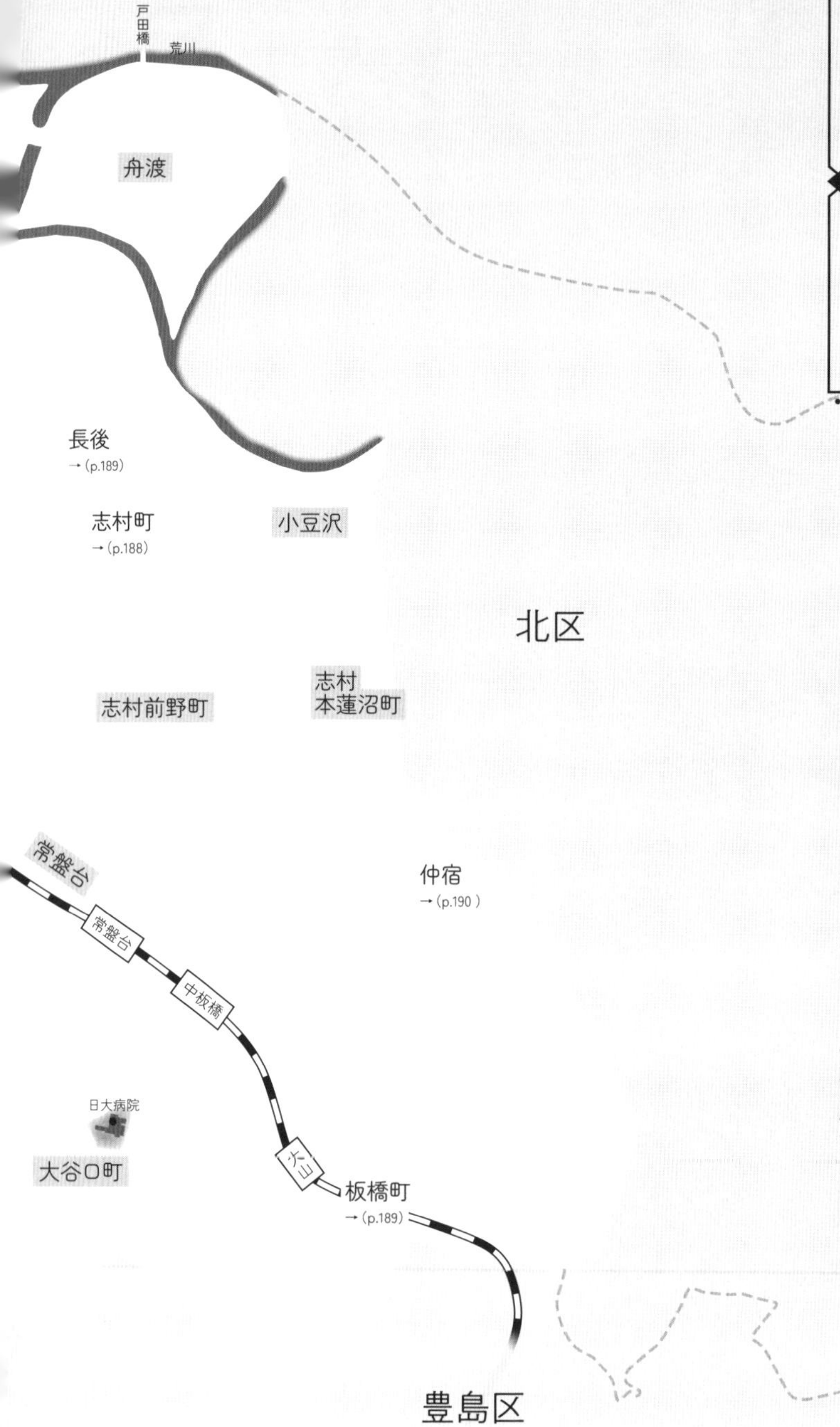

北豊島郡板橋町・上板橋町・練馬町など9町村が合併して昭和7年に誕生した東京22区時代の最大面積区。なぜいま面積最大ではないのか、そしてなぜ東京22区か。すべては昭和22年の一件。練馬区は姉妹都市ではない。

埼玉県
新河岸町
白山神社
成増町
諏訪神社
四葉町
徳丸町
氷川神社
上赤塚町
下赤塚町
志村西台町
成増
蓮根
徳丸本町
→(p.190)
下赤塚
志村中台町
東上線
東武練馬
上板橋
練馬区
上板橋
茂呂町
→(p.187)
小山町
→(p.186)
根ノ上町
→(p.188)
向原町

旧町名RANK C

旧町名

小山町

3つの町名からなる都内最強合成町名「小茂根」

大田区は大森区と蒲田区が合併して誕生した、などというエピソードトークはもう話し飽きたそこのあなた。その話、今日から小茂根《こもね》にしませんか？ 小茂根とは板橋区にある東京を代表する合成町名です。代表どころか東京23区に限ればゆいいつと言っても過言ではありません。なぜなら小茂根とは3つの町名による合成町名なのですから！

それでは、メンバー紹介！ まずは小茂根の「小」！ 遺跡も旧町名の表示も見つからない。あるのはせいぜい歩道橋名。姓は小茂根、名は小山。小茂根の町内環七貫通担当・小山町です！

次は小茂根の「茂」！ 茂呂茂呂諸々言っているけれど、もとは毛呂。小毛根じゃなくてよかったね。姓は小茂根、名は茂呂。小茂根のほぼ練馬区担当・茂呂町です！

最後は小茂根の「根」！ 小茂根で図書館があるのは私だけ。小中学校もあるし東京メトロの駅も近いよ。姓は小茂根、名は根ノ上《ねのかみ》。小茂根の快適な住環境担当・根ノ上町です！

以上、私たち板橋区の南側、3町合わせて小茂根でした！

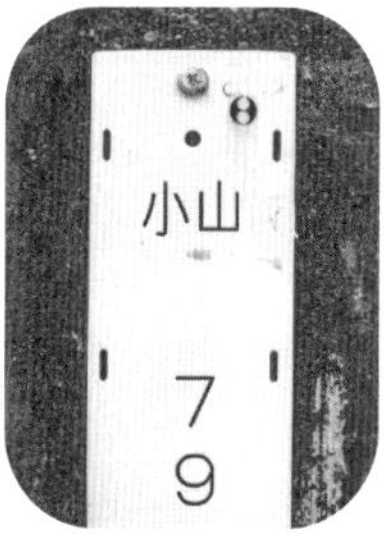

現地では電柱標と歩道橋名、橋名に残るのみ。小山の旧町名の行方をご存知の方、情報募集中。

各町が町名消滅に難色を示した結果、三町の頭文字による新町名となったとか。

小茂根の合流地点。上板橋第二小前交差点が「小」と「茂」と「根」の境界地点であり、小茂根の中の小茂根。写真は根から撮影した左から茂・小。

旧町名DATA

消滅した年
昭和40年

現行住所
小茂根2〜3丁目

旧町名RANK S+

旧町名

茂呂町

旧石器時代の貴重な遺跡が残る町なのにね

小茂根の「茂」は遺跡の町。全国初は群馬県の岩宿遺跡ですが、茂呂《もろ》町は旧石器時代の遺跡が全国で2番目に発見された、実は日本の歴史上とても重要な場所だったのです。その名は茂呂遺跡。

岩宿遺跡発見から1年半後の昭和26年、当時中学生の考古学少年が切通しの断面から発見したナイフ型の黒曜石製石器によって旧石器時代が南関東に存在したことが実証されました。そんな貴重な遺跡のため、きっと現地では大いに貴重さを主張しているはず。その盛り上がりを確認するべく太古の茂呂人に思いを馳せつつ現地に向かいました。場所は城北中央公園。そこには貴重さと相反するあまりにも控えめな碑があるのみ。同公園内練馬区側の栗原遺跡が竪穴式住居を展示しているのに、板橋区のこの知らせたくなさ。岩宿遺跡が旧石器時代の名を岩宿時代に変えたがっているようなので、板橋区には茂呂時代又は小茂根で培った名称合成技術を駆使した岩茂時代の主張を期待します。

茂呂の茂は、もともとは毛。毛呂のままだったら小茂根がただの小さい毛根に。

左に広がるのが茂呂遺跡。右の工事中案内看板は令和に生き残る平成。

一方こちらは練馬区にある栗原遺跡の竪穴式住居。こういうのを期待したい。

旧町名DATA

消滅した年
昭和40年

現行住所
小茂根1～5丁目

旧町名RANK S+

旧町名

根ノ上町

弥生時代の住居や土器が出土する根ノ上遺跡を擁する

小茂根の「根」も遺跡の町。昭和59年の住宅建替に伴う発掘調査の際に、旧石器時代や縄文時代、平安時代から戦時中など複数時代の遺構・根《ね》ノ上《のかみ》遺跡が発見されました。茂呂遺跡と同様、太古の根ノ上人に思いを馳せつつ現地に向かいました。居ました！　本当に根ノ上人が。このノリを茂呂遺跡でも見たいのよ。

旧町名DATA

消滅した年
昭和40年

現行住所
小茂根1丁目、向原3丁目

遺跡の復元展示等々しっかり根ノ上遺跡が主張してくる。

根ノ上人とは現地にいる人物に対し著者が勝手に名付けた架空の人類のこと。

旧町名RANK S++

旧町名

志村町

うしろうしろー！といいたくなる地名

板橋区志村の旧町名は志村町ですが、もともと志村は村名。「志＋村」であり、本来の地名は「志」なのです。志村とこころざし、正に笑いに志を尽くした稀代の芸人そのもの。太田道灌の時代にはこの地に志村城という城がありました。まるで白塗りの殿が居そうな城。いまでも腰元らと戯れていて欲しかった。

旧町名DATA

消滅した年
昭和41年

現行住所
小豆沢1〜3丁目、志村1〜3丁目

たくさんの笑いをありがとう。

熊野神社境内には現在も志村城の空堀が残っている。

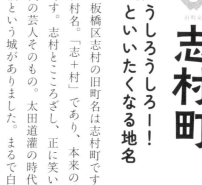

旧町名RANK S+

旧町名

長後

だめだこりゃ 名前そのものが完全に消滅

昭和22年から昭和41年まで存在した町名です。2丁目まで擁し語尾に「町」も付かないので現行町名として残りそうですがしっかり旧町名です。ただしそれ以前の町名は志村長後《ちょうご》町でした。子供達が注意喚起してもかたくなに後ろを見ない人物の後ろに、次に行きたがる面長の人物がいた状況が由来でしょうか。

旧町名DATA

消滅した年
昭和41年

現行住所
坂下1～3丁目、東坂下２丁目

現町名の後ろに残る旧町名。元は志村町大字本蓮沼の小字。由来は不明。

住居表示の際に住民は長後を存続させたかったが由来が不明のため諦めたそう。ただ町内会名で現存。

旧町名RANK S+++

旧町名

板橋町下板橋

由来の橋は現在も架かる 中山道の最初の宿場町、板橋

始まりは平安時代、石神井《しゃくじい》川に架かる板の橋。当時は橋自体珍しいためそのまま地名になります。これが東京23区の区名でもある板橋の起こり。その板の橋こと板橋ですが、現在現地に架かるのは若干板調の演出が施されつつもコンクリートの橋です。ただし、昭和7年までは木製でちゃんと板橋でありつづけたとか。

旧町名DATA

消滅した年
昭和7年

現行住所
本町、稲荷台、栄町、板橋1～4丁目ほか

北豊島郡役所が置かれ、板橋区成立後も板橋区役所に。これがまさかあの伏線になろうとは。

板橋でもっとも板橋な場所であり、板橋宿時代は上宿と仲宿の境目。上宿は現在の本町で仲宿はいまも仲宿。

旧町名RANK

B

旧町名

仲宿

商店街もにぎわう、板橋宿の名残り

中野区に引きつづきまたもや仲町と思いきやこちらは仲「宿」。貴重な紙面を仲系ばかりに割けませんよ。とはいえ由来的には同じようなものです。中山道の第一宿場である板橋宿は三宿の総称ですが、もっとも栄えた仲宿が板橋区成立以降現在に至るまで町名として残っています。あれ？　旧町名じゃない……。

旧町名DATA

消滅した年
—

現存住所
仲宿

約2キロの長さに広がっていた板橋宿は三宿の総称。板橋を挟んで上宿、仲宿、平尾宿（下宿）。

旧宿場ゆえいまも古い建物が残る。こちらは大正6年築の旧米屋。戦時中は軍馬の飼料も販売していたとか。

旧町名RANK

S+

旧町名

徳丸本町

米どころ板橋を形成していた「田んぼ」のひとつ

荒川沿いの低地にかつて徳丸田んぼと呼ばれる水田地帯が存在しました。都内の米生産の7割を占める豊穣地も昭和30年には台風や工場化による地下水の枯渇に水質悪化、そして宅地開発が直撃します。昭和35年に4053俵あった米の供出量は昭和41年にはわずか88俵に。現在この地には団地が広がります。

旧町名DATA

消滅した年
昭和47年

現存住所
赤塚1・7丁目、高島平8丁目、徳丸1～8丁目ほか

現町名徳丸の旧町名は徳丸本町と徳丸町で徳丸が2つ。元徳丸本村と元徳丸脇村。

徳丸田んぼは、もとは徳丸ヶ原と呼ばれた幕府直轄地。後方に写るのは高島平地名の由来の砲術家・高島秋帆による洋式調練記念碑。

ミニコラム 2

東京23区の区名案 ～新宿区・文京区・台東区編～

現在の東京23区のうち統合によって誕生した新区名には、どのような区名案が挙げられていたのでしょうか。今回は新宿区から台東区までをご紹介します。

四谷區＋牛込區＋淀橋區（現 新宿区）

３区統合は難しい。どこにも偏らずいい感じに各区をカバーする折衷案にどれだけ帰着できるかがポイントになりますが、山手区や武蔵野区はちょっと広範囲をカバーしすぎ。それとこれ以降にも言えますが、座談会案が地味に正解を挙げているのがすごい。さすが有識者。無識者とは訳が違う。

座談会案	戸山区、山手区、新宿区
笹川案	高田区
東京新聞 公募結果ベスト5	①戸山区　②山手区　③新宿区 ④早稲田区　⑤武蔵野区

小石川區＋本郷區（現 文京区）

新区内の地域名・町名をベースにした案が多いからか、どの案も割としっくりくる印象を受けます。そんな中、さあ、ついに他区と案が被りました。山手区。広範囲をカバーしすぎるからこういうことになる。それと、公募３位が採用されていたら千代田区富士見となんらかの一揉めはまず避けられなかったでしょう。

座談会案	湯島区、文京区、文教区、春日区
笹川案	真砂区
東京新聞 公募結果ベスト5	①春日区　②湯島区 ③富士見区　④音羽区　⑤山手区

下谷區＋浅草區（現 台東区）

下町区というストレートな表現、嫌いじゃないです。隣接する現文京区がもしも山手区になっていたら下町区と一対になって面白そうですね。座談会案の「大平区」を仮に「台平区」とした場合、地形を表している感じが出ていいのでは、と思いましたが勘違いでした。なお、久保田案の「浅芽区」は「あさじ」と読むそうです。

座談会案	大平区、下町区
久保田案	墨田川区、宮戸川区、浅芽区
東京新聞 公募結果ベスト5	①上野区　②下町区　③大平区 ④隅田区　⑤浅谷区

練馬区

昭和22年8月1日に誕生した独立国家。板橋区の面積の過半数以上を奪い東京22区時代を2年で終わらせるどころか、埼玉県内に飛び地という名の植民地を有するアグレッシブさ。板橋区は姉妹都市ではない。

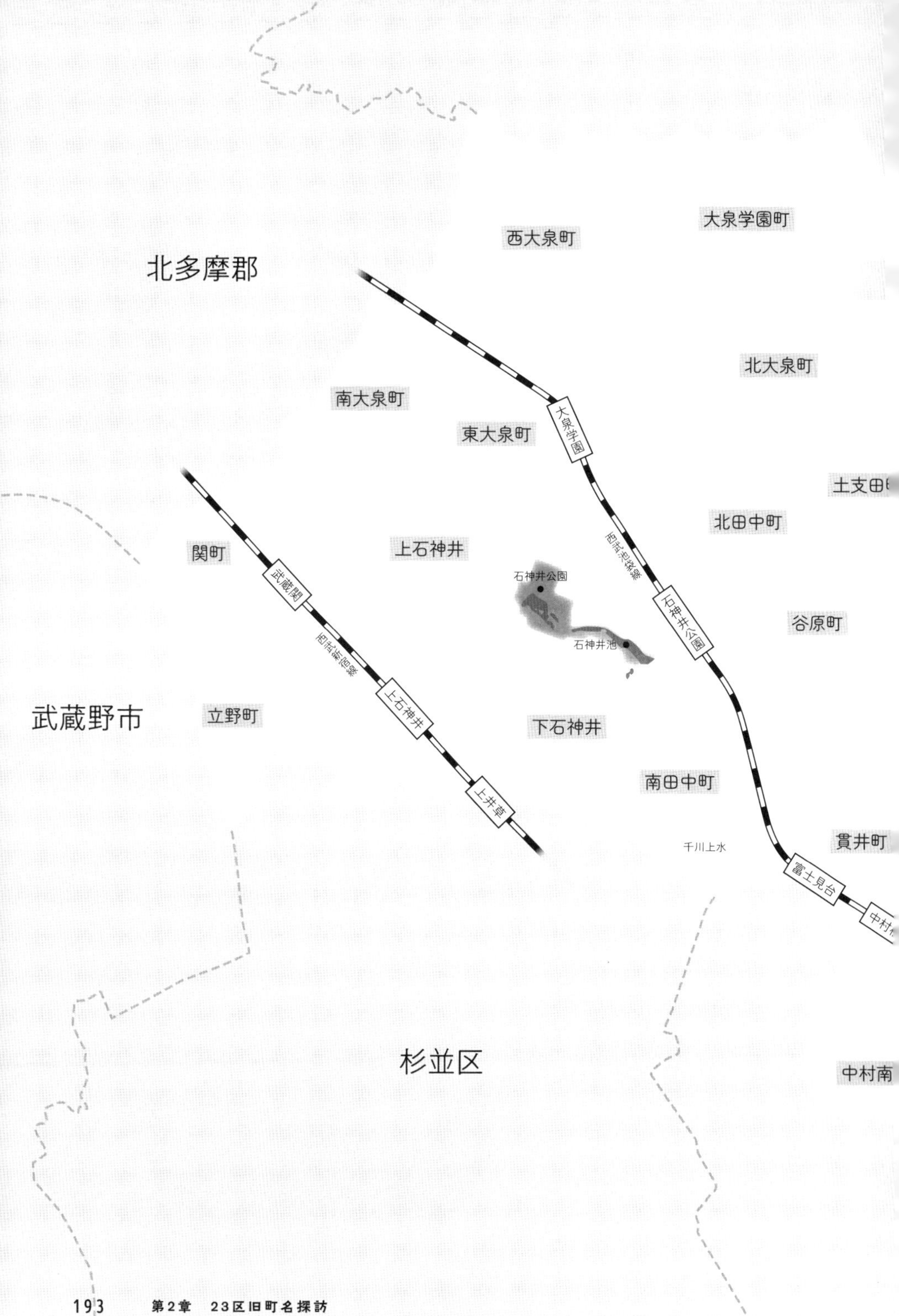
北多摩郡
西大泉町
大泉学園町
南大泉町
東大泉町
大泉学園
北大泉町
土支田
北田中町
関町
上石神井
武蔵関
西武池袋線
石神井公園
石神井公園
谷原町
石神井池
西武新宿線
武蔵野市
立野町
上石神井
下石神井
南田中町
上井草
千川上水
貫井町
富士見台
中村
杉並区
中村南

旧町名RANK

S+++

旧町名

板橋區練馬南町

×板橋区練馬というパワーワード

練馬区なのになんで板橋区があるの？ 誤植？ そう思ったあなた、練馬区とは板橋区です。昭和22年8月1日に板橋區から独立して練馬区が誕生しました。つまり練馬区とは板橋区の一部分だったのです。その結果、練馬区内に板橋区時代の旧町名がある大変珍しい光景が見られます。

では、なぜ練馬区は板橋区から独立したのでしょうか。練馬地区に対する不当な関税など板橋区の圧政が原因ではなく、練馬軍と板橋軍による独立戦争でもありません。板橋区は板橋町や練馬町など計9町村で昭和7年に誕生しましたが、その区役所は区の東端、旧下板橋宿の旧北豊島郡役所に置かれます。区の西側に位置する練馬方面の住民にとっては区役所への簡単な用事でも1日仕事。納税のために区役所に行ったのに交通費の方が高かったとか。練馬区独立の背景には、区役所の位置があったのでした。

なお、練馬区では8月1日を独立記念日と定めています。この日区民は独立を祝ってバーベキューやピクニックをすることもなく、暦通りです。

板橋区練馬南町は昭和22年8月1日から2年間だけの練馬区練馬南町を経て練馬区南町となり、いまは消滅。

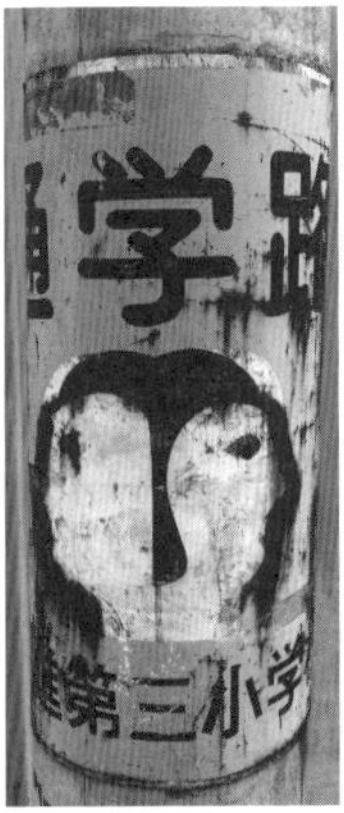

アメリカ独立の171年後に独立した練馬区の初代区役所の場所は、現在の開新第三小学校。同校の前衛的過ぎる看板。

練馬区独立記念碑。板橋区からの独立をGHQに陳情したところ、日本国からの独立と誤解されて大事になったという心温まるエピソード付き。

旧町名DATA

消滅した年
昭和22年

現行住所
練馬1～4丁目、桜台ほか

旧町名RANK

S

旧町名

田柄町

衝撃の4桁番地だが全国にはさらなるつわものたちが

地番の不規則性などが原因で住居表示が実施され多くの町名が消滅しましたが、旧町名といえば地番。旧町名あっての地番であり、地番あっての旧町名認定。彼らは密接不可分の関係です。旧町名を愛でる私としては、地番までも大いに愛でようと考え、地番の数値を戦闘力として換算して楽しむことにしました。以降は地番数を地番力と定義します。

そんな群雄割拠の地番界に、注目すべき地番が現れました。それがアイスクリーム卸会社が看板に掲げる今回の旧町名。4桁そして衝撃の6000超。この地番は相当な使い手と見受けられます。※写真では非表示

これを機に、さらなる高みを追求すべく、地番スカウターこと東京時層地図で確認可能な範囲で最大地番を探りました。その結果、現時点で「練馬区南町7179」が地番王に認定されました。

ただこれはあくまで東京都大会の話。全国には1万超の猛者がざらに存在します。例えば茨城県石岡市石岡15933。さらにうわさによれば静岡には2万超もあるとか。恐ろしい世界。

田柄《たがら》町誕生以前、田柄の付く小字は、上・中西・北・東のみならず前や谷まで多数存在。

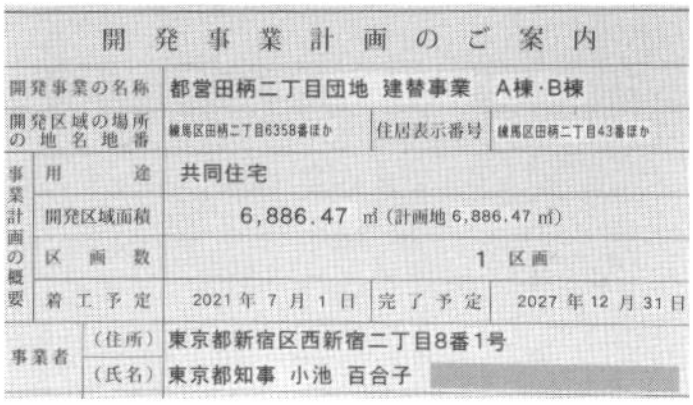

開発事業計画のご案内			
開発事業の名称	都営田柄二丁目団地 建替事業 A棟・B棟		
開発区域の場所の地名地番	練馬区田柄二丁目6358番ほか	住居表示番号	練馬区田柄二丁目43番ほか
事業計画の概要 用途	共同住宅		
開発区域面積	6,886.47 ㎡（計画地 6,886.47 ㎡）		
区画数	1 区画		
着工予定	2021年7月1日	完了予定	2027年12月31日
事業者（住所）	東京都新宿区西新宿二丁目8番1号		
事業者（氏名）	東京都知事 小池 百合子		

住居表示が実施されたとはいえ住居表示は建物用で地番はそのまま。建築計画表示からもそのことがわかる。

田柄といえば田柄川緑道とその暗渠上に突如現れる水位状況表示。地番が表示されたりはしない。

旧町名DATA

消滅した年
昭和44年

現行住所
田柄1〜5丁目・光が丘1〜7丁目

旧町名RANK S

旧町名

江古田町

はじめ板橋区、のち練馬区所属で中野区江古田と区別のため改称

旧町名DATA

消滅した年
昭和35年

現行住所
旭丘1～2丁目

「江古田」っていうと「えごた」っていう。「江古田」っていうと「えこだ」っていう。「江古田」でしょうか。いいえ、「江古田」です。金子みすゞさんもそうおっしゃるように江古田には2つの読み方が存在します。前者は本家で中野区の現町名、後者が分家で練馬区の旧町名。覚え方はエゴが中野、ＥＣＯが練馬。

練馬の江古田。当然紛らわしいので住民投票の結果、昭和35年に旭丘に変更。旭は地域の小学校名から。

こちらは現町名である中野の江古田。練馬側が気を使って旭丘に変えたのに、3年後一部を江原町に変更。

旧町名RANK S+

旧町名

仲町

文京区、千代田区、中野区そして板橋区とかぶりすぎ

旧町名DATA

消滅した年
昭和40年

現行住所
平和台1～4丁目、氷川台1～4丁目ほか

本書の異常な仲町率。南町と共に消滅した仲町。現町名は錦・早宮・平和台などで、いずれも各町内会による投票で決定。都内でゆいいつ町が付かない「錦」は百合ヶ丘・緑丘との競り合いに勝利。「早宮」は最多得票の桜川が板橋区と被るのでボツ。「平和台」は最後まで競った本村が「村」でボツ。いろいろある。

練馬区の中心でもないのに仲町とはいかがかと区議会が紛糾し、一時は板橋区への再編入も検討された悲しき仲町。

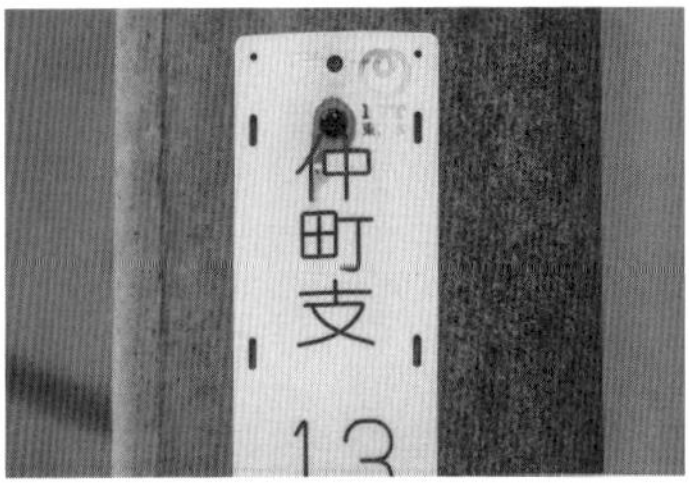

仲町の名前は小学校名のほか、安定の電柱票に健在。

ミニコラム 3

東京23区の区名案 〜墨田区・江東区・品川区編〜

現在の東京23区のうち統合によって誕生した新区名には、どのような区名案が挙げられていたのでしょうか。今回は墨田区から品川区までをご紹介します。

本所區＋向島區（現 墨田区）

他の区なんぞに隅田川関係の名前は絶対に渡さないという強い意思を感じます。そんな中、公募結果で地味に江東区がランクインしている点に注目です。隅田川関係を死守する勢い余って他の区の名前を奪いにいくとは。

座談会案	墨田区
久保田案	本所区、大川区
笹川案	隅田区
東京新聞 公募結果ベスト5	①隅田区　②墨田区　③吾妻区 ④隅田川区　⑤江東区

深川區＋城東區（現 江東区）

こうして案を見ると、深川區を由来とするものが大半を占めていることがわかります。かたや東京15区時代からの古参、かたや東京35區からの新参。深川區と城東區の力関係が伺えます。皇居の東南という位置、さらには江戸時代に深川を表す言葉でもあった辰巳区が素晴らしく個性的ですね。

座談会案	永大区、江東区
久保田案	深川区、辰巳区
笹川案	江東区、辰巳区、富岡区
東京新聞 公募結果ベスト5	①江栄区　②永大区　③辰巳区 ④清澄区　⑤東区

品川區＋荏原區（現 品川区）

実は、座談会も公募も、統合前の現行区名は案に入れないという大前提がありました。したがって仮に現在の区名を地域住民が望んでいたとしても、そもそも案には挙がりません。品川区民としては江戸幕府から300年続く品川の名前を残したかったのに案にすら挙がらないために、表向き人気が高いように見える大井区だけは絶対に阻止したかったようです。

座談会案	大井区
笹川案	東海区
東京新聞 公募結果ベスト5	①大井区　②東海区　③城南区 ④八ツ山区　⑤港区

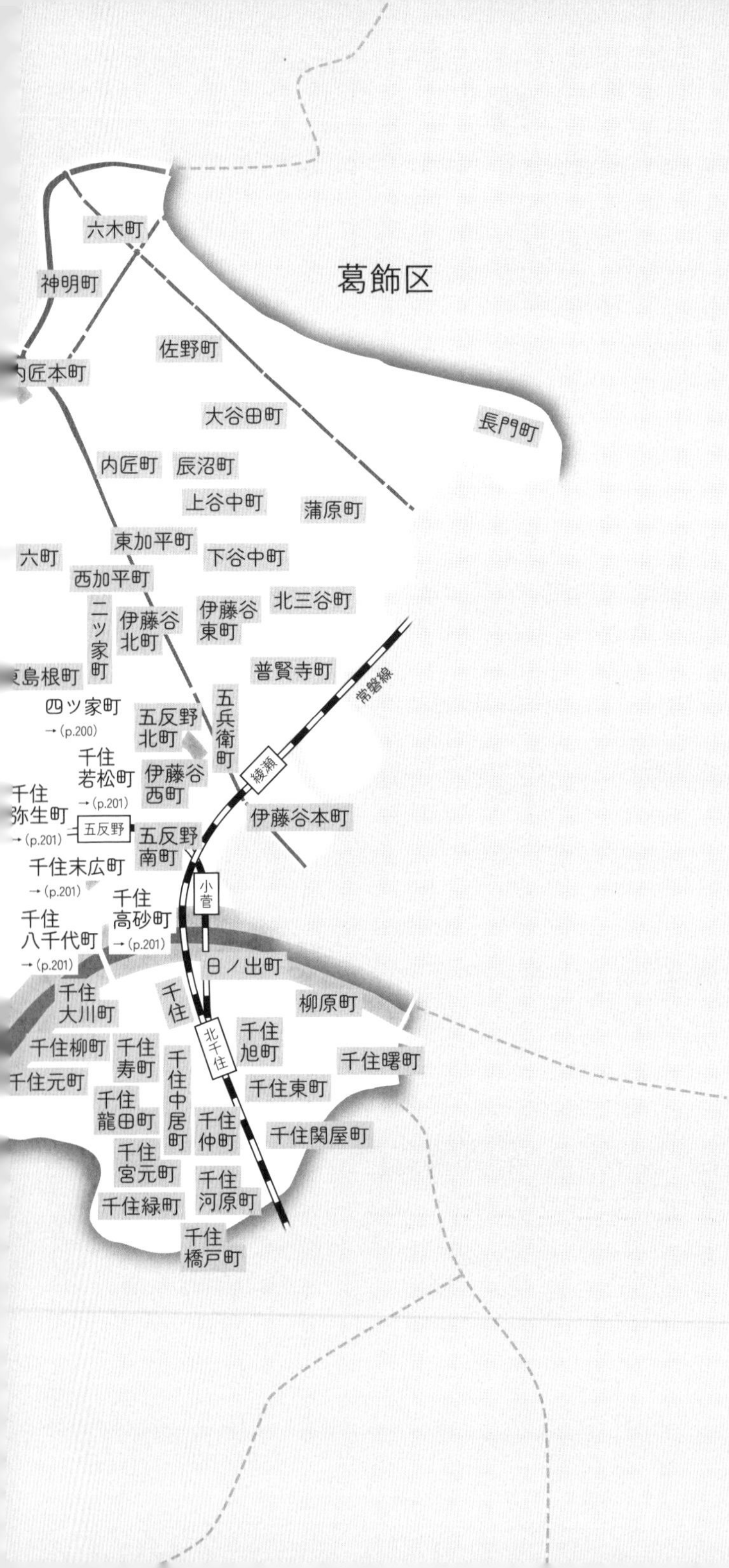

足立区

南足立郡千住町など10町村が合併して昭和7年に誕生した元飛び地天国。耕地整理や住居表示で飛び地は駆逐したが、平成元年まで荒川河川敷に、現在も舎人公園に旧町名が残存。貴重な小字の生息地でもあった。

埼玉県
北足立郡
花畑町
伊興町○○は
→（p.202）
伊興町
谷下
保木間町
伊興町
狭間
伊興町
聖堂
伊興町
白幡
伊興町
五庵
舎人町
→（p.203）
伊興町
吉浜
竹ノ塚
竹塚町
六月町
伊興町
前沼
伊興町
本町
古千谷町
→（p.203）
伊興町
京伝
東栗原町
伊興町
見通
東武鉄道
小右衛門町
→（p.201）
伊興町
五反田
伊興町
一丁目
島根町
伊興町
大境
千住栄町
→（p.201）
入谷町
→（p.203）
伊興町
槐戸
伊興町
諏訪木
栗原町
梅島町
西新井
梅島
西新井町
大師前
谷在家町
加賀
皿沼町
川口市
本木町
梅田町
興野町
高野町
上沼田町
北鹿浜町
北堀之内町
下沼田町
千住
桜木町
小台
大門町
北宮城町
荒川放水路
南堀之内町
荒川
新田
上町
新田
下町
沼田
川端町
小台町
南鹿浜町
南宮城町

旧町名

四ツ家町

当時の開墾者の家が4軒だったことからその名に

日ごろ過剰摂取している旧町名を突然絶たれると、古い映像や写真に映る街並みから旧町名をさがすなどの症状が現れます。末期には、古書の奥付や昔の雑誌の読者投稿欄に旧町名が書かれていないかさがし始めることもわかりました。これはいずれも2020年春の私です。

新型コロナは私たちの価値観や行動様式を根底から覆しました。まさか旧町名をさがす前提の外出が出来ない日常が訪れようとは。緊急事態宣言下の私は、前述のとおりの奇行をくり返していました。すべてはいつか出会える旧町名のため。

なお、その奇行の一助となったのが各区の図書館などが公開するデジタルアーカイブコンテンツです。特に足立区立郷土博物館による街並みの写真は、牧場や稲刈りなどの牧歌的な足立区が楽しめます。そしてこの印象に残る冠水した街並みの写真。左後方に「足立区四ツ家町」の珐瑯町名看板を発見しました。いつかきっとこの旧町名に出会えるはず。

時は流れ、根拠のない自信を胸に現地へ。あった！出会えた！

珐瑯ではないので同一ではないが、限りなく同じタイプと思われる旧町名。

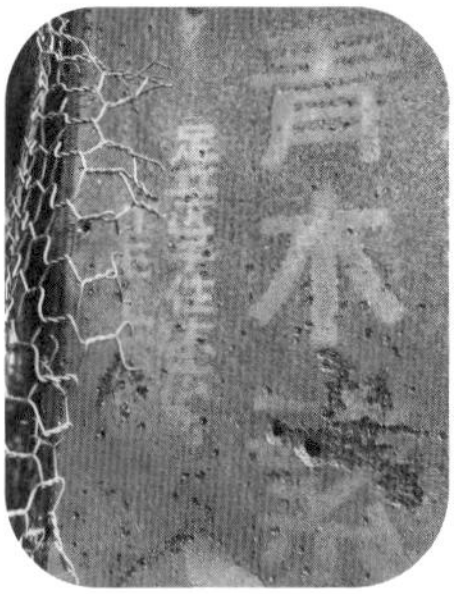

看板下部の広告スペースに書かれている千住末広町も旧町名。

左後方に写る縦書きの四ツ家町。足立区の位置といいほぼ同じタイプと思われる。

旧町名DATA

消滅した年
昭和41年

現行住所
弘道1～2丁目、青井1～4丁目

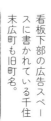

旧町名RANK B 旧町名

小右衛門町

現町名は中央本町 江戸風で粋な名前もいまは昔

この町名は江戸でしょうか、いいえ首都です。大都会ＴＯＫＹＯのイメージや現町名とのギャップも旧町名の魅力です。そして、そのすべてを兼ね備えた旧町名はなにかと聞かれたら、小右衛門《こえもん》町一択でしょう。だって現町名は足立区中央本町ですよ。住居表示の実施要領で他区と被りそうな町名はダメと言ったよね？

旧町名DATA

消滅した年
昭和50年

現行住所
中央本町1～5丁目、一ツ家1・3～4丁目ほか

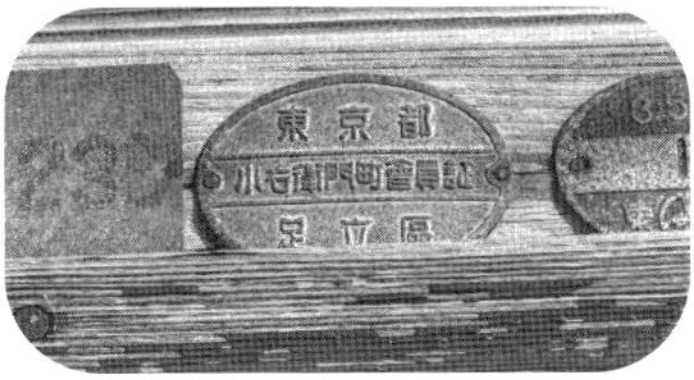

判別できるけど旧町名認定が怪しいもの。なぜなら町会標だから。名前の由来は新田開拓者・渡辺小右衛門。

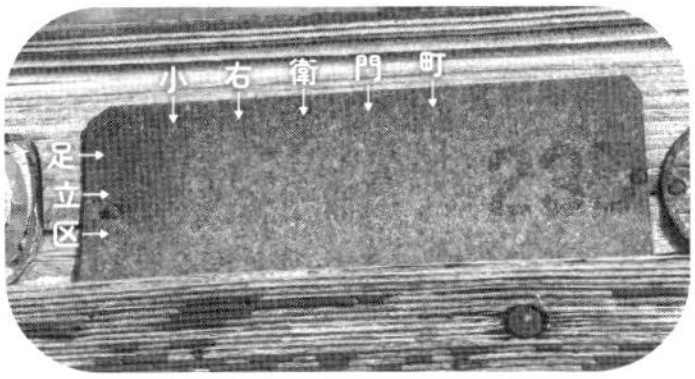

旧町名認定したいけど判別が怪しいもの。かすかに読める数字は確実に地番。残念ながらいまは建物ごと消滅。

旧町名RANK S++ 旧町名

荒川の先の千住たち

縁起のいい名前が立ち並ぶ 荒川対岸の旧千住地区

千住といえば北千住辺りだと思っていませんか？実は北千住の北・荒川の先も千住だったのです。もとは陸つづきで同じ千住《せんじゅ》町でしたが、大正から昭和5年までの荒川開削工事で千住町が分断されてしまいました。川の先の旧町名はすべて縁起物にちなんでいます。せめて町名を前向きにという願いでしょうか。

旧町名DATA

消滅した年
平成元年
（千住八千代町）

現行住所
梅田1・3～4丁目、関原1丁目
（千住八千代町）

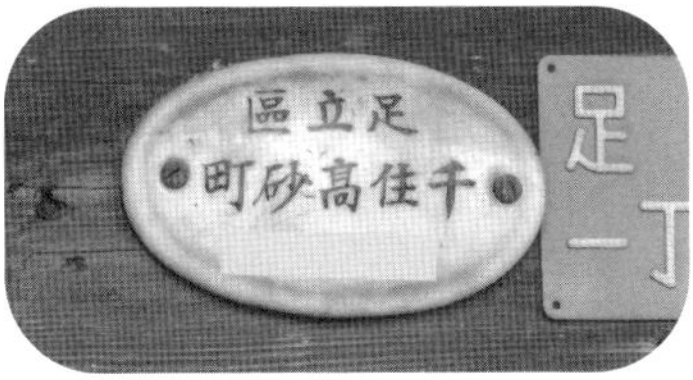

川の先の千住シリーズはこの他に若松町、栄町、末広町、弥生町、八千代町。縁起のよさも虚しくすべて消滅。

千住八千代町はもっとも荒川沿い。平成元年まで河川敷に町名が残り、対岸の千住に帰りたそうにしていた。

旧町名RANK S++

旧町名

伊興町シリーズ

東京23区で平成まで存在していた小字たち

伊興《いこう》は異質。伊興村時代の明治22年に近接する3村と共に淵江《ふちえ》村を誕生させるや否や、2年後に人情風俗が違うのを理由に伊興村として独立したり、昭和7年の東京市編入時には、大字がなく小字のみ、かつ通し地番だったため東京市でゆいいつ小字の付く町名が誕生したり、その小字が実は平成13年まで生存していたり。さらに注目はその小字名。谷下・聖堂《せいどう》・狭間・吉浜・番田《ばんでん》・五庵・白幡・前沼・本町《ほんちょう》・五反田・京伝・見通《みとおし》・一丁目・大境《おおざかい》・諏訪木《すわぎ》・槐戸と、どの街でも見かけない異質な文字面です。東京市そして東京23区通じて小字付き町名はこの伊興町だけ。突然なくなることもあるので、夏休みは貴重な小字を見に行こう！などと言っていたある日、ふと伊興村期の地図を見ていると前述の小字とは異なるなにかが点在しているのです。早房《はやぶさ》・北根《きたね》・下《おり》戸《と》・西嶋《にしじま》・横沼《よこぬま》。えっ怖い、また伊興が異質さを出してきた。どうやら大字でも小字でもない「厨子」という集落内の共同体とのこと。伊興は異質。

初見殺しの小字のひとつ・槐戸。「さいかちど」と読むが、読めなさすぎて電柱票はひらがな表記に。

平成11年に消滅した前沼。東京23区の小字は平成13年の白幡・狭間の消滅をもって消滅。

実は昭和初期、伊興町狭間に小字と同じ狭間、竹ノ塚駅周辺に駅前という名の厨子が新設されたとか。

旧町名DATA

消滅した年
昭和43年
（伊興町槐戸）

現行住所
西伊興町1丁目ほか
（伊興町槐戸）

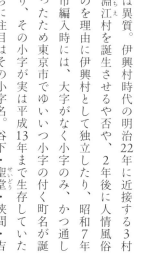

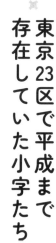

旧町名

舎人公園に残る旧町名の亡霊たち

現町名として存在しつづけるも人口は0人

旧町名DATA

消滅した年
現在
（舎人町）

現行住所
舎人1〜6丁目、
皿沼3丁目
（舎人町）

かつて足立区に入谷《いりや》町・古千谷《こぢや》・西伊興町・舎人《とねり》町という町名がありましたが、住居表示の実施によって入谷町は入谷、古千谷は古千谷本町、西伊興町は西伊興、舎人町は舎人と、残念ながらすべて消滅してしまい……ませんでした。

実は彼らは、舎人公園の中でのみ町名として現存しています。ただし、人口は0人。

そもそも人口0人の町名など本当に存在するのでしょうか。東京の中枢・千代田区の丸の内2丁目でも人口1名（令和4年5月時点）なのですから、人口0人の町名などあるわけない。

とはいえ、一応の確認のため日暮里舎人ライナーに揺られ舎人公園に向かいました。舎人公園駅の案内板や周辺地図案内には、彼らの名が堂々と刻まれています。人口0人なわけがない。自信が確信に変わった瞬間です。そしていよいよ現地へ。

入谷町は歩道。古千谷は舎人公園そのもの。西伊興町はバーベキューが盛んでした。舎人町は非常用発電機設備が公園の安全を支えています。納得の人口0人。

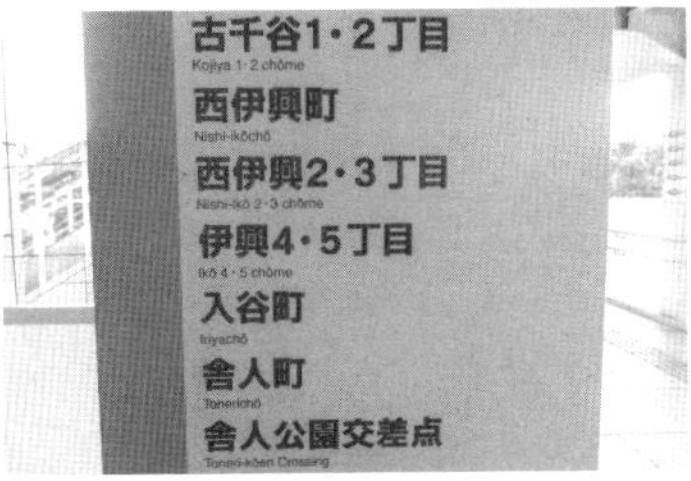

いにしえより舎人公園駅構内の案内板に残りし旧町名の亡霊たち。西伊興と西伊興町の新旧町名が夢の共演。

柵を挟んで右側の歩道が入谷町、左側一帯が舎人町。だれがここに住民票を置くというのか。

この日、人口0人の舎人町において一瞬だけ人口が1人（羽）になる瞬間がありました。人口とは。

葛飾区

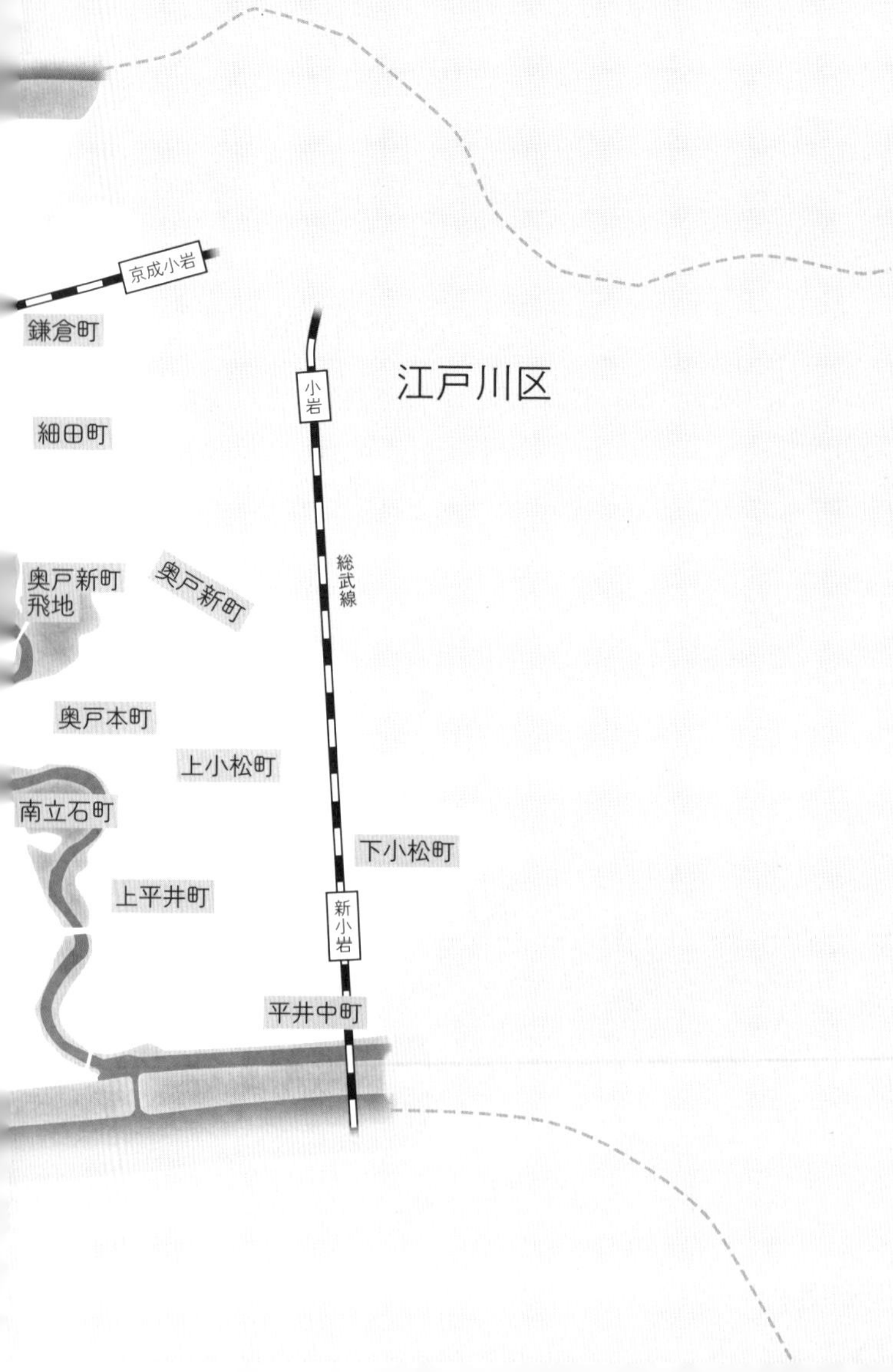

昭和7年に誕生した京成王国。なぎら健壱さんが幼少期の頃に木挽町から新宿へ引っ越すことになり、しんじゅくだと思ったら葛飾区新宿（にいじゅく）だったというハートフルエピソード街。区の紋章は「カ」。

埼玉県
水元小合上町
→(p.207)
水元小合新町
水元小合町
金町
千葉県
松戸市
江戸川
金町
京成金町
帝釈天
柴又町
柴又
常磐線
水元猿町
水元飯塚町
新宿町
高砂
京成電鉄
高砂町
中川
亀有町
亀有
足立区
本田淡之須町
諏訪町
青砥
砂原町
青戸町
本田立石町
本田中原町
→(p.206)
上千葉町
京成電鉄
西淡之須町
本田梅田町
立石
本田原町
御花茶屋
下千葉町
本田宝木塚町
本田篠原町
本田町
本田川端町
堀切菖蒲園
本田渋江町
→(p.207)
小菅刑務所
小菅町
小谷野町
堀切町
西篠原町
本田四ツ木町
四ツ木
本田木根川町
→(p.208)
本田若宮町

旧町名RANK
S++

旧町名
本田中原町

大人気漫画が数々生まれた街　キャプテン翼もめっちゃいる

葛飾区に触れる以上はこの話題は避けられないでしょう。豊島区椎名町とはベクトルが異なりますが、葛飾区も漫画の街。そして葛飾区でもっとも有名な漫画といえば、もうご存知ですよね。

そう、『ドーベルマン刑事』です。作者の平松伸二先生が葛飾区在住であることから、作品のキャラクターが亀有警察署と葛飾警察署の特殊詐欺防止啓発ポスターに採用されています。

すみません、葛飾区といえばあの作品もです。みなさんもうご存知ですよね。そう、『キャプテン翼』です。作者の高橋陽一先生は四《よ》つ木《ぎ》の出身で、さらに卒業した南葛飾高校の略称が主人公チーム名に使われています。ちなみに南葛飾高校が所在する場所の旧町名は本田中原《ほんでんなかはら》町と言いますが、残念ながら本田や中原という人物は作中には登場しません。

あ！　肝心のあの作品を忘れていました。本田という人物が登場する漫画がありました。もうご存知ですよね。もちろんタイトルが葛飾区のあれです。そう、『こちらかつ……』ああタイトルが長くて文字数が。

広い野原が由来。中とは言うものの本田シリーズの旧町名の中では最北。

映えスポットの東京都立南葛飾高校前置物。ツインシュートが打てる映えスポット。こいつはチャンバも走るぜ！

旧本田中原町には区役所やかつしかFMが集まります。こちらはかつしかFMキャラクターかつ坊。

旧町名DATA

消滅した年
昭和42年

現行住所
立石5～6丁目、青戸1～3・6丁目

旧町名RANK S++

旧町名

本田渋江町

駅の南側には渋い商店街
京成電鉄キャプテン翼駅はこちら

四ツ木駅はキャプテン翼仕様になりました。駅名が掲げられているので辛うじて駅であることがわかりますが、「駅」の文字の感じ、ある日「翼」に変わっていても絶対に気がつかない。そんなキャプ翼駅一帯の旧町名は渋江《しぶえ》町。可燃性の問題がなければ町内の工場で翼のセルロイド人形が作られていたことでしょう。

旧町名DATA

消滅した年
昭和40年

現行住所
四つ木1~3丁目、東四つ木1~4丁目ほか

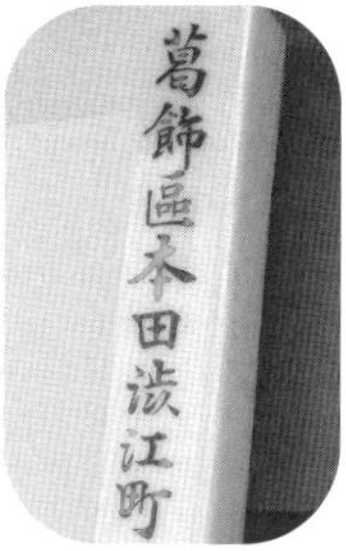

かつては鉄工場とセルロイド工場街が共存した渋江町。いまは商店街とキャプテン翼が共存。

すぐれものゾと街中騒ぎそうなこの外観、じつはキャプテン翼ミュージアムではなく、四ツ木駅。

旧町名RANK S++

旧町名

水元小合上町

小合町、小合新町、飯塚町、
猿町も共に水元シリーズ

葛飾区の旧町名といえば本田の冠を擁する本田シリーズが一大勢力ですが、水元《みずもと》シリーズなるものが区の北側に存在します。シリーズとはいえ5つの少数精鋭部隊。昭和41年に一部地域で住居表示が一瞬行われ、14年後の昭和56年に思い出したかのように残存部分を住居表示し水元シリーズは消滅。まさか忘れてた？

旧町名DATA

消滅した年
昭和56年

現行住所
東水元4丁目、水元公園ほか

小合《こあい》とは小合溜井という地域の水源となった用水池。つまり水の元。従ってこの旧町名は水元水元上町。

水元公園。園内には「向かい側の埼玉県三郷市には行けない」との表示があり、葛飾区民の脱葛を警戒中。

旧町名RANK

S++

旧町名

本田木根川町

人気歌手が少年時代を過ごした地

ある天才バイオリン少年がこの街にいました。3歳でバイオリンを始め、出場したコンクールでは6年生で九州2位。少年は本格的にバイオリンを学ぶため、小学校卒業と中学校進学を期に遠い長崎県から単身上京しこの街で暮らします。

少年がこの街で過ごしたのは2年間。学校生活、神社の縁日、植木市、銭湯、荒川土手と橋、ごくわずかな期間ながらも下町を構成するすべての要素が、多感な時期に親元を離れた少年の人生観に多大な影響を与えたのでしょう。

それから14年後。少年は青年となり、2年間の下宿生活の思い出を綴った曲を発表。かつての少年はこの街で過ごした日々を「みんな　みんな許せた毎日」と歌います。下町の雑多な生活音や町工場の喧騒、思春期の感傷にも似た川面に映る夕暮れの情景が、歌詞から伝わってきます。少年は高校でバイオリンの道を挫折しましたが、素晴らしい曲を数多く世に残す音楽家として身を立てました。

少年の名は佐田雅志。

町名が消滅したのは昭和40年3月。少年が下宿を始めたのは昭和40年4月。すでに東四つ木。

曲名の木根川橋の竣工は昭和44年。少年が下宿を終えたのは昭和43年。当時準拠だと曲名は四ツ木橋。

銭湯はないものの、当時を偲ばせる木根川商店街跡が現地に残る。マーケットと呼ばれ、地域の生活を支えていた。

旧町名DATA

消滅した年
昭和40年

現行住所
東四つ木1～3丁目

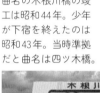

ミニコラム
4

東京23区の区名案 ～大田区・北区・番外編～

現在の東京23区のうち統合によって誕生した新区名には、どのような区名案が挙げられていたのでしょうか。今回は最終回、大田区から北区、そして番外編をご紹介します。

大森區＋蒲田區（現 大田区）

大田区という区名は妥協の産物であったことは報道もしくは本編のとおりです。両区のパワーバランスを抜きにすると、やはり海にちなんだ名前が案に挙がってきます。中央区の案でも触れましたが、なぜか新区名案は愛知県方面っぽい名前になりがち。

座談会案	東海区
久保田案	飛鳥区
東京新聞 公募結果ベスト5	①東海区　②六郷区　③京浜区 ④池上区　⑤多摩川区

滝野川區＋王子區（現 北区）

北区でも取り上げましたが圧倒的な飛鳥山関連の人気。当用漢字だったら本当に飛鳥区になっていたと言われています。飛鳥が非当用漢字で読みにくいからダメなら、奈良県はどうなる。

座談会案	飛鳥区、明日香区
久保田案	飛鳥区
笹川案	平塚区、飛鳥区
東京新聞 公募結果ベスト5	①飛鳥区　②飛鳥山区 ③赤羽区　④京北区　⑤城北区

番外編　幻の東京46区案

35區を統合するどころか既存の區を分割して増やす案もあったとか。これは東京逓信局の通信行政上から見た区画改定案というあくまで申し入れレベルで、下記の文献に記録が残るのみ。どのような区割だったのか気になります。あと、江戸川區の小石川区はおそらく小松川区の誤字だと思う。

既存區	分割案	既存區	分割案
江戸川區→	小石川区、江戸川区	世田谷區→	千歳区、玉川区、 世田谷区
葛飾區→	新宿区、葛飾区	大森區→	大森区、田園調布区
足立區→	足立区、城北区	品川區→	大崎区、品川区
板橋區→	板橋区、練馬区、 石神井区	豊島區→	目白区、豊島区

（引用元『特別区：都区調整の十年』都政通信社、1957年）

江戸川区

昭和7年に誕生した小松菜発祥の地。昭和50年代まで住居表示の実施が行われ、町名消滅が伴う住居表示は平成2桁時代までつづいた。そして令和のいまも地味に住居表示実施中。東京の小松菜収穫量・シェアともに1位。

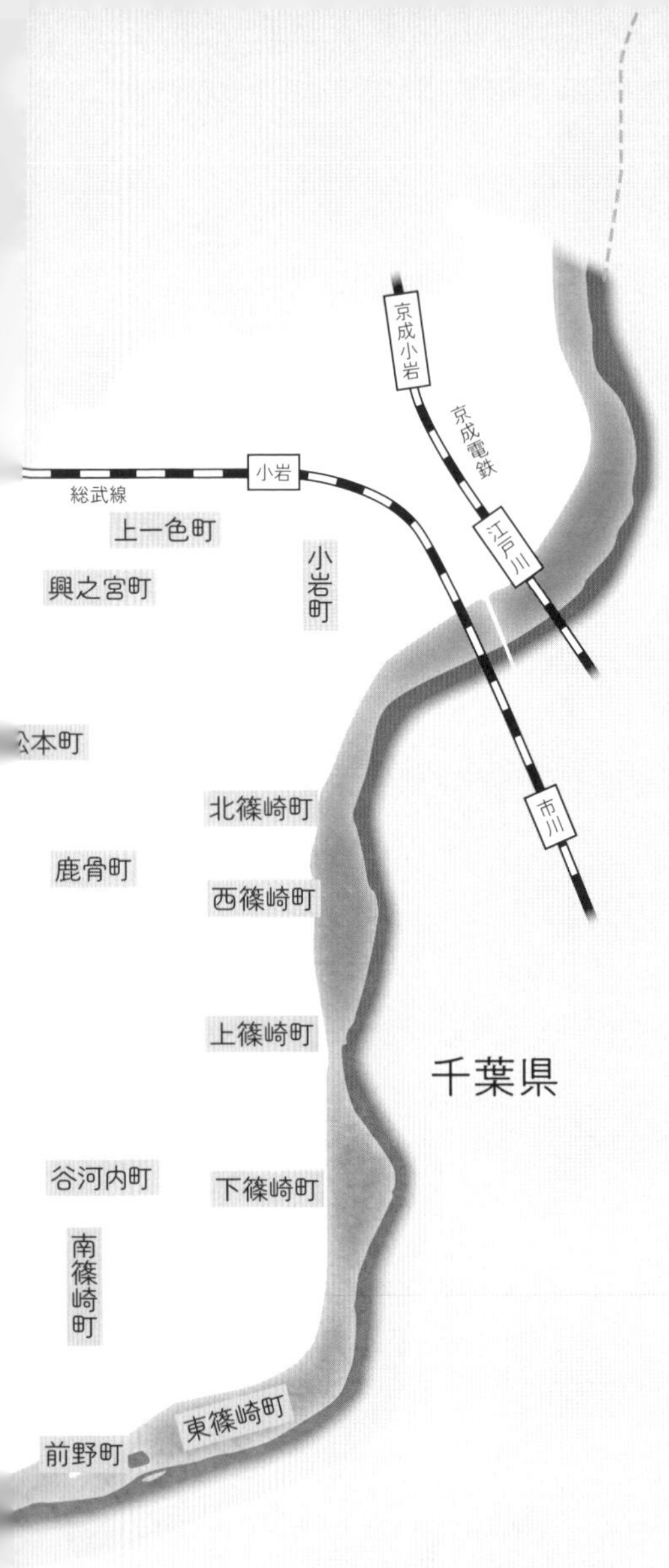

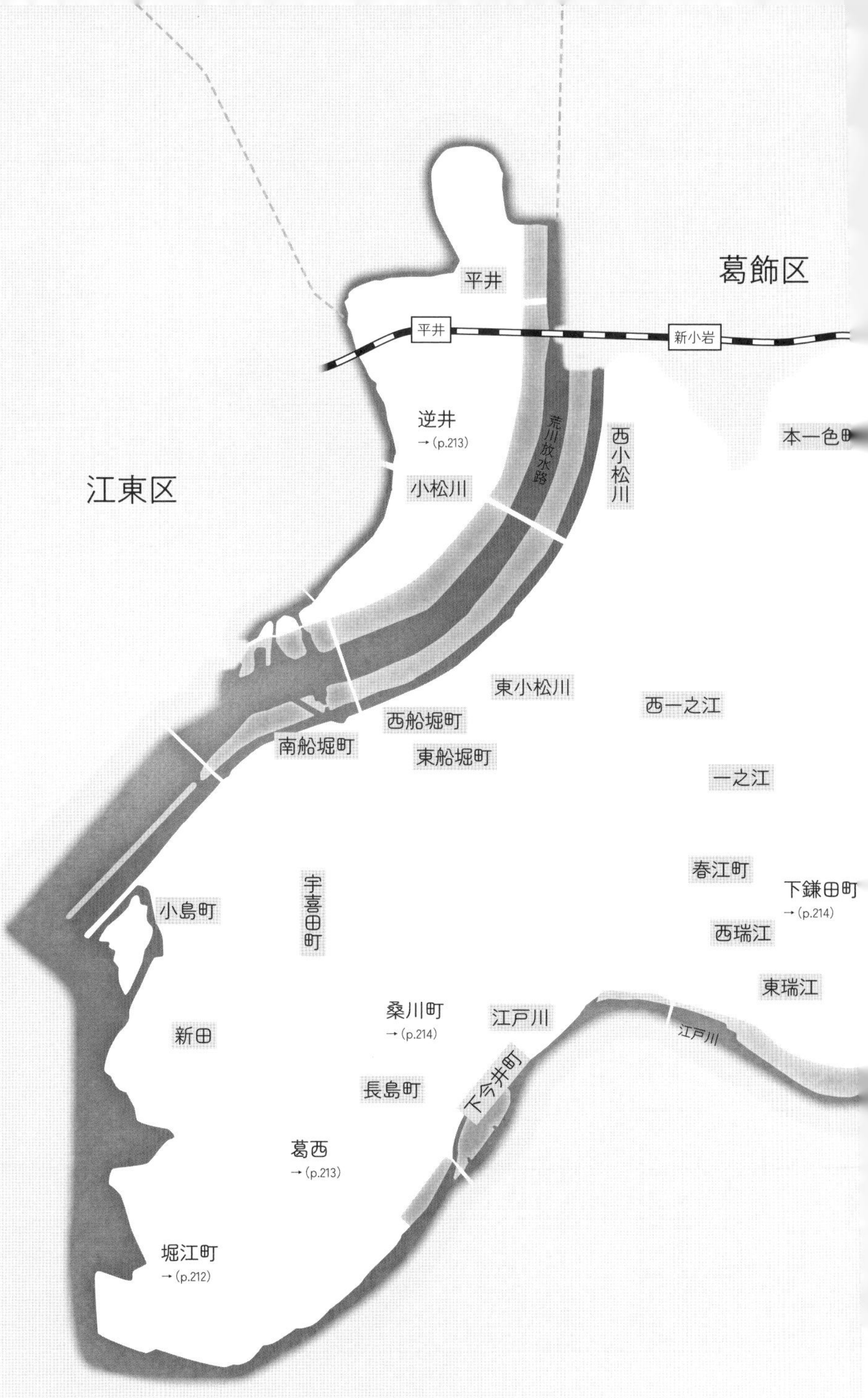
葛飾区
平井
平井
新小岩
逆井
→(p.213)
荒川放水路
西小松川
本一色町
江東区
小松川
東小松川
西一之江
西船堀町
南船堀町
東船堀町
一之江
宇喜田町
春江町
下鎌田町
→(p.214)
小島町
西瑞江
東瑞江
桑川町
→(p.214)
江戸川
江戸川
新田
下今井町
長島町
葛西
→(p.213)
堀江町
→(p.212)

旧町名RANK
C
旧町名

堀江町

河川敷に残るという都市伝説の旧町名、旧町名の亡霊は存在するのか

古より旧江戸川の河川敷に残りし旧町名の亡霊、堀江町。これは江戸川区で囁かれる都市伝説です。堀江町は昭和54年に消滅し現町名は南葛西のはずでした。江戸川区が設置する地図上からも堀江町の存在は抹殺されています。ところがGoogleMapでは河川敷に堀江町とその町域が表示されるのです。3食旧町名の私としては、堀江町を真っ当な旧町名に成仏させる義務があるため、令和3年8月早朝、都営バスに乗り旧江戸川河川敷へ向かいました。

臨海車庫行きに乗ったつもりがなぜか荒川を徒歩で渡るはめになったり、葛西臨海公園の貸自転車が軒並みパンクしたりと堀江町からのさまざまな妨害工作にあうも、ついに堀江町に降り立ちました。堀江姓のランナーは居たのかもしれませんが、この地が堀江町である証拠は皆無。失意の中、堀江町の境界的な場所で記念撮影し現地を後にしました。

堀江町の成仏は失敗、次の機会を待ちます。ただ教訓としてこれだけは伝えたい。葛西橋行きのバスでは葛西へ行けないことを。

現南葛西で旧堀江町は、かつては田園地帯で黄金の稲穂が育った半農半漁の地域だったとか。

旧江戸川河川敷。私はいま、堀江町の上にいます。人口0名の堀江町の上に。

こちらがおそらく堀江町の最南端。堀江町のほの字も残っておらず、完全に南葛西。

旧町名DATA

消滅した年
—

現行住所
堀江町、南葛西ほか

旧町名RANK S+

旧町名

逆井

橋の名前が町名に ちなみに江戸時代は渡し舟

逆井《さかさい》は江東区と江戸川区を結ぶ最初に架かった橋の名。逆井橋は亀戸村と小松川村が費用負担して明治12年9月に完成しましたが、工事費回収のため東京府の許可を得て通行料を徴収します。通行料は1人3厘で年間収入は約3000円。いまの貨幣価値で約1600万円。わずか1年で工事費の回収に成功したとか。

旧町名DATA

消滅した年
昭和47年

現行住所
平井1～4丁目

平井駅北側の町名は平井。その逆である駅南側の旧町名が逆井。平井の逆と覚えるべし。

逆井橋。村人への収入還元で揉めたり、周辺村から東京府へ費用徴収不許可が請願されたり。当時の別名「苦情橋」。

旧町名RANK S

旧町名

葛西

東京メトロの駅名抜擢と引きかえに 自身の町名は消滅

一町名の葛西が地域を代表する名称へ発展したきっかけが東西線の駅名採用です。それを期に周辺の非葛西町名を取り込み葛西化が進みます。現在葛西が付く町名は東西南北＋中。ところが肝心の葛西という町名は存在せず。葛西は旧町名になりました。葛西化の最大の被害者は葛西自身だったのかもしれません。

旧町名DATA

消滅した年
昭和56年

現行住所
東葛西、西葛西、南葛西、臨海町ほか

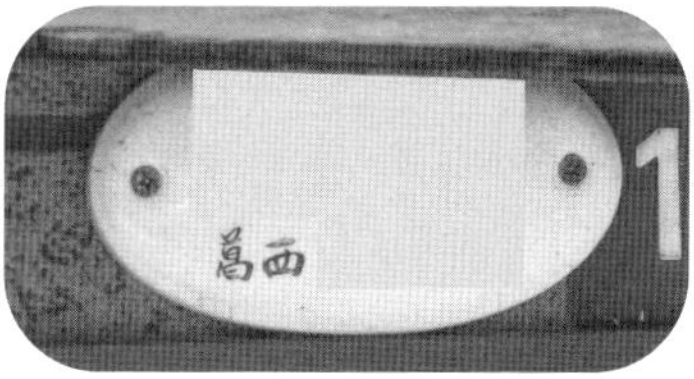

葛西城や葛西村、葛西はそもそも地域を代表する名称だった説。説というか代表そのもの。

おそらく日本一カッコいい農園名。東葛西で見られる「雷」はかつての小字名「雷組」から。

旧町名RANK

S+

旧町名

桑川町

家康が水運のため整備した新川は、いまは憩いの場に

西の中川と東の旧江戸川をつなぎ、江戸川区を分断するかのように桑川町《くわかわまち》沿いを流れる川。その名も新川は、もとは古川で東側を開削し直線化されたため「新」となりました。新川は西側の船堀にある火の見櫓が有名ですが、実は東側の桑川町にも大正5年に建てられた火の見櫓が昭和50年代まで存在したそうです。

他区では住居表示が落ち着いたころの昭和55年に消滅した桑川町。最近の消滅のため、まるで現町名。

新川。桑川町は昭和46年9月5日早朝4時に突然水門が開き中川が逆流し、120戸が床上浸水した事件の舞台。まさに寝耳に水の出来事。

旧町名DATA

消滅した年
昭和55年

現行住所
中葛西1～2丁目、東葛西1丁目

旧町名RANK

S+

旧町名

下鎌田町

いまだ住居表示実施中の江戸川区でできたての旧町名

江戸川区はいまも住居表示が完了していません。平成、さらに令和の現在も住居表示が行われています。直近で町名変更の伴う最後の住居表示が平成16年で、これにより消滅したのが下鎌田町。新しい旧町名ですが、昭和13年の町名変更で町域が大幅に縮小されていました。そこから66年もよく残っていたね。

最近の消滅なので目を瞑っていても見つかりそうなところですが、残しておく必然性がないのかほぼ現存せず。

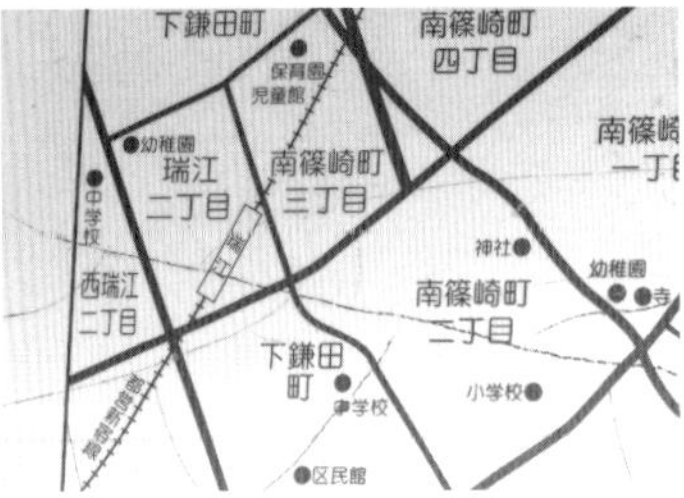

地域のなんらかの案内板にはいまだに下鎌田町が残っていることがある。しかも飛び地のように2箇所も！

旧町名DATA

消滅した年
平成16年

現行住所
瑞江1～2丁目、南篠崎町2丁目ほか

昭和三十七年法律第百十九号　住居表示に関する法律
（目的）第一条　この法律は、合理的な住居表示の制度及びその実施について必要な措置を定め、もつて公共の福祉の増進に資することを目的とする。
（住居表示の原則）第二条　市街地にある住所若しくは居所又は事務所、事業所その他これらに類する施設の所在する場所を表示するには、都道府県、郡、市、区及び町村の名称を冠するほか、次の各号のいずれかの方法によるものとする。

第3章

住居表示の実施ってなんだ？

住居表示の実施ってなんだ？

ちょっとそこの君、カッコいい町名つけてるね。江戸時代に生まれた町名なんだ。維新も震災も戦争も乗り越えたんだ。貴重だね。でもさ、知ってる？　郵便屋さん泣いてたよ。町名がわかりにくいから誤配だって。町の人も泣いてたよ。町名が古臭いから地価も上がらねえって。だから、もうわかるよね。町名変えよっか？

なぁに、悪いようにはしないさ。とびきりわかりやすい町名を用意してやるよ。え？　変えたくない？　慣れ親しんだ町名だし歴史や伝統は承継されるべき？　おい！　立場考えて物言えよ。住居表示法、この前国会通ったろ。できないっていう回答はねえんだよ。ハイかＹＥＳだろ。やれよ町名変更。できるだけ読みやすくかつ簡明なものにしろ。そして住民の意向も尊重しつつ議会の承認を経て変えろ。いいか、５年以内にやれ！

こうして昭和37年5月、住居表示に関する、法律いわゆる住居表示法が施行されました。住居表示は、善良な町名に対し古い町名への理解を装って言葉巧みに近づき、社会通念上著しく簡明な町名への変更を迫る手口を駆使し、東京都内の多くの町名を消滅させました。そして、それと同時に多くの旧町名が誕生したのです。

本書で幾度となく登場した「住居表示」。そもそも住居表示とはいったいなにか。いい感じに終盤な第3章にもかかわらず、この章ではいまさら住居表示について迫り、その本質に切り込んでいきます。

「住居表示法」は天下の大悪法か

住居表示の実施によって多くの町名が消滅しました。住居表示では読みやすく、かつ簡明な町名が大正義とされたため、非当用漢字の町名は根絶され、東やら中央やらの簡明にもほどがある町名らが誕生したことは、第2章の各旧町名の項や本章冒頭のフィクションのとおりです。

また、これも第2章で紹介しましたが、住居表示の実施基準では丁目を付す場合、原則町名に「町」は付けないほどに厳格でした。その結果、墨田区錦糸「町」は「錦糸」に変更されます。

これほどまで住居表示が強行的に行われた背景にあるのが、完了期限です。住居表示は、法施行から5年以内の昭和42年3月末までの完了が求められていたのです。努力目標とはいえ期限がある以上、自治体としては合意形成が不十分でも町名変更を進めざるをえません。ときに強引な住居表示実施の結果、豊島区の3件を筆頭に、住民による訴訟・紛争に発展します。一方で、有楽「町」の消滅危機の際には、根強い反対運動の結果として有楽町は残り、文京区向ヶ岡彌生《やよい》町の行政訴訟では一度「根津」に変更されたのち、「弥生」に再変更したようなケースもみられます。

期限の設定ゆえにさまざまな物議を巻き起こした住居表示法はその後、昭和42年に法改正が行われます。町名変更の際にはできるだけ従来の名称に準拠すべきである点が加えられ、丁目を付ける場合でも「町」を取る運用が実施基準からなくなるなどの制度改良が行われました。

このように、多くの町名が消滅させられたことから、住居表示法は生類憐みの令と並ぶ日本三大悪法のような見方をされています。果たしてそれは本当でしょうか。

住居表示の本質を考える

住居表示といえば目に見えるわかりやすさからどうしても町名変更が注目されがちですが、実は住居表示法施行の本質は「地番問題の解消」にあるのです。

住居表示法施行以前の日本では、住所を表示する方法として「地番」が採用されていました。地番は、租税徴収を目的として土地に付されていた番号ですが、明治31年の戸籍法改正により、住所を表す方法として便宜的に利用されることになります。この本来の目的との矛盾が、都市化に伴い土地が細分化し、飛び番や欠番が生じたり複数の建物が同一地番となったりとさまざまな弊害として表面化した結果、昭和37年の住居表示法施行に至ったのです。

住居表示法により地番とは異なる方法で住所を表す運用がスタートし、全国の都市部において順次導入が進められます。その結果、飛び地や欠番、数十軒数百軒が同じ住所であるなどの地番問題は解消され、住居表示という全国統一ルールによって、「誰にとってもわかりやすい住所」が実現しました。住居表示法が悪法視されているのは町名変更と地番問題解消がセットだったからだけの話で、もし町名変更とは切り離して地番問題の解消だけを目的にしていたら、もっと評価されていたことでしょう。ネット通販の普及により宅配需要が拡大している昨今、もし住居表示ではなく地番表示のままだったら、宅配物が同じ住所のまったく無関係な家に配達され一向に届かず、人々の心は荒み、治安は悪化し、草木は枯れ、大地は割れ、海面は上昇し、地球は滅亡の一途をたどったかもしれません。どんな恐ろしい世界が待っていたでしょうか。住居表示法は今日も、日本の秩序を守っているのです。

ここまで、住居表示法について考えました。小難しい話はさておき、住居表示によって誰にでもわかりやすい住所が制度化されました。ここからは、わかりやすいとされている住居表示のルールについて見ていきます。この制度の基本ルールを押さえることで、突然スマホや地図がなくなった場合でも目的地へたどり着くことが可能ですし、いつものまち歩きの際にも、もしかしたらいままでとは違った景色が広がるかもしれません。

ここからのテーマは「実は楽しい住居表示」。新しいまち歩きの楽しみ方の提案を兼ねて、住居表示のルールについてざっくり紹介します。

そもそも住居表示とは

日本の首都・東京は千代田区に、二見書房という名の出版社があると仮定します。その出版社はどうやら「神田三崎町二丁目18番11号」という住所が示す場所にあるそうです。では、この広い地球上で二見書房を特定することなどできるのでしょうか。大丈夫、そのための住居表示です。

住居表示とは、ある建物の住所をわかりやすく特定するための、住居表示法が定める一定のルールです。そのルールは「街区方式」と「道路方式」の2方式が存在します。なお、住居表示実施自治体の約99％が前者を採用し、二見書房ももちろん街区方式です。したがって本書で取り上げるのはもっともポピュラーな街区方式のみですので、道路方式に関しては山形県東根市へお問い合わせください。

街区方式による住居表示の基本ルール

街区方式による住居表示は、「町名」＋「街区符号」＋「住居番号」の形式で住所を表す方法です。おなじみの二見書房の住所をこの形式に当てはめると、「町名」は「神田三崎町二丁目」、「街区符号」は「18番」、「住居番号」は「11号」に当たります。これをまとめると、二見書房の住所は「神田三崎町二丁目という町名の、18番目の街区にある、住居番号11号の建物」と解釈することができます。

この解釈をくわしくみていきます。まず、神田三崎町二丁目という町名に住居表示が実施されると、当該実施地区では「街区」が設定されます。街区とは道路や鉄道・水路などの恒久的な施設で囲まれた区画を指し、東京都の一般的基準によると1街区の規模はおおむね1000坪・20戸程度とのこと。なお、街区符号は当該自治体が中心地とする場所にもっとも近い街区を1番とし、そこを起点に蛇行して付番されます。東京23区の場合、中心地は皇居です。そしてどうやら神田三崎町二丁目には22の街区が存在するようです。つまり、二見書房はその「18番」目の街区内にあることがわかりました。神田三崎町二丁目の中では皇居から遠めの街区です。

街区が特定できたら次は「住居番号」です。住居番号とは街区内に存在する建物に振られる番号ですが、その付番規則は若干独特です。実は街区の周辺には街区を囲むように10~15m間隔で基礎番号という不可視の番号が振られていて、建物の出入口に近い基礎番号が住居番号に採用されているのです。住居番号の基になる基礎番号の起点はこれまた自治体が中心地とする場所に近い街区の角。東京23区の場合、皇居に近い角が1号と覚えてください。その角地の1号を起点に街区を囲むように時計回りで付番されるため、街区内の基礎番号の最初と最後は隣り合う関係となります。そしてどうやら神田三崎町2丁目の街区符号18番内には11の基礎番号が存在するとかしないとか。つまり、二見書房は入口が基礎番号「11号」に近い、住居番号「11号」の建物であることがわかりました。二見書房、特定しました!

住居表示ルールを踏まえたまち歩きのススメ

このように、住居表示を知れば誰もがあらゆる建物を、わかりやすく特定することができるようになります。さらに、現地には街区符号を表示する「街区表示板」と、建物の住居番号を表示する「住居番号表示板」が掲示されています。彼らがあなたの建物特定を全力でサポートするので安心です。

以上が、街区方式による住居表示の基本ルールです。このルールを踏まえたうえで街に出ると、普段の街が違った景色に見えてまち歩きが楽しくなるはずです。「こんにちは! 私は○町の○番街区にある住居番号○号です!」まるで建物が語りかけてくるようですね。

街区表示板と住居番号表示板

特別企画 住居表示だけを頼りに二見書房へ行ってみた

JR水道橋駅西口から地図やスマホを見ずに住居表示だけを頼りに、果たして二見書房までたどりつけるのでしょうか。それでは行ってきます！

水道橋駅西口を出るといきなり見慣れた彼がお出迎え。彼の名は街区表示板。今回の命綱である。しっかり頼む。

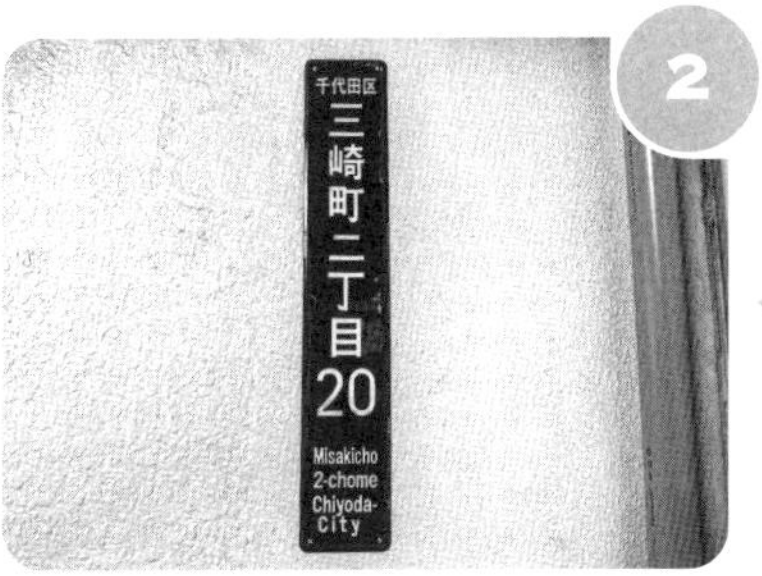

20番街区！　二見書房が18番街区だからいきなりめっちゃ近い。さりげなく旧町名なのも嬉しい。

二見書房までわずか２番街区。これはほとんど着いたようなものですが、二見書房より２街区ほど皇居から遠いだけなので、とりあえず皇居方面に向けて南下します。

あっさり18番街区。あとは住居番号11号を見つけるだけ。めっちゃ簡単。18番街区は全11号なので最後の番号。つまり起点の１号の隣だから１号に向かえばいいだけ。めっちゃ簡単。

5

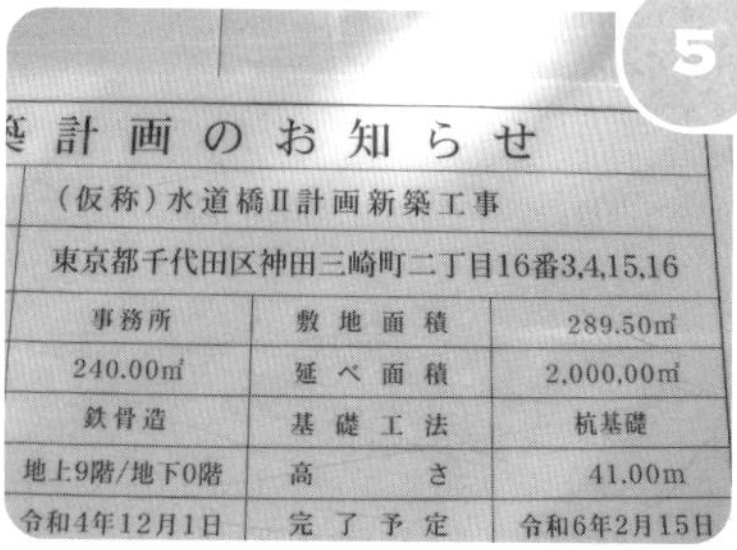

ところがここで急に16番街区に迷い込む。と思いきや、実はこれは街区符号ではなく地番。住居表示実施後でも地番は生きているのです。

6

さらに南下するとここで街区内の南西の角地にある餃子の王将に出る。皇居に近い南の角地だからここが起点の1号でしょうか。お腹すいた。

7

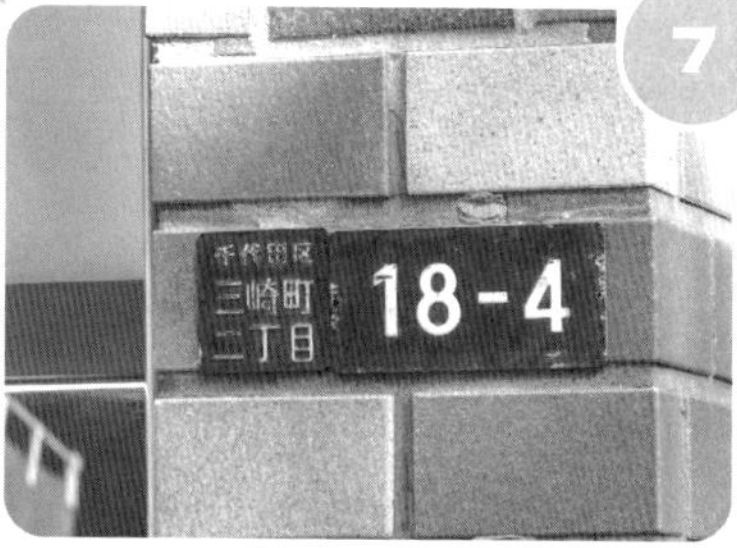

4号。よく見ると旧町名だった。起点は南東の方の模様。逆側に向かおうか。それにしてもお腹すいた。

8

2号を発見！　確実に起点の1号に近づいた！

9

ついに1号！　やっぱり南東の角地が起点だった。起点ということは、まさかこの隣にあるのが……

10

着いた！　二見書房だ！　本当にあった！　土曜で閉まっているけど着いた！

11

ただいま帰りました！　スマホや地図がなくても、住居表示さえあれば二見書房にたどりつけることがついに証明されました。今回は水道橋駅西口からのスタートでしたが、次回はより難易度の高い東口からチャレンジしてみようと思います。お疲れ様でした。

第4章 旧町名をたっぷり語る

能町みね子

Profile

北海道出身、茨城県育ち。エッセイスト、イラストレーター。『結婚の奴』(平凡社)『私みたいな者に飼われて猫は幸せなんだろうか？』(東京ニュース通信社)『ほじくりストリートビュー　ザ・フューチャー』(交通新聞社)など著書多数。好角家、鉄道好きのほか、旧町名好きとしても知られる。

102so

大学の卒論は旧町名、『散歩の達人』に「能町みね子の東京リアルストリートビュー」を連載中の能町みね子さんと共に、ただただ旧町名への愛を語る対談！

本日の対談場所の喫茶店「青山壹番館」の旧町名は「常磐松」

102so（以下102）　漢字が「常磐」なのがいいですね。「常盤」という字が使われることもありますが、皿だと割れて縁起が悪いので、こだわる地名は「常磐」とするみたいです。

能町みね子（以下能町）　石も割れますけどね（笑）。
102　ちなみに、ここは厳密にいうと「八幡通」です。
能町　近くに金王八幡宮があるので、それが関係しているんですかね？
102　そうかもしれません。近くに「金王町」という旧町名もあって、今日ここへ来る前に門柱と旧町名の表記がまだ残っていることを確認してきました。
能町　102soさんは東京23区すべての地区に足を運んで旧町名の名残を探すなんて本当にすごいですよ。
102　見つけた旧町名は古地図を塗りつぶして、16年かけてようやく23区を一周しました。能町さんは卒論で旧町名に関するテーマを取り上げたそうですね。
能町　東京23区がそれぞれ明治時代から現在にかけて、どの程度町名を変えてしまっているか、そういう地名の変遷について書きました。調べた結果、一番地名を変えてしまっていたのが港区でしたね。明治ごろの町名を9割以上なくしていたんです。
102　バッサリだ。残ってるのは「麻布十番」「麻布狸穴町」「麻布永坂町」くらいでしたか。
能町　「麻布十番」は意外と新しいんです。「愛宕」はそうかな。住民が町名を残してもらうよう粘ったと聞きましたけど。
102　二見書房がある「神田三崎町」も一度「三崎町」になってから「神田三崎町」に戻っていますが、これも町名へのこだわりがある地元の人が署名を集め、運動が盛り上がった結果みたいです。ただ、オフィス街なので会社の町名が変わると面倒くさいと、反対の署名も集まるなど熱いバトルがあったようです。
能町　それなら港区の人たちにもがんばってもらいたかったですね。

102　結局、町名が残るかどうかは地域の人の思い入れひとつなんでしょうね。
能町　あんなにいっぱい、いい地名があったのに……。特にいまの港区民は思い入れなさそう（苦笑）。
102　港区には都内の旧町名の中でもっとも強そうな「麻布我善坊町」というのがありました。
能町「麻布我善坊町」だった地域は谷底にあって、周囲を高層ビルに囲まれながら、そこだけはすごく古い木造一軒家や味のあるヴィンテージマンション群が残っていたんです。私もお気に入りで、よく経過観察していました。残念ながら何年か前に、森ビルと地区の再開発組合によってかつての区画が跡形もなくつぶされちゃったんですけど。
102　なんだかんだ再開発しないのかなと淡い希望があったのに。
能町　大半を森ビルが差し押さえていたのに、長いこと手をつけていなかったんですよね。「シャトレ麻布」という味のあるマンションがあって、本気で住もうと思ってたんですけど、ここ2年くらいで全部なくなりました。
102　六本木ヒルズ付近の開発前の景色も見てみたかったです。もう少し早く東京へ出てくれれば景色が違ったかもしれません。
能町　2000年ごろならまだいろいろ残ってましたね。102soさんの地元は福島県ですよね？
102　はい。生まれは会津若松市。会津は古い町名がかなり残っています。
能町　会津若松は残しそう。地図を見ると整理した気配もありますけどね。私が福島県で好きなところは「小字」を残しているところです。小字はもはや忘れ去られた単位だけど、まだ一部では残ってる。そのひとつが福島県で、田舎のほうではいまでも「大字○○字○○××番地」と表記しますよね。
102　足立区にも「伊興」という小字が東京でゆいいつ残っていた地域がありました。なんと最後の「伊興○○」という小字が平成13年まで残ってました。
能町　そんな最近まで残ってましたっけ。旧町名が好きだと、小字も掘りたくなりますよね。昔の地図には

板橋や練馬の農村地域に全然知らない地名が載っていて、見ていて楽しい。そういえば、地図や地図のアプリは何を使ってますか？『Googleマップ』じゃよくわかりませんし。

１０２　私はやっぱり『東京時層地図』。ただ練馬の一部が対象外だったりしますよね。

能町　『東京時層地図』は素晴らしいですよね。現代の地図を見るときは、すごく細かく町名の境目を示してくれる『地図マピオン』が見やすいです。

１０２　たしかにあれはスゴイ。

能町　さすが昭文社。

１０２　以前、能町さんから教えていただいたサイト『今昔マップ』もいいですね。

能町　『今昔マップ』のアプリ版『古地図散歩』もすごくいい。私が最近避暑のためにプチ移住した青森市も市街地なら対象になってますし。

１０２　それと地形のわかる「スーパー地形」も面白いです。

町名を残す自治体と残さない自治体の差は？

１０２　会津若松が古い町名を残しているのは空襲がなかったのも大きかったみたいです。墨田区の旧本所区エリアも関東大震災後の区画整理が早かったみたいです。

能町　墨田区は町名から頑なに「町」の字を抜いたんですよね。「錦糸町」を「錦糸」にしたり。

102　「緑町」も「緑」になっています。ちなみに、千代田区の「有楽町」も「有楽」にしようとしてすごく揉めたこともあるみたいです。

能町　そうなんですよね。住居表示法のルールで「○○町」の「町」を極力用いないことになっていたと。名古屋の「栄町→栄」もそうですかね。結局、「有楽町」の件で反対運動が起こってルールが緩和されたんでしたっけ。読みづらい漢字を使うことも禁止していたから、23区の区名の候補もいろいろあったのに、そのルールによって地名由来の名前をつけられなかったこともあって。

102　北区は、江戸享保期に整備された飛鳥山公園があるから「飛鳥区」となるはずだったのは有名な話ですね。

能町　「飛鳥《あすか》」が常用漢字の読みにない、なんて杓子定規な理由で却下されて……。いや、そのくらい読めよと(笑)。私の地元の牛久には「桜塚」という小字があって、新地名に採用されそうだったんですが、「塚」がお墓を意味するから縁起がよくないとクレームがついたことがありました。

102　それだと「平塚」とか「戸塚」とかダメなところがいっぱい出てきちゃいますね。

能町　結局、台地でもないのに「塚」を「台」に変えて、そしてなぜかひらがなにして、「さくら台」というありきたりな名前になっちゃいました。

102　(苦笑)。ちなみに、東京電力は地番に基づいて集金するとすごく効率が悪いから、昭和33年から自前で勝手に区画を割って集金していたそうです。で、町名地番整理事業のもとになる会議が昭和35年にあったんですが、そこに東電の会長も出席しており、東電の町割りが成功事例として紹介したものだから、それがいまの住居表示になっちゃったらしいです。

能町　そうなんですか！　町名地番整理にすら企業が絡んだりするんですね。

“旧町名マニアあるある”といえば？

102　定番の町名に「本町」や「中央」がありま

が、あれはもともとの町名をつぶしてまとめて置き換えているケースが多いので、旧町名ファンは嫌いな人が多そうです。

能町　私も嫌いです。「由来のない本町や中央はなくそう！」と声高に叫んでいきたい（笑）。

102　（笑）。

能町　渋谷区の本町なんて、もともと「幡ヶ谷本町」だったのに、「幡ヶ谷」をなくして、まるで「私が渋谷のまん中の本町ですけど？」みたいなことになっている。これは許せない（笑）。

102　目黒区にも目黒本町がありますね。

能町　あれもひどい。せっかく旧町名には「月光町」っていう素敵な名前があったのに……。しかも全然区の中心じゃないという。

102　周囲に何もないのにたまたま区役所があるだけで「中央」とつけられるパターンも多いですよね。足立区役所のある「中央本町」もそうです。

能町　そうですね。絶対「五反野」のほうがよかった。大田区も何もないところに中央がありますよね。

102　そういえば。なぜですか？

能町　大田区はかつての大森区と蒲田区が合併して大田区になったんですけど、区役所を大森側に置いて、区役所の場所を「中央」にしたようです。区役所はいまでは蒲田駅前に移転しているので、あそこはとっとと中央の名を返上すべきですよ（笑）。

102　戻すとしたら「新井宿」？

能町　ついでに「不入斗《いりやまず》」も戻してほしいですね。

102　鎌田寄りには「女塚」や「御園《みその》」などいい旧町名があったのにすべてなくなってしまっています。

能町　中野区なんて「本町」や「中央」があるうえに、「中野」もあってどれが中心部かわからない（笑）。中野区は、明治11年に設置された東京15区には入らなかったけど、昭和7年の35区への再編成のときに区に組み入れられたんです。中野区はそこで張り切ったのか、町名を増やしたんですよね。でも、戦後になって「町名が細かいのは都会っぽくない」と思い直したのか（笑）、町名をたくさんつぶして、「中野」「本町」「中央」なんて町名でまっ平らにしてしまった。

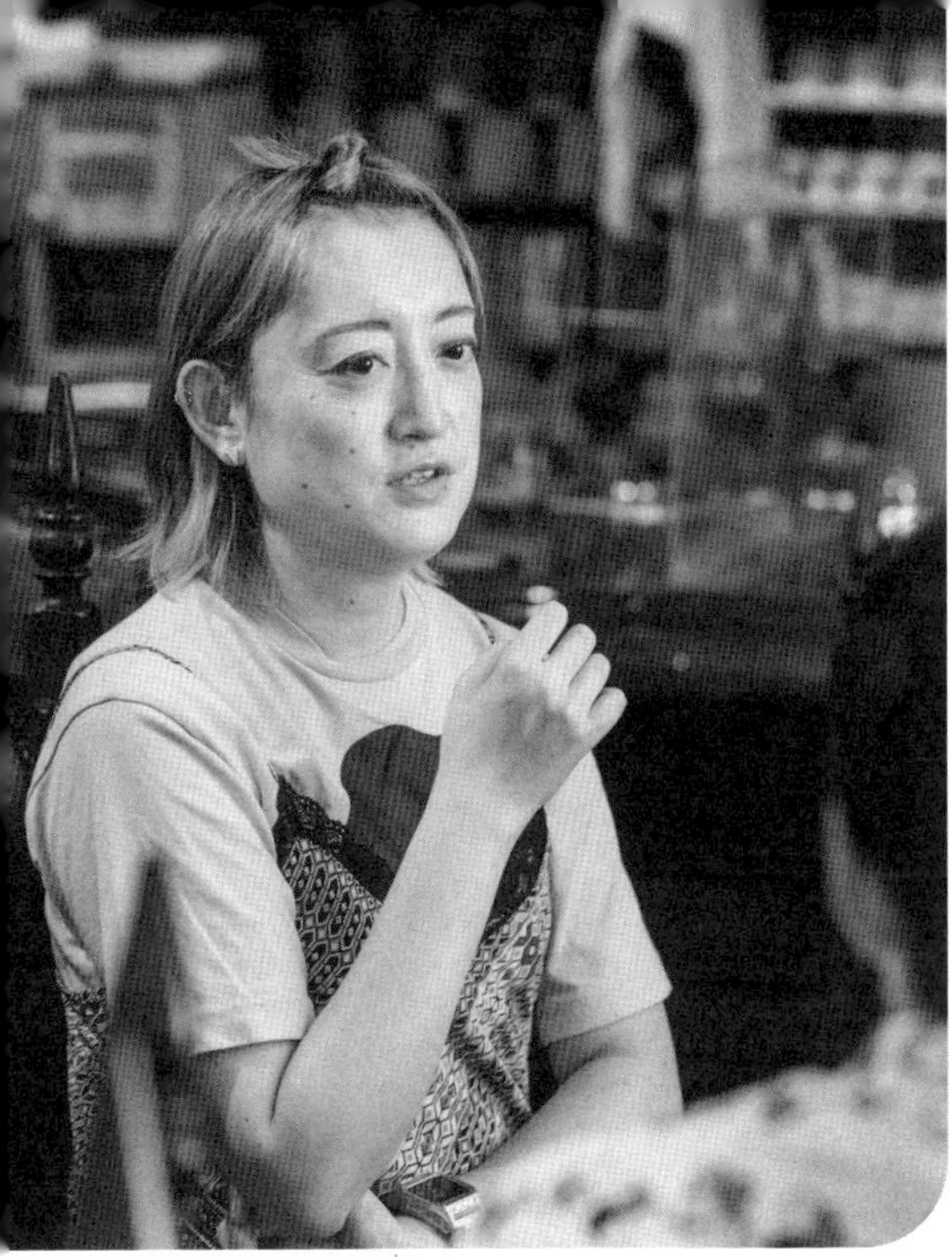

102　「中野駅前」という住所もあったみたいですね。

能町　本来、お犬様を囲っていたことに由来する「囲町」や「千光前町」、「塔ノ山町」なんて味のある地名が多かったんですけどね。

102　「東郷町」や「上ノ原町」もありました。杉並区もかなり町名をつぶしていますよね。

能町　特に北部。「沓掛」や「柿木」、中央線沿いでも「馬橋」とか、いい名前がたくさんあったのに残念。歩いていると通りや公園の名前として地名がけっこう残っているので、中野と杉並は何かの機会に改心して町名を元に戻してくれないかなあ。

旧町名にリスペクトのある区は？

能町　新宿区の中でも旧牛込区域ですね。「東新宿」になってもおかしくなかったところを住民たちが反対して町名を守った場所です。

102　「東新宿」……。当時ならやりかねない。住民の方はよくぞ反対してくれました。

能町　ただ、「神楽坂」は伝統的な地名に見えて、さりげなく変えているんですよね。

102　昭和26年に少しだけ変わっていますね。

能町　もともと「神楽町」が3丁目まであったんですが、「神楽坂」へと名前を変えて6丁目まで拡大していて、現神楽坂4～6丁目にあった町名はつぶしてるんです。

102　「肴町」でしたっけ？

能町　そうそう。4丁目が「上宮比町」で、5丁目が「肴町」、6丁目が「通寺町」。「上宮比町」とセットだった「下宮比町」や、「通寺町」とセットだった「横寺町」はまだあるんですけど。そうは言っても牛込区域は一番しっかり地名が残ってます。私がこのあたりにずっと住んでたのは、地名がよかったというのもある(笑)。最初は「矢来町」に住んで、そのあとは「二十騎町」「山吹町」に住んでいたこともあります。

102　いいですね〜。

能町　「二十騎町」にいるときは住所を書くたびに快感で(笑)。

102　書きたいし、その住所からの郵便物をもらいたい。住みがいがありますね。私も「箪笥町」とか書いてみたいです。

能町　地名が物件探しの決め手になることって、102soさんはありますか?

102　いいえ、そこに関しては全然こだわりはないです。ただ、初めて東京で住んだ場所が文京区の「弥生」と「向丘」の間で、そこの旧町名が「駒込追分」だったんです。だからもし私がいまもそこに住んでたら「弥生○丁目(駒込追分町)」と書いていたかもしれません。街歩いていても、旧町名をカッコ書きしている表札もありますしね。

能町　どうせ住むなら江戸時代、明治時代からあるような地名に住みたいですよ。とってつけたような地名じゃなくて。

102　「中央」や「本町」はイヤですもんね(笑)。

能町　もし旧浦和市に住んでたら、「さいたま市」になった瞬間に引っ越してたかも。

102　ひらがなは屈辱……。

能町　「さいたま市」や静岡市の「清水区」に住んでる友達がいますが、私が年賀状を送るときは意地でずっと浦和市や清水市と書いて送ってます。

102　それ届くんですか?

能町　郵便番号さえ合ってれば大丈夫なんです。友人からLINEで「住所間違えてるよ」と連絡がきますが、「あえてそうしてるんだ」と(笑)。

102　地元の人でもいまだに表札を「浦和市」のま

まにしている人もいそうです。

能町　さいたま市で特に許せないのは「与野《よの》」を残さなかったこと！

102　駅では残っているんでしたっけ？

能町　「与野駅」「与野本町《ほんまち》駅」「北与野駅」「南与野駅」として名前は残ってますが、与野市の形そのまんま、さいたま市中央区にしちゃったんですよ。

102　出た、中央(笑)。

能町　これまた全然中央じゃないという(笑)。青森市にマンションを借りるときも、できれば「中央」と「本町」以外でと思ってました。

102　そういえば、以前、青森市へ訪れた際に「信用町」と「宝来《ほうらい》町」という表記を見つけたんすけど、これは旧町名ですか？　青森市のホームページで住居表示の実施地区一覧を見ても出てこず……。

能町　どちらも昔の地図にちゃんと載っているので旧町名の一種ですよ。ただ、昔は基準がよくわからないんですよね。正式なものじゃなく、通称の地名を地図に載せている可能性もあります。

102　地域の人が慣習的に使っていただけだから市のホームページに載っていなかったのかもしれませんね。

能町　青森市もけっこう地名をなくしてるんですよね。青森県でも弘前市や八戸市は城下町で歴史があるから地名を残しているのに。江戸時代からの建物が残る黒石市にも「乙徳兵衛町《おつとくべえまち》」や「甲徳兵衛町《こうとくべえまち》」というような町名が残っていて、やっぱり歴史に対するプライドを感じますけどね。

102　たしかに弘前市には「元大工町《もとだいくまち》」や「紙漉町《かみすきまち》」をはじめ、町人が住んでいたような古きよき町名がたくさんありました。

能町　反対に青森市は弘前市や八戸市に比べたら歴史が浅いから地名のプライドがないのかも。

102　だから「本町」や「中央」もあるんでしょうね。

能町　地名を残している代表例といえば京都市ですよね。地図をザっと見ても、「飴屋町」、「廿人講町《にじゅうにんこう》」「数《じゅ》珠屋町《ずやまち》」……ほれぼれします。

102　「仏具屋町」もありますね。

能町　「天使突抜」とかねえ。それに、私は京都の地名の見せ方がすごく好きで。「上ル」「下ル」「東入ル」「西入ル」という表記でいまだに表すことがある。洛中にあたるエリアは通りが碁盤目状になっているから、たとえば京都市上京区役所の住所「京都市上京区今出川通室町西入堀出シ町285番地」だと、「今出川通」と「室町通」の交差点から西に入った位置の「堀出シ町」にありますよ、という意味になっている。「上ル」「下ル」は北と南を指してます。

102　その表記なら地図がなくてもたどりつけそうです。

能町　本来、住所は通りを基準に考える「道路方式」にするべきだと思うんです。人は通りを歩く場合、その通りの左右に面した建物が目に入るわけじゃないですか。だから、通りの左右が同じ地名のほうがわかりやすいんです。でも日本はほとんどが「街区方式」。つまり、道路で区切られたブロック単位で地番を振って、住所を割り当ててるんです。

102　法律的には「街区方式」と「道路方式」のどちらを採用してもいいんですよね。

能町　はい。それなのに日本は99％が「街区方式」と。道路方式なのは、山形県東根市と北海道浦河町《うらかわちょう》の一部だったかなあ。『地図マピオン』で見るとわかりやすいですよ。

102　本当だ。通りごとに町名が分けられてる。これはスゴイ！

能町　私は「道路方式」派なので、もっと増えてくれたらいいんですけど。

全国にはさまざまな住所表記があるんですね

能町　番地もいろいろですよね。牛久の私の実家の住所なんか、昭和時代は「××××番地×××」と、4ケタ＋3ケタで表す巨大番地でした。平成になって町名地番整理をして、いまは「×丁目××－××」になっちゃいましたけど。

102　東京も昔は港区の「芝二本榎西町」など4ケ

夕番地は当たり前にありました。

能町　静岡県浜松市西区の「篠原町《しのはらちょう》」とか、5ケタ番地もいまだにありますからね。

102　そうなんですか。

能町　石川県は「金沢市○○町イ××−×」のように町名のあとに「イロハ…」や「いろは…」、「甲乙丙」「子丑寅…」がつく場所が多いです。初見だとわけがわからないですよね（笑）。

102　千葉県にもそういう表記方法がありましたよね。

能町　石川県は小字扱いだけど、千葉は大字扱いなんですよね。「旭市イ○○」のように町名なしでいきなりカタカナと番地がくる。

102　それは心の準備ができないですね（笑）。

能町　〝渡辺番地〟って知ってます？

102　いえ。なんですかそれは？

能町　大阪市中央区に、坐摩《いかすり》神社という、全国の「渡辺」姓の祖となる神社があって、かつてそこは「渡辺町」だったんです。でも、町名を整理するタイミングで「渡辺町」がなくなることになって、宮司が待ったをかけたんですって。すると行政は「渡辺町」をなくさなければいいのに、なぜか「大阪市中央区久太郎町4丁目渡辺」って、番地の代わりに「渡辺」を使うことにしたみたい。

102　謎すぎです（笑）。

能町　番地の話も面白いですよ。ところで、102sさん的には、旧町名の定義ってなんなんですか？

102　現町名として使われなくなったら、旧町名ということにしています。

能町　へえ～。広いですね。

102　もっとも新しい旧町名は四谷坂町の「三栄町」で、平成30年8月13日に「四谷三栄町」に切り替わりました。町名が変わるっていまの東京ではめったにないので、カウントダウンイベントのひとつでもやってくれるかと思っていたのに特になく、町内での盛り上がりはゼロでした。

能町　そりゃそうでしょ（笑）。

102　悲しかった……（笑）。旧三栄町に新宿郷土資料館があったので、8月13日になった瞬間に所在地も変更されるのかと日付変更時にホームページにはりついてましたが、まったく変わることはありませんでした。

能町　旧町名に愛着があるんじゃなくて、ただ変えなかっただけですよね（苦笑）。町名の変更でいちいち騒ぐのは、私たちみたいな一部のマニアだけなんですかね……。

東京23区別・認定旧町名一覧

◆千代田区……計45

飯田町／祝田町／霞ヶ関／神田旭町／神田淡路町／神田餌鳥町／神田金沢町／神田鎌倉町／神田亀住町／神田五軒町／神田材木町／神田栄町／神田末広町／神田台所町／神田田代町／神田同朋町／神田豊島町／神田仲町／神田旅籠町／神田花田町／神田花房町／神田東今川町／神田東福田町／神田一ッ橋／神田松枝町／神田松住町／神田松富町／神田宮本町／神田向柳原町／神田元岩井町／神田元久右衛門町／神田元佐久間町／神田八名川町／神田大和町／神田山本町／九段／猿楽町／三年町／代官町／宝田町／竹平町／富士見町／丸ノ内／三崎町／元千代町

◆中央区……計32

入船町／越前堀／小田原町／銀座西／銀座東／木挽町／新佃島西町／新佃島東町／新富町／宝町／月島通／月島西河岸通／月島西仲通／月島東河岸通／月島東仲通／佃島／西八丁堀／日本橋江戸橋／日本橋北新堀町／日本橋橘町／日本橋通／日本橋浪花町／日本橋村松町／日本橋矢ノ倉町／日本橋芳町／日本橋両国／日本橋薬研堀町／日本橋米沢町／日本橋若松町／晴海町／湊町／霊岸島

◆港区……計137

赤坂葵町／赤坂青山北町／赤坂青山権田原町／赤坂青山高樹町／赤坂青山三筋町／赤坂青山南町／赤坂青山六軒町／赤坂榎坂町／赤坂表町／赤坂新坂町／赤坂台町／赤坂田町／赤坂溜池町／赤坂丹後町／赤坂伝馬町／赤坂中ノ町／赤坂氷川町／赤坂一ッ木町／赤坂桧町／赤坂福吉町／赤坂霊南坂町／麻布網代町／麻布飯倉片町／麻布飯倉町／麻布市兵衛町／麻布一本松町／麻布今井町／麻布霞町／麻布我善坊町／麻布北新門前町／麻布北日ヶ窪町／麻布笄町／麻布材木町／麻布坂下町／麻布桜田町／麻布三軒屋町／麻布新網町／麻布新広尾町／麻布新竜土町／麻布竹谷町／麻布田島町／麻布谷町／麻布箪笥町／麻布鳥居坂町／麻布仲ノ町／麻布新堀町／麻布西町／麻布東鳥居坂町／麻布東町／麻布広尾町／麻布富士見町／麻布本村町／麻布三河台町／麻布南日ヶ窪町／麻布宮下町／麻布宮村町／麻布盛岡町／麻布森元町／麻布山元町／麻布竜土町／麻布六本木町／芝赤羽町／芝愛宕下町／芝愛宕町／芝伊皿子町／芝宇田川横町／芝海岸通／芝片門前町／芝金杉／芝金杉河岸／芝金杉川口町／芝金杉浜町／芝神谷町／芝君塚町／芝車町／芝車町河岸／芝琴平町／芝西応寺町／芝栄町／芝汐留／芝七軒町／芝下高輪町／芝白金今里町／芝白金猿町／芝白金三光町／芝白金志田町／芝白金台町／芝白金丹波町／芝新橋／芝新堀河岸／芝新堀町／芝新門前河岸／芝新門前町／芝高輪北町／芝高輪台町／芝高輪西台町／芝高輪南町／芝高浜町／芝田町／芝田村町／芝通新町／芝土手跡町／芝虎ノ門町／芝中門前町／芝西久保明舟町／芝西久保桜川町／芝西久保城山町／芝西久保巴町／芝西久保八幡町／芝西久保広町／芝二本榎／芝二本榎西町／芝二本榎本町／芝浜松町／芝葺手町／芝松本町／芝三島町／芝三田／芝三田老増町／芝三田北寺町／芝三田功運町／芝三田小山町／芝三田四国町／芝三田台町／芝三田綱町／芝三田同朋町／芝三田豊岡町／芝三田松坂町／芝三田南寺町／芝南佐久間町／芝宮本町／芝横新町／本芝／本芝入横町／本芝材木町／本芝下町／元赤坂町

◆新宿区……計25

旭町／市谷河田町／市谷谷町／市谷富久町／神楽町／柏木／霞岳町／上宮比町／坂町／肴町／三栄町／三光町／十二社／諏訪町／高田町／角筈／通寺町／戸山町／西大久保／花園町／番衆町／東大久保／本塩町／四谷南寺町／淀橋

◆文京区……計108

市兵衛河岸／江戸川町／大塚上町／大塚窪町／大塚坂下町／大塚辻町／大塚仲町／大塚町／大原町／音羽町／表町／駕籠町／春日町／金富町／菊坂町／金助町／小石川町／小日向水道町／小日向台町／小日向町／駒込曙町／駒込浅嘉町／駒込追分町／駒込片町／駒込上富士前町／駒込吉祥寺町／駒込坂下町／駒込肴町／駒込神明町／駒込千駄木町／駒込動坂町／駒込西片町／駒込林町／駒込東片町／駒込富士前町／駒込蓬莱町／桜木町／指ヶ谷町／三軒町／清水谷町／新諏訪町／水道町／水道端／諏訪町／関口駒井町／関口水道町／関口台町／関口町／雑司ヶ谷町／台町／大門町／第六天町／高田老松町／高田豊川町／武島町／竹早町／龍岡町／田町／妻恋町／同心町／戸崎町／富坂／仲町／西青柳町／西江戸川町／西原町／西古川町／西丸町／根津藍染町／根津片町／根津清水町／根津須賀町／根津西須賀町／根津宮永町／根津八重垣町／白山御殿町／白山前町／初音町／林町／原町／春木町／東青柳町／東古川町／氷川下町／久堅町／真砂町／松枝町／丸山新町／丸山町／丸山福山町／宮下町／茗荷谷

町／向ヶ丘弥生町／本富士町／元町／森川町／八千代町／柳町／大和町／湯島梅園町／湯島切通町／湯島切通坂町／湯島新花町／湯島天神町／湯島同朋町／湯島三組町／湯島両門町／弓町

◆台東区……計116

浅草石浜町／浅草今戸／浅草馬道／浅草餌取町／浅草桂町／浅草上平右衛門町／浅草雷門／浅草菊屋橋／浅草象潟町／浅草北清島町／浅草北田原町／浅草北仲町／浅草北松山町／浅草北三筋町／浅草清川町／浅草金竜山瓦町／浅草蔵前／浅草公園／浅草小島町／浅草寿町／浅草駒形／浅草左衛門町／浅草猿若町／浅草山谷／浅地方今戸町／浅草七軒町／浅草芝崎町／浅草聖天町／浅草聖天横町／浅草新谷町／浅草新畑町／浅草新福井町／浅草新吉原揚屋町／浅草新吉原江戸町／浅草新吉原角町／浅草新吉原京町／浅草隅田公園／浅草千束町／浅草田島町／浅草田中町／浅草田町／浅草田原町／浅草鳥越／浅草日本堤／浅草練堀町／浅草橋場／浅草花川戸／浅草福井町／浅草松清町／浅草三筋町／浅草南清島町／浅草南松山町／浅草向柳原町／浅草山川町／浅草柳橋／浅草吉野町／池之端七軒町／池之端仲町／入谷町／上野北大門町／上野桜木町／上野花園町／上野町／上野広小路町／上野南大門町／上野三橋町／上野元黒門町／上野山下町／御徒町／金杉／金杉上町／金杉下町／上車坂町／上根岸町／神吉町／茅町／象潟／北稲荷町／車坂町／光月町／五条町／坂町／坂本／下谷町／下車坂町／下根岸町／新坂本町／数寄屋町／竹町／長者町／同朋町／豊住町／仲御徒町／永住町／中根岸町／西黒門町／西町／二長町／練塀町／東黒門町／松永町／松葉町／万年町／南稲荷町／三ノ輪町／谷中上三崎北町／谷中上三崎南町／谷中坂町／谷中三崎町／谷中清水町／谷中茶屋町／谷中天王寺町／谷中初音町／谷中真島町／谷中町／山伏町／竜泉寺町

◆墨田区……計23

吾嬬町西／吾嬬町東／石原町／厩橋／亀沢町／錦糸町／小梅／隅田公園／隅田町／太平町／竪川／千歳町／寺島町／業平橋／東両国／平川橋／緑町／向島請地町／向島押上町／向島須崎町／向島中ノ郷町／柳原町／横川橋

◆江東区……計42

大島町／亀戸町／北砂町／深川有明町／深川石島町／深川海辺町／深川永代／深川枝川町／深川越中島町／深川扇橋町／深川加崎町／深川木場／深川清澄町／深川佐賀町／深川猿江町／深川塩崎町／深川東雲／深川白河町／深川新大橋／深川洲崎弁天町／深川住吉町／深川千石町／深川千田町／深川高橋／深川東陽町／深川常盤町／深川富岡町／深川豊洲／深川豊住町／深川浜園町／深川平井町／深川平野町／深川福住町／深川冬木町／深川古石場／深川平久町／深川牡丹町／深川三好町／深川毛利町／深川森下町／深川門前仲町／南砂町

◆品川区……計40

大井出石町／大井伊藤町／大井海岸町／大井鹿島町／大井金子町／大井庚塚町／大井北浜川町／大井倉田町／大井権現町／大井坂下町／大井鮫洲町／大井水神町／大井鈴ヶ森町／大井関ヶ原町／大井滝王子町／大井立会町／大井寺下町／大井林町／大井原町／大井南浜川町／大井元芝町／大井森下町／大井森前町／大井山中町／大井鎧町／大崎本町／勝島町／上大崎長者丸／上大崎中丸／上神明町／五反田／下大崎／下神明町／天王洲町／中延町／西大崎／西戸越／東大崎／東戸越／二葉町

◆目黒区……計20

大原町／柿ノ木坂／唐ヶ崎町／月光町／駒場町／三谷町／清水町／自由ヶ丘／高木町／鷹番町／中根町／東町／富士見台／衾町／本郷町／緑ヶ丘／宮ヶ丘／宮前町／向原町／芳窪町

◆大田区……計53

新井宿／池上洗足町／池上徳持町／池上本町／出雲町／市野倉町／今泉町／入新井／梅田町／女塚／大森／上池上町／北糀谷町／北千束町／桐里町／久ヶ原町／糀谷町／小林町／下丸子町／新宿町／鈴木御台場／雑色町／高畑町／調布鵜ノ木町／調布大塚町／調布千鳥町／調布嶺町／堤方町／道々橋町／仲蒲田／萩中町／蓮沼／蓮沼町／羽田穴守町／羽田江戸見町／羽田御台場／羽田鈴木町／羽田本町／原町／古市町／古川町／本蒲田／馬込町西／馬込町東／町屋町／御園／道塚町／南千束町／森ケ崎町／矢口町／安方町／猟師町御台場／雪ヶ谷町

◆世田谷区……計41

赤堤町／池尻町／宇奈根町／大蔵町／大原町／岡本町／粕谷町／鎌田町／上馬町／上北沢町／烏山町／喜多見町／砧町／給田町／経堂町／三軒茶屋町／下馬町／下代田町／新町／成城町／太子堂町／玉川奥沢町／玉川尾山町／玉川上野毛町／玉川瀬田町／玉川等々力町／玉川中町／玉川野毛町／玉川町／玉川用賀町／弦巻町／野沢町／八幡山町／羽根木町／東玉川町／深沢町／船橋町／松原町／三宿町／廻沢町／若林町

◆渋谷区……計60

青葉町／上智町／恵比寿通／恵比寿東／大向通／大山町／大和田町／穏田／景丘町／神園町／上通／北谷町／公会堂通／金王町／栄通／下通／衆楽町／松濤町／神宮通／神南町／新橋町／千駄ヶ谷大谷戸町／竹下町／田毎町／伊達町／丹後町／常磐松／豊沢町／豊分町／永住町／中通／並木町／長谷戸町／幡ヶ谷笹塚町／幡ヶ谷中町／

幡ヶ谷原町／幡ヶ谷本町／八幡通／羽澤町／原宿／原町／氷川町／美竹町／緑岡町／宮下町／宮代町／向山町／元広尾町／山下町／代々木上原町／代々木大山町／代々木山谷町／代々木新町／代々木外輪町／代々木富ヶ谷町／代々木西原町／代々木初台町／代々木深町／代々木本町／若木町

◆**中野区**……計49

相生町／朝日ヶ丘／新井薬師町／新井町／上ノ原町／打越町／小滝町／囲町／上町／川島町／川添町／小淀町／栄町通／桜山町／昭和通／城山町／神明町／新山通／住吉町／千光前町／雑色町／高根町／多田町／千代田町／天神町／道玄町／東郷町／塔ノ山町／仲町／中野駅前／西町／沼袋北／沼袋南／沼袋町／野方町／橋場町／氷川町／広町／富士見町／文園町／本郷通／本町通／前原町／宮里町／宮園通／宮前町／向台町／桃園町／八島町

◆**杉並区**……計43

阿佐ヶ谷／井荻／和泉町／今川町／永福町／大宮前／大宮町／柿ノ木町／上井草町／上荻窪／上荻窪町／沓掛町／高円寺／神戸町／三谷町／四宮町／清水町／宿町／松庵北町／松庵南町／正保町／下井草町／新町／神明町／住吉町／関根町／善福寺町／中瀬町／中通町／成宗／西荻窪／西高井戸／西田町／八成町／東荻町／東田町／方南町／松ノ木町／馬橋／向井町／元下井草町／矢頭町／和田本町

◆**豊島区**……計13

池袋東／椎名町／千川町／雑司ヶ谷町／高田本町／高田南町／千早町／長崎仲町／長崎東町／長崎南町／日ノ出町／堀之内町／目白町

◆**北区**……計22

赤羽町／稲付梅木町／稲付庚塚町／稲付島下町／稲付井出頭町／稲付西町／稲付西山町／稲付町／岩渕町／浮間町／王子町／上十条町／上中里町／神谷町／下十条町／志茂町／滝野川町／田端町／中里町／西ヶ原町／袋町／堀船町

◆**荒川区**……計5

尾久町／日暮里町／日暮里渡辺町／三河島町／南千住町

◆**板橋区**……計25

板橋町／大谷口町／上赤塚町／上板橋町／小山町／志村小豆沢町／志村清水町／志村長後町／志村中台町／志村西台町／志村蓮根町／志村前野町／志村町／志村本蓮沼町／下赤塚町／新河岸町／長後／徳丸町／徳丸本町／成増町／根ノ上町／舟渡町／向原町／茂呂町／四葉町

◆**練馬区**……計16

江古田町／北大泉町／北田中町／関町／高松町／田柄町／土支田町／仲町／中村町／貫井町／東大泉町／南大泉町／南田中町／南町／向山町／谷原町

◆**足立区**……計91

伊興町一丁目／伊興町大境／伊興町京伝／伊興町五庵／伊興町五反田／伊興町槐戸／伊興町白幡／伊興町諏訪木／伊興町聖堂／伊興町狭間／伊興町番田／伊興町本町／伊興町前沼／伊興町見通／伊興町谷下／伊興町吉浜／伊藤谷北町／伊藤谷西町／伊藤谷東町／伊藤谷本町／入谷町／梅島町／梅田町／大谷田町／大谷田新町／興野町／小台大門町／小台町／加賀皿沼町／上沼田町／上谷中町／蒲原町／北鹿浜町／北堀ノ内町／北三谷町／北宮城町／栗原町／高野町／小右衛門町／五反野北町／五反野南町／古千谷／古千谷町／五兵衛町／佐野町／島根町／下沼田町／下谷中町／新田上町／新田下町／神明町／神明南町／千住東町／千住栄町／千住桜木町／千住末広町／千住高砂町／千住八千代町／千住弥生町／千住若松町／内匠町／内匠本町／竹塚町／辰沼町／舎人町／長門町／西伊興町／西新井町／西加平町／西六町／沼田川端町／花畑町／東伊興町／東加平町／東栗原町／東島根町／東谷中町／日吉町／普賢寺町／二ッ家町／保木間町／南鹿浜町／南堀ノ内町／南宮城町／六木町／本木町／谷在家町／柳原町／四ッ家町／六月町／六町

◆**葛飾区**……計41

青戸町／奥戸新町／奥戸本町／鎌倉町／上小松町／上千葉町／上平井町／亀有町／小菅町／小谷野町／柴又町／下小松町／下千葉町／砂原町／諏訪町／高砂町／新宿町／西淡之須町／西篠原町／平井中町／細田町／堀切町／本田淡之須町／本田梅田町／本田川端町／本田木根川町／本田篠原町／本田渋江町／本田立石町／本田中原町／本田原町／本田宝木塚町／本田町／本田四ッ木町／本田若宮町／水元飯塚町／水元小合上町／水元小合新町／水元小合町／水元猿町／南立石町

◆**江戸川区**……計22

上一色町／上蜆島町／葛西／北篠崎町／桑川町／小岩町／小島町／逆井／下今井町／下鎌田町／下蜆島町／新田／長島町／新堀町／西小松川／西船堀町／東船堀町／前野町／松本町／南船堀町／本一色町／谷河内町

おわりに

二見書房編集部の森岡さんからこの本のお話を最初にいただいたのが令和2年11月。令和4年2月より原稿執筆を開始し、脱稿が令和4年11月です。この2年間、特に令和4年は本当にいろいろなことがありました。軍事侵攻に物価高騰、世界規模の疫病はようやく収束が見え始めたところです。世の中は大きく変化しました。

それは本で取り上げた旧町名も同様です。千代田区三年町が残っていたビルは解体され、文京区久堅町で登場した父は天国へ旅立ちました。

有形無形問わず社会を構成するすべての要素はなんらかの役割を担うために生まれ、与えられた役割を果たし、いずれ一様に終わりを迎えます。町を示す記号として誕生した町名も、町名変更によってその生涯を終えます。ところが彼らは、住所としての役割を終えたあとも、誰に知られることもなくその場所で生存しつづけます。役割もなくかつて示していたその住所の場所にただただ残りつづけ、そして建物と共にただただ姿を消すだけの存在なのです。

私が東京23区の街中で旧町名をさがし始めたのが平成18年。それから今日まで約16年間行なってきたこの旧町名さがしという名の徘徊行為とは、町名ではない彼らに「旧町名」という第二の役割を与える活動だったのかもしれません。
「この町は昔◯◯町という名前だった」。町名だった彼らは、旧町名として生まれ変わりました。彼らが旧町名という新たな役割を担えたのは、単に概念での旧町名ではなく具現として残っていた旧町名だったからです。しかも、住所を示す役割を担っていた町名当時のものであるという代用の効かない説得力。彼らが前歴で培った強みを発揮した結果、これまで多くの方々が旧町名に興味を持っていただき、彼らは再び日の目を見ることができました。

そしてこの16年の間に多くの旧町名たちが第二の役割を終え、姿を消しました。この本は旅立った旧町名たちに対する供養としての側面があります。これからいずれ旅立つ旧町名たちも、この本を通じて皆さまにその存在を知っていただいたことで安心して旅立てるような気がします。旧町名はこの本の中で生きつづけます。

今回は東京23区の旧町名がテーマでした。ですが、旧町名は東京23区だけの話ではありません。全国各地、町名が存在する場所であれば彼らはそこにも存在します。もし次回このような機会がありましたら、別の町でお会いしましょう。

この度は、本書をお手に取っていただきありがとうございました。

主な参考文献

『新編千代田区史　区政史資料編』千代田区役所発行、『神田まちなみ沿革図集』Kandaルネッサンス編集部（久保工務店）、『明治生れの町　神田三崎町』鈴木理生（青蛙房）、霊岸島の碑／霊岸島の碑建設委員会、『木挽町界隈　銀座６・７丁目東町会記念誌』銀座６・７丁目東町会発行、『日本橋本町』東京薬貿協会編、『新宿区史』新宿区役所発行、『新修　新宿区史』新宿区役所発行、『花園神社三百五十年誌　上巻下巻』花園神社発行、『新宿区広報』昭和39年8月3日発行号・昭和45年8月20日発行号、『柏木百景　KASHIWAGI HOT TOWN』柏木地区協議会編、広報誌『わがまちかしわぎ』柏木コミュニティ発行委員会、『柏木地域センター 20周年記念誌　かしわぎ歴史散策』柏木地区センター管理運営委員会、パンフレット『十二社　熊野神社の文化財』熊野神社、『新宿区町名誌―地名の由来と変遷』新宿区教育委員会、『西新宿物語』岡本昭一編、『新宿区の昔と今』新宿区教育研究会社会部、『新宿区の民俗⑹淀橋地区編』新宿区歴史博物館、『竹早の百年　創立百周年記念誌』百周年記念事業実行委員会、『「昭和初期」本郷区真砂町界隈懐古帳』堀晴雄（創英社）、『徳川慶喜家の子ども部屋』榊原木佐子（草思社）、『文京区志』文京区役所、『文京わがふるさと』栗原茂（あゆみ出版）、『墨田区史　下』墨田区役所発行、『すみだ区民が語る昭和生活史』墨田区発行、『ほじくりストリートビュー』能町みね子（交通新聞社）、『港区史　上巻』港区役所、『高輪の町』警視庁高輪警察署発行、『港区の今昔』斎藤貞雄（東光社）、『ミッドタウン前史　赤坂檜町の三万年』港区立港郷土資料館発行、『谷中の今昔』谷中の今昔刊行会、『台東区史　近代行政編』台東区役所、『墨田の町々』東京都墨田区区長室編、『台東区百年の歩み』台東区、『下谷・浅草の文学案内』台東区教育委員会、『江東区史　中巻・下巻』江東区、『「しらかわ」創立50周年記念誌　白河一丁目町会』50周年記念誌編集委員会、『深川今昔ふるさとの歴史』東京江東ロータリークラブ、『こうとう区報』昭和39年12月15日発行号、『洲崎遊郭物語』岡崎柾男（青蛙房）、『私が歩んできた時代―結成50周年記念誌―』猿江地区連合町会、史跡ガイド／江東区、『大井町ところどころ』緑の家通信／伊藤旦正、『品川区史』東京都品川区、『我が町「中丸」改訂版』玉林由光、品川区議会議事録　昭和38年、『大井の古今　地理の変遷と消防の関わり』大井の古今編集委員会、『荏原町政史』鏡省三、『荏原中延史　前編』芳根弥三郎、『品川荏原統合誌』成田皆吉、『目黒区50年史』目黒区、目黒区郷土研究昭和44年6月10日号「駒場野と百姓一揆」寺尾憲太郎、『広報めぐろ』昭和37年10月15日号、『めぐろの文化財』目黒区教育委員会、『略記　大田区旧村地名の由来』簡典久、『かまにし17創刊十周年記念号』地域力推進蒲田西地区委員会、『大田区史』東京都大田区、『大田区・品川区のお祭り』西村敏康編著、『大田区史研究史誌40』大田区、『世田谷区近・現代史』世田谷区、『ふるさと世田谷を語る　野毛・上野毛』世田谷区生活文化部文化・交流課、『わたくしたちの町』世田谷区、『世田谷区瀬田・玉川町誌』佐藤敏夫、『新修渋谷区史　中巻・下巻』渋谷区、『六十年の歩み』渋谷区ときわ松町会、『シブヤの地名資料集』渋谷区教育委員会、『ふるさと渋谷』斎藤政雄/渋谷郷土研究会、『渋谷・実践・常磐松―知っていますか　過去・現在・未来』井上一雄（ブイツーソリューション）、『新修杉並区史』杉並区、『荻窪の記憶』荻窪地区区民センター協議会、『成宗の今昔』福澤昭、『豊島区史　通史編２』豊島区、『豊島区史　通史編３』豊島区、『豊島区議会史』豊島区議会、『中野区史　昭和編１』中野区、『住居表示のあゆみ』中野区役所区民部区民課、『わたしたちの学校とまちとうのやま70周年記念誌』塔の山小学校、『中野区立桃園第２小学校百年誌』桃園第二小学校開校100周年を祝う会「百年誌」部会、『エポックなかの歴史30選』中野区教育委員会、『板橋区史　近・現代』板橋区、『北区史』北区、『稲付　創立50周年記念誌』東京都立北区稲付中学校、『わたしたちの袋』東京都北区立袋小学校、『近代建築調査報告集　板橋区の近代建築住宅編』板橋区教育委員会、『新修荒川区史』荒川区、『荒川区史　上巻・下巻』荒川区、『荒川（旧三河島）の民俗　荒川区民俗調査報告書６』東京都荒川区教育委員会、『日暮里の民俗　荒川区民俗調査報告書５』東京都荒川区教育委員会、『練馬区史　現勢編』東京都練馬区、『練馬区議会史』練馬区議会、『足立風土記稿　地区編10伊興』足立区立郷土博物館、『足立区風土記資料足立区の町地域の変遷』足立区教育委員会、『江戸川区史　通史編/行政編』江戸川区、『郷土史　わが街小松川、平井の歩み第１巻』長島光二、『町会のあゆみ　五十周年記念誌』桑川町親和会、『東京電力三十年史』東京電力株式会社、『東京電力株式会社社報143号』東京電力株式会社、『東京電力株式会社社報122号』東京電力株式会社、『行政区画町界町名地番整理実務』都市整備研究会、住居表示制度関係資料／自治省、『朝日新聞100年の記事にみる東京百歳』朝日新聞社、『角川日本地名大辞典』角川書店、『江戸東京残したい地名』本間信治（自由国民社）

※その他、各区のHPを参考にさせていただきました。

著者プロフィール

102so（じゅうにそう）

1983年福島県生まれ。2006年、引っ越し先の向かい側で新宿区柏木という旧町名が表札に残っているのを目の当たりにしたことをきっかけに、都内で旧町名の探索を開始。以降16年間「東京時層地図」アプリと古地図と運と勘と運を頼りに全国の旧町名をさがしつづけている。23区内約700の旧町名を確認済み。旧町名をさがす会という名のブログで旧町名をとりまとめるなどの活動を精力的に行うなかで徐々に話題が広まり「散歩の達人」などの雑誌、ラジオ「能町みね子のTOO MUCH LOVER」など各種メディアに紹介されている。名前は新宿区の旧町名、十二社より。

Twitter　@102so

ブログ　https://9cm.hateblo.jp/

旧《きゅう》町《ちょう》名《めい》さがしてみました

in 東《とう》京《きょう》

102so《じゅうにそう》

2023年４月10日　初版発行

発行所　株式会社 二見書房
東京都千代田区神田三崎町2-18-11
電話　03（3515）2311［営業］
振替　00170-4-2639

印　刷　株式会社 堀内印刷所
製　本　株式会社 村上製本所

落丁・乱丁本はお取り替えいたします。
定価はカバーに表示してあります。

ISBN978-4-576-23012-2
https://www.futami.co.jp/